한권으로 읽는

52주 문답
기독교 강요

한 권으로 읽는

52주 문답
기독교 강요

김홍만 지음

지평서원

차례

- 들어가는 말 | 김홍만 _8

서문 | 프랑스 왕 프란시스 1세에게 드리는 헌사
    1 서문 _23

1부 | 창조주 하나님을 아는 지식
    2 하나님을 아는 지식 (1.1-2) _33
    3 하나님에 대한 자연적 인식 (1.3-4) _38
    4 창조에 계시된 하나님 (1.5) _43
    5 성경과 성령 (1.6-10) _48
    6 우상 숭배 (1.11-12) _56
    7 삼위일체 (1.13) _60
    8 세상 창조 (1.14) _65
    9 인간 창조 (1.15) _70
    10 하나님의 섭리 (1.16-18) _75

2부 | 구속주 하나님을 아는 지식
    11 원죄 (2.1) _83
    12 노예의 의지 (2.2) _89

13 부패된 인간의 본성과 은혜의 필요성 (2.3-5) _95
14 그리스도를 아는 지식 (2.6) _100
15 율법 (2.7) _104
16 도덕법 (2.8) _111
17 구약과 신약의 관계 (2.9-11) _117
18 중재자로서의 그리스도 (2.12-13) _123
19 그리스도의 인성과 신성 (2.14) _126
20 그리스도의 삼중직 (2.15) _129
21 그리스도의 구속 사역 (2.16) _133

3부 | 그리스도의 은혜를 받는 방식으로서의
성령의 사역

22 성령의 역사 (3.1) _143
23 믿음 I (3.2.1-9) _147
24 믿음 II (3.2.10-36) _152
25 회개 (3.3) _158
26 신앙과 삶 (3.6) _167
27 자기 부정 (3.7) _171
28 십자가를 지는 삶 (3.8) _175

29 신자의 바른 생활 (3.9-10) _179

30 이신칭의 I (3.11) _184

31 이신칭의 II (3.12-14) _190

32 진정한 믿음의 증거들 (3.14.9-21; 3.16-17) _195

33 그리스도인의 자유 (3.19) _200

34 기도 (3.20) _204

35 주기도문 (3.20.34-49) _210

36 예정 교리 (3.21-23) _216

37 선택과 유기 (3.24) _222

38 영혼의 불멸과 마지막 부활 (3.25) _227

4부 | 외적 은혜의 수단으로서의 교회

39 교회의 성질 (4.1) _235

40 교회의 표식들 (4.1.9-22) _240

41 참된 교회와 거짓 교회의 특징들 (4.2) _244

42 교회의 사역 (4.3.1-5) _249

43 교회의 직무들 (4.3.6-16) _253

44 잘못된 사역과 오류에 빠진 교회 (4.5-7) _258

45 교회의 권위 (4.8) _262

46 공의회의 권위와 바른 예배 (4.9-10) _268
47 교회의 재판권 (4.11) _273
48 교회의 권징 (4.12) _277
49 성례 (4.14) _282
50 세례 (4.15-16) _287
51 주의 성찬 (4.17) _293
52 시민 정부 (4.20) _299

| 들어가는 말 |

『기독교 강요』의 역사와 구조

김홍만 목사

칼빈의 『기독교 강요』는 개혁교회들이 따라야 할 진리, 곧 성경에서 가르치고 있는 진리의 체계를 처음으로 조직적인 형태로 묶은 작품이라는 평가를 받는다.[1] 워필드(Benjamin Warfield)는, '칼빈(Calvin)보다 먼저 루터(Luther)와 멜랑톤(Melanchthon)이 교리의 체계를 설명하기 위해 시도하였지만(멜랑톤의 Loci Theologici) 그것은 요리문답서 수준에 불과한 것'이라고 평가하였다.[2] 필립 샤프(Philip Schaff)도 칼빈의 『기독교 강요』에 대해서 평가하기를, "칼빈 당시의 복음주의자들은 『기독교 강요』를 사도 시대 이후 가장 선명하고 강력하고 논리적이며 설득력 있는 기독교 교리 변호서"로 인정했다고 하였다.[3] 윌리엄 커닝엄(William Cunningham)도 『기독교

---

1) Benjamin Warfield, On the Literary History of Calvin's Institutes in Calvin and Calvinism (Grand Rapids: Baker Books, 2003), p.373.
2) Ibid., p.384

강요』에 대해서 다음과 같이 평가하였다. "칼빈의 『기독교 강요』는 신학의 역사 속에서 가장 중요한 작품이다. 칼빈은 다른 어떤 신학자보다 칭찬할 만하다. 『기독교 강요』는 신학의 주제들을 연구하는 학자들에게 직접적으로나 간접적으로 가장 위대하고 유익한 영향력을 미쳤다."[4] 커닝엄은 하나님의 말씀의 진리들을 분류하고 체계화하여 조직한 것을 『기독교 강요』의 특징으로 꼽았다.[5]

『기독교 강요』는 칼빈의 연속되는 개정 작업을 통해 마지막 판인 1559년 판에 이르게 되었다. 이 완성판의 서문에서 그는 독자들을 위해 다음과 같이 말한다. "두 번째 판에서부터 그 이후 재판들이 나올 때마다 어느 정도 추가된 내용들로 책이 풍성해졌다. 내가 과거에 행한 작업들에 대해서 후회하지는 않지만, 나는 지금 '1559년의 마지막 판'의 배열 순서에 이르기까지 결코 만족할 수 없었다."[6]

이렇게 칼빈이 『기독교 강요』를 개정하는 과정에 『기독교 강요』의 내용들이 추가되었고, 또 그 내용의 배열 순서도 바뀌었다. 물론 이것은 당시의 시대적 상황과 더욱 정교하고 깊어진 칼빈의 신학, 목회에서의 경험들로부터 영향을 받은 것이다. 더욱이 칼빈은 자신이 말한 것처럼 더욱 완성된 체계를 향해서 『기독교 강요』를 개정해 나갔다. 이렇게 완성된 그의 『기독교 강요』는 필립 샤프와 윌리엄 커닝엄이 지적한 바와 같이 개혁교회에 영향을 주었다.

---

3) Philip Schaff, History of Christian Church Vol.Ⅷ(New York: Charles Scribner's Son, 1910), 박경수 옮김, 스위스 종교개혁, (고양: 크리스챤 다이제스트, 2004), p.284.
4) William Cunningham, The Reformers and the Theology of Reformation(Edinburgh: T&T Clark, 1862), p.295.
5) Ibid.
6) John McNeill ed., Calvin: Institutes of the Christian Religion, Trans. Ford Lewis Battles(Philadel-phia: Westminster Press, 1960), p.3.

1) 1536년 판

기독교 강요 초판은 1536년 3월에 출판되었다. 라틴어로 된 책의 제목을 번역하면 다음과 같다.

"기독교 신앙의 가르침, 경건의 총체적 개요와 구원의 교리를 알기 위해 필요한 모든 것들을 포함하고 있다. 이것은 경건에 힘쓰는 모든 사람들이 읽을 만한 가치가 가장 큰 최근에 출판된 작품이다. 서문은 가장 뛰어난 그리스도인인 프랑스 왕에게 드리는 헌정사로서, 이 책을 하나의 신앙고백으로 그에게 헌정한다. 존 칼빈 지음, 바젤(Bazel)의 노용(Noyon)에서, 1536년."[7]

우선 책의 제목에서부터 『기독교 강요』의 저술 목적이 구원의 교리를 잘 요약해서 설명하려는 것임을 알 수 있다. 칼빈은 이 제목에서부터 구원의 은혜의 효과가 경건이라는 것을 분명히 밝히고 있으며, 경건에 힘쓰는 사람들, 즉 구원을 사모하는 사람들이라면 반드시 이 책을 읽으라고 권면하고 있다. 또 한편 『기독교 강요』가 '하나의 신앙고백(a confession of faith)'임을 분명히 밝히고 있다.

기독교 강요의 주된 번역자 중 한 사람인 포드 루이스 배틀즈(Ford Lewis Battles)는 1536년의 『기독교 강요』 초판이 칼빈의 회심의 결과로서 작성된 것이며, 그가 진정한 믿음을 갈망하는 교사로서 사람들의 회심을 위해 교리 교육서(catechism)로 작성한 것이라고 하였다.[8] 즉, 칼빈 본인이 회심하면서 깨달은 진정한 구원의 도를 통해 아직 구원에 대해서 모르는 사람들, 또는 잘못된 지식 때문에 진정한 믿음에 이르지 못한 사람들을 깨우치기 위해 저술한 작품이라는 것이다. 위의 제목에서는 구원을 위해 반드시 필요한 지식이

---

7) John Calvin, Institutes of the Christian Religion. Trans. Ford Lewis Battles(Grand Rapids: Eerdmans, 1975), p.iii.
8) Ibid., p.xxxvi-xxxvii.

있음을 밝히고 있다. 그래서 1536년의 『기독교 강요』 초판은 중세 후기의 교리교육서의 형식을 취하여 율법, 사도신경, 주기도문 강해라는 단순한 형식을 띠고 있다.[9]

한편 제목에서 보는 대로 칼빈은 서문으로 프랑스 왕에게 바치는 헌정사를 기록하였는데, 첫 번째로 그가 『기독교 강요』를 쓸 수밖에 없었던 상황을 설명하였다. 즉, 우리 프랑스 사람들 가운데 많은 수가 그리스도를 갈망하고 있지만, 그리스도에 대한 지식을 얄팍하게나마 가진 사람이 매우 극소수이기 때문에 가장 근본적인 지식을 전함으로써 참된 경건에 이르도록 하기 위해서라고 설명하고 있다.[10] 두 번째로는 『기독교 강요』를 쓴 목적을 서술하면서 참된 신앙을 모르고 개혁자들을 핍박하는 사람들의 상황을 설명하고 있다. 세 번째로는 개혁신학자들을 핍박하는 이들이 하나님의 말씀과 구원의 도를 알지 못한다는 것을 변증하고 있다. 네 번째로는 개혁자들이 교부들의 가르침에 반대한다는 주장에 대해서 실상을 밝히고 변호하며, 다섯 번째로는 진리를 거스르는 전통을 호소하는 사람들이 개혁자들을 불의하게 대하고 있다고 호소한다. 여섯 번째로는 진리에서 떠나 교회의 성질을 잘못 보는 자들에 대해 지적하고 있으며, 일곱 번째로는 종교개혁의 가르침을 받은 사람들이 소란을 일으킨다는 고소에 대해 변론한다. 그리고 마지막 여덟 번째와 아홉 번째로는 왕이 개혁자들에 대한 잘못된 고소들을 바르게 판단하도록 이 책을 왕에게 드린다고 말하면서 개혁자들의 참된 신앙고백에 대해 호소하고 있다.[11]

이렇게 왕에게 바치는 서문에 나타나는 바 『기독교 강요』의 목적과 기능

---

9) Ibid., p.xlviii.
10) Ibid., p.1.
11) Ibid., p.2-14.

은, 참된 신앙의 원리를 변증하고, 참된 신앙이 경건을 가져다주는 것임을 증언하는 것이다. 당시 성경적 신앙을 지지하는 개혁자들이 핍박을 받고 있었기 때문이다.

1536년의 『기독교 강요』 초판은 6장으로 구성되어 있었는데, 1장은 율법에 대한 것으로서 십계명을 설명하고, 2장은 믿음으로 사도신경을 해설하고, 3장은 기도로서 주기도문을 강해하였으며, 4장은 성례들, 5장은 잘못된 다섯 성례들에 대해서, 그리고 6장은 그리스도인의 자유 및 교회의 권세와 시민 정부에 대해서 설명하였다. 1장에서 4장까지는 루터의 교리교육서의 고전적인 순서를 따르고 있으며, 출판사와 칼빈 자신이 지칭한 대로 교리교육서로 인식되었다.[12] 그리고 5,6장은 앞의 네 장들보다 더욱 강력한 논쟁으로 이루어져 있다.

2) 1539년 판

칼빈은 『기독교 강요』를 개정하여 1539년 8월에 라틴어로 두 번째 판을 출판하였다. 두 번째 판의 제목은 초판의 긴 제목과는 달리 'Institutio Christiane Religionis'로 단순해졌는데, 아마도 초판과 구별하고 새로운 판이 초판보다는 더욱 나아진 것을 나타내려는 의미가 있는 것 같다.[13] 칼빈은 독자들에게 전하는 편지에서, 초판에 대한 독자들의 반응에 놀라워하면서 개정의 목적을 다음과 같이 서술하였다.

"내가 기독교 강요를 개정하는 목적은 하나님의 말씀을 읽기 위해서 바른 신학으로 신학 후보생들을 준비시키고 훈련하려는 것이며, 그들로 하여금

---

12) Francois Wendel, Calvin: Origins and Development of His Religious Thought. Trans. Philip Mairet(Grand Rapids, Baker, 1997), p.112.
13) John McNeill ed., Ibid., p.xxxiv.

하나님의 말씀에 대해 쉬운 서론으로 시작하여 흔들리지 않는 진전을 이루게 하려는 것이다. 내가 이 일을 위해 애쓰는 것은 신앙의 모든 부분에 관하여 요약함으로써 그것들을 소화하여 바르게 알고자 하는 사람들이 어렵지 않고 질서 있게 연구하도록 도우려는 것이다. 또한 성경에서 반드시 올바르게 보아야 할 것을 분명히 하고, 성경에 있는 것은 무엇이든지 그로 언급하게 하려는 것이다."[14]

칼빈은 『기독교 강요』 두 번째 판에서 그의 책을 신학 교과서로 만들고자 하는 목적을 언급하였다. 칼빈은 이 책을 통해서 신학 후보생들이 성경에 대해 주해하고, 긴 논쟁 없이 교리를 설명할 수 있게 되기를 기대했다. 물론 1539년 판의 불어판(1541년)에서는 학문적 용도에 대해 언급하지 않는다. 단지 '구원의 교리를 배우고자 하는 사람들을 돕기 위한 것'이라고만 언급하였다.[15] 불어판은 분명히 라틴어를 모르는 프랑스 사람들을 위한 것이었다. 웬델(Wendel)은 여기에 대해서, "이것은 프랑스에서 널리 유통되었으며, 개혁교회에서 교리의 기본 지침서로 자리를 잡는 데 성공했다"라고 평가하였다.[16]

1539년 판에서는 칼빈이 밝힌 이러한 목적을 위해 학문적인 무게가 더해졌는데, 어거스틴(Augustine), 오리겐(Origen)과 교부들, 플라톤(Platon), 아리스토텔레스(Aristoteles), 키케로(Cicero), 세네카(Seneca) 등에 대한 언급과 성경의 인용이 더욱 많아졌다.

그 밖에 개정판에서 달라진 부분은 1장과 2장이 하나님에 대한 지식과 인간에 대한 지식으로 시작하며, 5장은 회개, 6장은 이신칭의(以信稱義), 7장은

---

14) Benjamin Warfield, Ibid., p.386.
15) John McNeill ed, Ibid., p.xxxvi.
16) Francois Wendel, Ibid., p.116

구약과 신약의 유사성과 상이성, 그리고 8장은 예정론과 섭리가 추가되었다는 것이다. 그리고 마지막 장으로 17장에 그리스도인의 삶도 추가되었다. 이렇게 장들이 추가된 이유는 당시의 재세례파 논쟁(구약과 신약의 관계)과 부서(Bucer)의 영향(예정과 섭리), 그리고 칼빈의 목회적 경험들에서(그리스도인의 삶) 비롯된 것이다.[17]

3) 1543년 판

칼빈은 1543년에 『기독교 강요』를 다시 개정하여 라틴어로 출판하였으며, 불어판은 1545년에 출판되었다. 1539년 판의 변경과 추가에 비해 1543년 판의 개정은 덜 중요하다. 1539년 판에 17장으로 되어 있던 것이 여기서는 21장으로 늘어났다. 추가된 사항은 4장의 서약에 대한 것과 13장의 인간의 전통에 대한 것으로서, 1539년 판에서는 4장에 속해 있던 항목(사도신경의 상징에 대한 것)들이 각 장으로 자리 잡아 장이 늘어났다.

4) 1550년 판

1550년에 다시 개정판이 나왔는데, 처음으로 장이 절로 나뉘어져서 출판되었다. 불어판은 1551년에 출판되었다. 개정판이 다시 나온 이유는 독자들이 이미 분량이 커진 『기독교 강요』를 읽는 데 도움을 주기 위해서였다. 성경과 성경의 권위, 성인과 형상 숭배, 인간의 양심에 대한 강해가 추가되었다. 그리고 불어판에서는 몸에 대한 부활이 부록으로 추가되었다.[18]

---

17) Francois Wendel, Ibid., p.114.
18) Francois Wendel, Ibid., p.117.

5) 1559년 판

칼빈은 1559년 8월 제네바에서 마지막 판을 출판하였다. 불어판은 1560년에 출판되었다. 마지막 판은 그의 신학적 완숙기에 만들어졌다. 독자를 위한 서문에서 밝힌 것처럼, 그는 두 번째 판의 개정 이후에 완전한 판을 만들기 위해 적지 않은 수고와 노력을 기울였다. 칼빈은 앞선 여러 판에 비해서 더욱 완전하게 개정된 것에 대해 '만족'이라는 말을 사용하며, 이러한 자신의 열심과 노력이 하나님의 교회를 위한 작업이라고 하였다.[19] 칼빈은 하나님께서 자신에게 하나님 나라를 반포하고 공중의 유익을 위하는 열심을 주셨다고 고백한다. 그리고 교회의 교사로서의 직무를 감당하는 가운데 경건의 교리를 순수하게 유지함으로써 교회에 유익을 주는 것을 자신의 목적으로 밝혔다.[20]

칼빈은 마지막 판의 서문에서 1539년 판에서 이미 언급한 바 신학 후보생들을 준비시키고 교육하기 위한 점을 다시 언급하였다. 그리고 이 마지막 판이 신앙의 모든 부분들을 요약하고 있으며, 특히 내용이 배열된 순서를 바르게 이해한다면 성경에서 반드시 특별하게 찾아야 하는 것이 무엇인지를 결정하고 그 내용들을 서로 연결하는 일이 어렵지 않을 것이라고 하였다. 칼빈은 자신의 『기독교 강요』 마지막 판이 성경의 중요한 해석들을 요약하고 있으며, 이미 자신의 주석들에 있는 가르침들을 분명하게 반영한 것으로서, 성경 해석을 위해서 반드시 필요한 도구라고 말하였다.[21]

칼빈은 1559년 판의 불어판을 1560년에 줄판하였는데, 마지막 판의 내용들에 대한 간단한 설명을 서문 형식으로 삽입하였다. 여기서 칼빈은 마지막

---

19) John McNeill ed., Ibid., p.3.
20) Ibid., p.4.
21) Ibid., p.5.

판의 개정 목적이 독자들이 그것을 이해함으로써 유익을 얻는 것이라고 밝히고 있다. 또한 하나님의 말씀 안에서 하나님이 우리에게 가르치시고자 하는 바의 요점을 발견하도록 돕기 위한 것이라고 하였다. 무엇보다 구원의 교리를 배우고자 하는 사람에게 꼭 필요한 도움을 줄 것이라고 하였으며, 이를 위해 자신이 현재의 마지막 판을 구성했다고 말하였다.[22] 물론 이러한 작업들은 바른 진리와 교리들이 하나님께로부터 온 것임을 인정함으로써만 된다. 칼빈은 불어판의 서문 마지막에 하나님의 말씀을 읽고 명심하고 부지런히 암송할 것을 권하면서, 그렇게 하기 위해서는 첫 번째로 기독교 교리의 요약을 알아야 하며, 그것으로부터 신구약성경을 읽는 데 큰 도움을 받을 수 있다고 하였다.[23]

1559년 판 『기독교 강요』는 칼빈이 서문에서 언급한 것처럼 앞선 것들과는 그 내용이 완전히 다르게 배열되었다. 이러한 새로운 배열은 더욱 조직적인 계획과 논리에 의한 것이다. 이는 모두 4권으로 구성되었는데, 1권은 창조주 하나님을 아는 지식으로, 삼위일체와 창조주와 섭리를 다루고, 2권은 구속주 하나님을 아는 지식으로, 인간의 타락과 구속주가 왜 필요한지, 죄인들이 왜 그리스도를 찾아야 하는지, 그리스도 안에서 어떻게 구원을 얻는지를 설명한다. 3권은 그리스도의 은혜를 받는 방식으로서 성령의 사역을 설명하되, 성령의 사역에 의한 중생과 이신칭의와 그리스도인의 삶을 다루고, 뒷부분에서 선택을 다룬다. 4권은 외적 은혜의 수단으로서 교회를 다룬다.

1559년 판의 이러한 배열은 앞서 출판된 각 장의 많은 내용들을 4개의 큰 제목으로 다시 묶어 편집한 것이며, 분명 칼빈 자신이 말한 것처럼 성경 해석들이 목적을 가지고 축약되어 있다. 카바넌트신학교의 교수인 데이비드 칼훈

---

22) Ibid., p.7.
23) Ibid., p.8.

(David Calhoun)은 『기독교 강요』의 목적을 "기독교 교리를 가르치는 것" 이라고 설명하였으며, 알리슨 맥그라스(Allison McGrath) 교수는 "『기독교 강요』가 매우 조직적으로 구성된 신학"이라고 평가하였다.[24]

워필드는 칼빈의 거듭되는 개정 과정을 추가(added), 발전(developed), 명확히 하는(defined) 과정이라고 하였다.[25] 이로써 칼빈의 신학과 사상이 바뀌지 않았으며, 오히려 그의 성경적 지식이 더욱 깊어졌음을 알 수 있다. 칼빈은 『기독교 강요』의 저술 목적을 초판의 제목에서도 분명히 밝히고, 마지막 판에서도 일관성 있게 언급한다. 즉, 구원을 알게 하는 교리들을 가르치고 구원을 얻음으로 말미암는 경건을 위하는 것이 그 목적이다. 구원의 교리를 정확하고 바르게 설명하며 구원을 설명하는 가르침의 지침서를 작성하는 것이 그 목표였다. 그래서 마지막 판에서 그 배열을 새롭게 함으로써 이것을 구현하려 하였다. 이것은 배틀즈가 언급한 것처럼 '구원-역사 믿음(salvation-history faith)'이다.[26]

칼빈은 일찍이 회심하였으며, 회심의 효과로 1536년 『기독교 강요』 초판을 발행하였다. 그리고 1555년에는 시편 주석을 출판하였는데, 그 서문에서 자신이 체험한 회심을 일관성 있게 서술하였다. 칼빈은 회심을 편의상 다섯 개의 특정 시기들(moments)로 나누는데, ① 준비(the preparation), ② 양심의 고통(the travail of conscience), ③ 복음의 부르심(the call of Gospel), ④ 회심(conversion), ⑤ 그리스도인의 삶으로서의 첫걸음들(the first steps in the Christian life)이다.[27] 이것은 바울-어거스틴(Pauline-Augustinian)을

---

24) David Calhoun의 강의록을 참고하라. http://worldwide-classroom.com/courses.
25) Benjamin Warfield, Ibid.
26) John Calvin, Ibid., p.xxxiv.
27) Ibid., p.xxviii.

따르는 '인간 역사의 요약'이기도 하다.[28]

 1559년 판의 『기독교 강요』는 다음과 같은 구조 속에서 배열된다. 하나님을 아는 지식을 얻게 되면(1권), 그 결과로서 인간이 타락하고 부패된 것을 마땅히 알게 되고, 그러하기에 인간에게 죄 용서와 구속이 필요한 것을 알게 되며, 하나님께서 구속의 방편으로 그리스도를 마련하셨음을 알게 된다(2권). 그러면 하나님이 마련하신 구원과 구속의 은혜를 어떻게 적용할 것인가? 그러기 위해서는 성령께서 그리스도의 구속을 유효하게 하신다는 것을 알고, 자신에게 어떻게 적용되는지를 알아야 한다. 즉, 이렇게 성령의 역사로 회심하게 되면 그에게 어떤 은혜의 증거가 나타나는지, 성화가 어떤 것인지를 알아야 한다(3권). 또한 그는 교회에 가입되어 은혜의 수단을 통해 그리스도인으로서의 삶을 살아가야 하기 때문에 그 은혜의 수단들이 무엇인지를 알아야 한다(4권).

 이처럼 칼빈은 구원의 전체 역사를 개인의 체험에 적용하여 마지막 판의 『기독교 강요』의 내용을 배열하는 순서에 반영하였다. 이것이 칼빈의 복음의 이해이기도 하다. 칼빈은 이렇게 진정한 구원을 체험함으로써 경건이 나오기를 기대하였다. 그는 이런 바른 구원의 이해와 체험이 올바른 교리로부터 온다는 것을 『기독교 강요』를 통해 증명하려고 하였으며, 그 중요성 때문에 신학 후보생들이 이 책을 교과서처럼 사용할 것을 당부하였다.

 『기독교 강요』는 오늘날의 교회에도 여전히 유용하다. 그것은 교인들에게 구원과 복음의 교리에 대해서 구체적이고도 체계적으로 설명한다. 뿐만 아니라 성경 전체에서 말하는 교리들을 체계적으로 이해할 수 있도록 도와

---

28) Ibid., p.xxxiv.

준다. 이렇게 유용한데도 교회에서 훈련과 양육 교재로 사용되기에는 그 분량이 너무 크다. 그래서 본서에서는 이 『기독교 강요』를 52주 동안 교회에서 사용할 수 있도록 핵심적인 부분들을 문답 형식으로 편집해 보았다. 더욱이 『기독교 강요』에 매우 큰 영향을 받은 청교도의 관점에서 그 내용을 더욱 쉽게 풀어 보았다. 본서를 더욱 유용하게 사용하여 한국 교회가 구원의 도에 대한 정확한 지식을 갖게 되기를 바란다.

서문

프랑스 왕
프란시스 1세에게
드리는 헌사

1

서문

『기독교 강요』의 서문은 칼빈이 프란시스 1세(Francis I)에게 올리는 헌사이다. 칼빈은 서문에서 『기독교 강요』를 처음 쓰게 된 배경에 대해서 말하고 있다. 『기독교 강요』를 쓴 목적과 관련하여, 그는 참된 경건에 힘쓰는 사람들을 돕고자 한다고 밝힌다. 또한 그는 복음주의자들(여기서 복음주의는 로마 가톨릭과 대조되는 단어로서, 성경적 믿음을 추구하는 것을 의미한다)이 '로마 가톨릭이 성경적 믿음을 무시하고 미사 같은 것을 주장하였다'라고 했다는 것과 관련하여 잘못된 소문을 변호하고, 왕에게 공정하게 조사할 것을 요청한다. 그래서 서문은 핍박받는 복음주의자들을 위한 탄원, 복음주의 교리에 반대하는 사람들의 비난에 대한 논박, 종교개혁자들의 가르침이 교부들의 가르침과 조화되지 않는다는 주장에 대한 반박, 종교개혁자들의 가르침이 문제를 일으킨다는 주장에 대한 논박을 담고 있으며, 마지막으로 왕에게 잘못된 고소에 유의하고 편견을 물리쳐 주기를 호소하고 있다.

1 칼빈은 「기독교 강요」와 성경과 자신의 주석의 관계를 어떻게 보았는가?

성경은 완전하고 충분하지만, 성경을 이해하기 위해서는 도움이 필요하다. 이것이 『기독교 강요』를 쓴 목적이다. 즉, 이 책은 평신도들에게 성경이 가르쳐 주는 바를 분명하게 이해하도록 하는 지침서가 될 것이다. 불어판에 관하여, 칼빈은 조국 교회에 대한 관심으로 『기독교 강요』를 불어로 번역한다고 말한다. 또한 『기독교 강요』는 그의 주석들을 가능한 범위 내에서 가장 간략하게 하기 위한 것이다.

2 칼빈이 「기독교 강요」를 쓴 목적은 무엇인가? (1절)

1536년 판에서는 간단한 '교리 핸드북'으로 사용하는 것을 목적으로 삼았다. 그는 이 책을 통해 기독교 신앙의 가르침을 설명하고자 했다. 동시에 프란시스 왕이 프랑스의 개혁파 사람들을 지독하게 핍박하는 데 대해, 기독교 신앙을 변호하기 위한 목적으로 작성되었다. 그러고는 프란시스 왕에게 신앙고백서로 이것을 헌정하였다. 칼빈은 시편 주석의 서문에서도 중상모략하는 사람들에게 기독교 신앙을 정당하게 변호하고자 『기독교 강요』를 저술하게 되었다고 말하였다. 그리고 사람들에게 기독교 신앙의 주요한 진리가 무엇인지를 알리고자 저술한다고 말하였다. 동시에 『기독교 강요』는 초판의 제목에서 보는 바와 같이, 경건을 위한 목적을 가지고 있었다. 즉, 교회에 다니기만 하는 명목적 신자들을 바른 교리로 깨우치려는 목적을 가지고 있었다. 칼빈은 로마 가톨릭교회가 가르치는 바 성경적 근거가 없는 교리들 때문에 교인들이 영적으로 무지하게 되었으며, 이로 인하여 진정한 경건이 사라졌다고 보았다. 그들은 영적으로 무지하지만 진리를 사랑하는 사람처럼 보였다. 그들의 무지란 오류를 확실한 진리로 믿고 있다는 것이었다. 그래서 칼빈은 바른 교리로 그들을 깨우치고, 바른 신앙의 체험으로 그들에게 경건이 일어나게 하고자 했다. 이때의 경건은 하나님을 향한 감사와 사랑, 말씀을 통해 계시된 하나님의 뜻에 대한 순종이다. 물론 칼빈은 바른 교리가 사람이 아니라 살아 계신 하나님과 그리스도에게서 나온다고 하였다.

3 「기독교 강요」를 읽어야 할 독자와 대상은 누구인가?

칼빈은 『기독교 강요』를 1536년에 처음으로 출판하여 1539년, 1543년, 1550년, 1559년에 걸쳐서 개정하였다. 1536년 판은 거의 일반 평신도를 위한 요리문답 수준으로 되어 있었다. 그러나 1539년 판부터는 목회 사역을 준비하는 신학생을 염두에 두었다. 그리고 『기독교 강요』가 신학생들에게 성경에 대한 입문서와 같은 역할을 하기를 기대하였다. 1559년 판의 서문에서는 신학생들이 하나님의 말씀에 쉽게 접근하고 말씀 안에서 진전하도록 돕고자 한다고 말하였다. 한편 1560년의 불어판에서는 『기독교 강요』가 모든 성도들에게 성경 연구를 위한 기초를 제공하는 책으로서 유용하다고 말하였다. 즉, 하나님의 모든 자녀들이 성경을 선하고 바르게 이해할 수 있도록 길을 여는 열쇠로서의 역할을 감당하기를 기대하였다.

4 칼빈은 당시 개혁교회의 가르침에 관한 고소들에 어떻게 답하였는가?
(3-5절)

당시 개혁교회의 복음적인 교리는 다음과 같은 이유로 비난을 받았다.
① 새로운 가르침이다.

② 분명하지 않다.
③ 기적이 결여되어 있다.
④ 초대 교회의 교부들의 가르침에 반대한다.
⑤ 관습을 거부한다.
⑥ 분파주의이다.
⑦ 소동을 일으키는 가르침이다.

칼빈은 이에 대해서 다음과 같이 대답한다. 특별히 새로운 가르침이라는 고소에 대해서, 이것은 성경만큼이나 오래된(old) 가르침이며 성경적인 가르침이기 때문에 전혀 새로운 교리가 아니라고 하였다. 또한 이 교리는 교부들의 가르침에서 벗어나지 않으며, 오히려 로마 가톨릭교회의 가르침이 교부들의 가르침을 받지 못하였다고 하였다. 칼빈은 교부들을 존경하지만 그들의 가르침에 오류가 없는 것이 아니며, 따라서 그들의 가르침도 반드시 성경에 비추어 검증되어야 한다고 하였다. 또 교부들도 실수할 수 있는데, 오히려 로마 가톨릭교회가 그들의 실수를 따라가고 있다고 비판한다. 칼빈은 중세의 스콜라 신학자들(사변적 신학)을 비판하였다. 또 전통을 거부한다는 고소에 대해서는, 다수가 항상 옳은 것이 아니기 때문에 전통과 관습에 호소하는 것은 잘못이라고 하였다. 그들의 관습은 전염병과 같이 대중성을 가지고 있으며, 다수가 대중을 따라가고 있다고 하면서, 결국 무지한 대중성 가운데 그들이 함께 망할 것이라고 하였다.

5 칼빈의 가르침에서 교부들과 초대 교회는 어떤 위치를 차지하는가?

칼빈은 터툴리안(Tertullian), 키프리안(Cyprian), 암브로스(Ambrose), 크리소스톰(Chrysostom), 제롬(Jerome), 어거스틴 등의 말을 인용한다. 그는 교부들에 대해서 상당히 연구하였으며, 이렇게 교부들을 연구하는 가운데 그들이 초대 교회의 복음의 단순한 교리들을 증언한 데 주목하였다. 칼빈은 1539년 9월 1일에 '사돌레토(Sadoleto) 추기경에 대한 답변'에서 자신의 주장이 고대 교부들의 주장과 일치하며, 더욱 중요한 것은 사도들이 정해 놓은 '초대 교회'로 돌아가는 것이라고 하였다. 초대 교회는 참된 교회의 유일한 본보기이며, 여기에서 조금이라도 벗어나는 것은 오류라고 하였다. 그래서 고대 교부들이 이러한 초대 교회를 지속시키려고 애썼으며, 그들에게는 경건과 거룩을 사모하는 열정이 있다고 하였다. 그런데 로마 가톨릭은 이런 것들을 다 잃어버리고 부패하여 개혁이 필요한 상태라고 하였다.

6 어떤 교회가 참된 교회인가? (6절)

칼빈은 자신의 종교개혁이 기성 교회에 대항하여 싸우는 것이 아니라고 하였다. 그는 당시의 교회에 대해 '외적인 것에만 치우쳐 있으며 진리에서 떠난 교회'라고 말하였다. 그리고 이렇게 잘못된 교회들이 외적인 것에만 치중하는 것은 교회를 파괴시키는 일이라고 하였다. 그러나 진정한 그리스도의 교회는 확실히 살아 있으며, 그리스도께서 다스리시므로 계속해서 생명이 유지될 것이라고 하였다. 진정한 교회의 표지는 하나님의 말씀의 순수한 전파와 성례의 합법적 시행이다. 역사적으로 볼 때도 교회는 오류로 인해 자주 그 모습이 어그러졌다. 그러나 주님께서 자신의 백성을 오류와 어둠에서 건지고 바른 교회를 일으키셨다. 교회 개혁의 당위성이 여기에 있다. 즉, 하나님의 말씀의 순수한 전파를 통하여 구원받은 백성이 일어나고, 그로 말미암아 바른 교회가 세워지며 확장되는 것이다.

7 사탄은 어떤 계략들로 진리를 억압하는가? (7절)

사탄은 사람들을 깊은 흑암 속에 가둔다. 그러나 진리가 선포되기 시작할 때, 사탄은 강력하게 저항하며 진리를 공격한다. 사탄은 이제 막 효과가 나타나기 시작한 진리를 뿌리 뽑기 위해서 맹렬히 탄압하고 악인들을 동원하여 논쟁하고 교리 상의 충돌을 일으켜 진리를 모호하게 만드는 방법으로 진리를 공격한다. 사탄은 오류를 퍼뜨리고 소요를 일으킨다. 마치 사도 시대에 거짓 선지자들이 많이 일어나 사도들의 가르침을 공격하고 교회를 파괴한 것과 같은 원리이다(고전 1:10-17; 고후 11:3-15; 갈 1:6-10 참고). 사탄은 복음의 진보를 방해하는 모든 전략을 사용한다. 이러한 사탄의 계략을 극복하기 위해서는 주님의 말씀에 더욱 주의를 기울여야 한다. 이로써 사탄의 모든 노력을 소용 없게 만들 수 있다.

8 칼빈이 프란시스 왕에게 마지막으로 호소한 것은 무엇인가? (8절)

진정한 믿음의 도 가운데 있다면, 도덕적으로도 비난받을 만한 것이 없다는 것이다. 진정한 은혜는 그 생활로 증언된다. 즉, 순결과 관용, 긍휼, 절제와 인내, 겸손 등이 나타나며, 성실히 하나님을 경외하고 예배하며, 살든지 죽든지 하나님의 영광을 위하여 살게 된다(빌 1:20 참고). 진정한 믿음의 도 가운데 있음이 생활로 입증되는 것이다. 물론 위선자들의 파렴치한 행동들이 하나님의 복음을 어지럽히고 모독하지만, 진정한 은혜 가운데 있는 사람들은 결코 그렇지 않다. 이렇게 진정한 믿음과 도에 있는 사람들이 비방당하고 핍박받으며 심지어 죽임까지 당하지만, 그것에 대해서 반드시 하나님의 심판이 있을 것이다. 신앙고백을 주의 깊게 살핀다면, 비방자들의 고소가 잘못되었다는 것을 확신하게 될 것이다.

9 『기독교 강요』가 성도의 신앙생활에 어떤 도움을 주는가?

칼빈은 성경과 교부들의 자료를 주의 깊게 정리하면서 복음에 무지한 그 시대를 깨우치고, 복음에 무지해진 원인인 그 시대의 잘못된 가르침들(오류)을 개혁하기 위해서 『기독교 강요』를 저술하였다. 잘못된 교리는 그 정도가 아무리 약하다 할지라도 믿음에서 떠나게 만들고, 경건을 잃어버리게 하며, 결국 교회에 치명적인 타격을 준다. 그래서 그것을 개혁하고자 『기독교 강요』를 저술한 것이다. 칼빈 당시의 잘못된 가르침으로는, 단지 지적인 것만을 추구하는 스콜라적(철학으로 기독교 교리를 해석함)인 가르침과 환상적 체험만을 추구하는 재세례파(열광주의자)의 가르침이 있었다. 이것들은 결국 성경의 권위를 땅에 떨어뜨리고, 비성경적으로 행하게 만들며, 신비주의와 환상주의에 빠지게 만든다. 이에 칼빈은 바른 교리를 가르쳐 잘못된 교회를 개혁하고자 했다. 그리고 성경을 유일한 최종적 권위로 올려놓고자 했다. 따라서 우리는 『기독교 강요』를 통해 기독교 신앙의 가르침을 전체적으로 배울 수 있다. 즉, 성경을 공부하기 위한 기초를 얻을 수 있다. 또한 바른 교리의 이해를 통해서 바른 영적 체험을 얻을 수 있다. 그것이 바로 경건이다. 그리고 더 나아가 잘못된 가르침들이 홍수를 이루고 있는 이 시대에 올바른 영적 분별력을 가질 수 있다. 더욱이 바른 교리는 교회의 거룩한 연합을 가져다준다. 순수한 교리에 동의하는 사람들이 그리스도 안에서 연합되기 때문이다.

1부

창조주 하나님
을 아는 지식

2
하나님을 아는 지식 (1.1-2)

⋮

지혜(지식의 바른 적용)는 하나님과 우리 자신을 아는 데서 나온다. 하나님을 아는 지식은 단순히 사변적인 지식이 아니다. 하나님에 대한 지식은 신앙의 지식으로서, 하나님을 예배하고 신뢰하며 경건을 추구하게 만든다. 하나님의 속성인 무한한 지혜와 의로움과 선하심을 아는 것으로 끝나지 않고, 그것을 자신에게 적용함으로써 하나님의 은혜를 체험하는 것이다. 그래서 하나님을 경배하고 신뢰하며 사랑하게 된다. 이렇게 참되고 순수한 신앙은 하나님을 두려워할 뿐만 아니라 자발적이고도 바르게 하나님을 예배하는 것이다. 이러한 신앙과 경건으로 인도하는 하나님을 아는 지식은 하나님을 영화롭게 하는데, 이것은 하나님으로부터 오는 선물이다.

1 하나님을 아는 지식과 우리 자신을 아는 지식이 어떻게 연결되어 있는 가? (1.1.1)

칼빈은 하나님을 아는 지식과 우리 자신을 아는 지식을 연결하였다. 우리는 하나님과의 관계 속에서 우리 자신을 보지 않고서는 결코 우리 자신을 이해할 수 없으며, 그 관계 속에서만 하나님을 알 수 있기 때문이다. 우리 자신을 아는 지식은 하나님을 아는 지식으로 우리를 인도한다. 왜냐하면 창조와 죄 때문이다. 하나님이 창조하셨을 때 베푸신 무한한 복을 인간이 범죄함으로 말미암아 잃어버리고 비참한 파멸에 빠지고 말았다. 이렇게 우리 자신의 무지와 허무함과 비참함과 타락과 부패를 깨달을 때, 참된 지혜와 빛, 그리고 덕과 모든 선과 의로움이 오직 하나님께만 있다는 것을 알게 된다(물론 이것은 성령의 역사로 가능하다). 즉, 하나님께서 우리의 영적 가난과 비참함을 드러내 우리로 하나님을 찾도록 만드시는 것이다. 왜냐하면 우리가 우리 자신에 대해 만족하는 한 하나님에 대한 지식을 심각하게 고려하지 않기 때문이다. 영적으로 가난하고 비참한 상태에 처할 때 비로소 마땅히 하나님을 바라보게 되고, 그분의 선하신 일들을 생각하게 된다. 따라서 우리 자신에 대한 지식은 우리를 일깨워 하나님을 찾게 만든다. 이처럼 칼빈은 단지 하나님과 우리 자신에 대해서 이론적으로 아는 것을 말하지 않는다. 그는 인격적이고 실존적인 방법으로 하나님과 우리 자신을 아는 것을 말한다.

2 우리는 하나님을 알기 전까지 결코 자신을 알 수 없다. 그 이유는 무엇인가? (1.1.2)

우리는 하나님을 알기 전까지는 우리 자신에 대해서 진실로 알 수 없다. 왜냐하면 우리는 자신을 의롭고 정직하고 지혜로우며 거룩하다고 생각하기 때문이다. 또한 교만이 본질적으로 우리 속에 자리를 잡고 있으며, 우리 자신의 죄성으로 인해 즐거워하기 때문이다. 그러나 우리를 판단하는 유일한 표준은 주님이시다. 하나님의 의와 지혜와 권능과 순결하심이 규범이다. 따라서 주님을 바라볼 때, 비로소 우리의 본성과 실체를 알 수 있다. 하나님을 진정으로 만난 사람은 자신의 죄성을 깊이 깨닫게 된다.

하나님을 알지 못하는 사람이 자신을 알지 못하는 또 하나의 이유는, 인간이 하나님의 형상이기에 오직 하나님을 통해서만 존재하기 때문이다. 따라서 인간이 하나님의 형상이 아니라 스스로 독립적인 실체를 가지고 있다고 생각하는 것은 자신에 대한 헛된 환상에 빠지는 것이다. 오늘날 하나님을 모르는 사람들은 자신의 의와 지혜와 덕을 만족스러워하며 스스로를 의롭게 여기며 살아간다. 이러한 사람들은 악인이요, 한편으로 어리석은 사람들이다. 하나님의 위엄 앞에서 인간이 얼마나 낮은 상태인지를 알게 된다. 예를 들어, 이사야 선지자는 하나님의 임재 앞에서 자신의 더러움을 발견하였고 그로 인해 고통스러워하고 괴로워하였으며, 더욱이 하나님의 심판을 받을 수밖에 없는 것 때문에 두려워하였다(이사야 6장 참고). 그러므로 먼저 하나님을 아는 지식에서부터 시작하여 우리 자신을 아는 지식으로 나아가야 한다. 이것이 하나님에 대한 계시를 이해하는 올바른 방법이다.

3 하나님을 아는 지식은 무엇을 포함하는가? (1.2.1)

하나님을 아는 지식이 있는 곳에는 '신앙과 경건'이 있다. 하나님을 아는 지식의 실재는 하나님의 위엄을 경외하는 것이다. 하나님을 아는 지식은 이중적인 것으로, 창조주 하나님을 아는 지식과 구속주이신 그리스도를 아는 지식이 있다. 하나님을 경외하고 사랑하는 경건은 하나님의 은덕들에 대한 지식에서부터 나온다. 그런데 칼빈은 구속주 하나님을 아는 지식을 나중에 다루겠다고 말한다. 그것은 하나님께서 인간을 흠 없는 상태로 창조하셨지만 범죄하여 중보자가 필요하게 되었으므로 창조주 하나님을 아는 지식과 인간을 아는 지식이 먼저이기 때문이다.

4 진정으로 하나님을 아는 지식은 무엇을 포함하는가? (1.2.2)

하나님을 아는 지식을 가질 때, 거기서 경건이 나온다. 하나님을 아는 지식은 하나님을 경외하며, 하나님으로부터 오는 모든 좋은 것을 구하게 만든다. 즉, 하나님을 아는 지식은 하나님을 경외하고 사랑하게 만든다. 이것은 하나님을 올바로 인식하는 데서 비롯된다. 하나님께서 만물을 다스리고 인도하며 보호하시는 분임을 알게 될 때 전적으로 하나님을 신뢰하게 된다. 그리고 하나님을 주님이요 아버지로 인정할 때 모든 일에서 하나님의 권위에 복종하고, 그분의 위엄을 찬양하며, 그분의 영광을 나타내고자 힘쓰고, 그분의 계명에 순종하고자 하게 된다. 더욱이 하나님을 죄에 대해 심판하시는 분으로 인식할 때 죄와 싸우고 죄를 억제하고자 애쓰게 된다. 이렇게 하나님을 아는 지식에서 가장 중요한 것은 주로 예배하고 찬양하며 사랑하고 경외하는 것이다. 물론 이것은 자발적인 것이다. 그러나 이렇게 하나님을 올바로 아는 사람들은 극소수에 불과하며, 대부분은 의식적으로 뜻 없이 하나님을 예배하고 있다(칼빈 당시에 교회에 출석하는 사람들 가운데 경건한 사람들은 소수에 불과했다. 교인들은 대부분 단지 외적인 의식 속에서 경건을 찾았다. 칼빈은 그것이 결국 하나님을 아는 지식이 결여된 탓이라고 설명하고 있다).

5 하나님을 아는 지식으로 인한 경건과 신앙은 서로 어떤 관계가 있는가?

하나님을 아는 지식은 우리를 경건과 참된 신앙으로 인도한다. 『기독교강요』에서 경건과 신앙은 뗄 수 없는 관계이다. 경건은 믿음으로 인도한다. 그래서 하나님을 진정으로 신뢰하게 한다. 이것은 하나님에 의해 심령이 변화된 증거이기도 하다. 그러하기에 참된 신앙을 분별할 때는 경건을 살펴야 한다. 물론 칼빈 당시에 나타난 바 하나님에 대한 지식에 관하여 단지 사색적인 지식만을 추구하는 것(스콜라주의)에서는 경건을 기대할 수 없으므로 경건과 신앙의 열매를 보는 것이 중요했다.

6 종의 두려움과 복음적 두려움은 어떻게 다른가? (1.2.2)

종의 두려움이란, 하나님의 심판에 대한 두려움 때문에 마지못해 율법을 지키는 것을 말한다. 율법을 지키지 않을 경우에 임할 하나님의 심판에 대한 두려움 때문에 항상 율법을 지킨다. 반면 복음적 두려움은, 하나님의 은혜로 용서받은 사람이 하나님을 사랑하는 가운데 그분을 공경하는 것을 말한다. 그리고 그 증거는 자발적으로 죄와 싸우고 더러움을 피하는 것으로 나타난다(고후 7:1 참고). 이것이 자발적 경외이다. 하나님을 두려워하는 것은 무엇보다 죄악을 피하는 것으로 나타나게 되어 있다(고린도후서 7:1 주석 참고). 그리고 하나님을 사랑하는 가운데 계명을 지킨다. 따라서 계명을 무거운 것으로 여기거나 억지로 지키는 것은 복음적 두려움이 아니다(요일 5:1-3 참고).

3

하나님에 대한 자연적 인식(1.3-4)

⋮

모든 사람에게는 자연적 본성으로 하나님을 인식할 수 있는 지각이 주어져 있다. 사람들이 우상을 섬기고 예배하는 것은 그들에게 하나님을 인식할 수 있는 자연적 본성이 있음을 보여 준다. 더욱이 사람들이 어려움이나 큰 위험들을 만날 때 종교를 갖는 것 역시 하나님을 인식할 수 있는 본성이 그들에게 있음을 말해 준다. 그러나 한편으로 이것은 그들이 하나님을 바르게 예배하지 않은 죄에 대해서 변명하지 못하게 만든다. 그런데 하나님에 대한 인식들이 무지와 악의에 의해서 부패되었다. 미신은 교만과 고집으로 자기 자신의 계산과 생각에 따라 하나님을 만들어 그것을 예배하는 것이다. 미신은 헛된 호기심과 부적절한 욕망의 결과이다(시 14:1 참고). 또한 위선은 하나님의 속성을 자신의 생각으로 바꾸는 것이다. 그의 마음에는 배역이 가득 차 있으면서도 종교적 의무를 준수함으로써 하나님께 순종하는 것처럼 보이는 것이다. 그러나 그들의 삶은 부도덕한 것들로 분명하게 드러난다.

1 모든 인간에게 하나님에 대한 자연적 인식이 있는가? (1.3.1)

모든 인간에게는 하나님에 대한 자연적 인식이 있다. 이것은 우주적인 것이다. 하나님은 자신의 신적 위엄을 어느 정도 깨달아 알 수 있는 이해력을 인간에게 심어 두셨다. 그래서 인간은 하나님이 존재하신다는 것과 창조주라는 사실을 인식할 수 있다. 이것은 우리의 죄에 대해서 변명하지 못하게 만든다(롬 1:18-32 참고). 하나님께서 창조를 통해 자신이 존재하심을 사람들의 마음에 심어 놓으셨기 때문에, 모든 사람들은 하나님을 바르게 예배하지 않은 것에 대해서 변명할 수 없다. 하나님께서는 창조를 통해 자신에게 예배해야 할 필요성을 분명하고도 일반적으로 보여 주셨다. 따라서 모든 인간은 하나님께 경배하지 않고 순종하지 않은 것에 대해서 핑계 댈 수 없다. 사실 우상 숭배조차도 신적 존재에 대한 생생한 증거이다. 칼빈은 로마서 1장 21절의 주석에서도 '하나님께서 자신이 한 일들을 통해 사람들의 생각 속에 계시하셨기 때문에, 사람들은 스스로 알려고 하지 않아도 하나님이 존재하신다는 것을 반드시 알고 하나님께 찬송을 돌려야 한다'고 하였다.

2 종교로 사람들을 속이고 이용하는 것이 어떻게 가능한가? (1.3.2)

교활한 자들이 종교를 고안해 내고 사람들을 속일 수 있는 것은 바로 하나님을 인식할 수 있는 '신 인식'을 남용하고 악용했기 때문이다. 심지어 무신론자라도 하나님을 두려워한다. 하나님을 부정하고 멸시하는 자들에게 더욱 큰 양심의 고통들이 따르고 더욱 두려워한다. 왜냐하면 인간의 마음속에는 하나님에 대한 어떤 관념들이 항상 실재하고 있기 때문이다. 즉, 이러한 두려움을 이용하여 거짓 종교를 만들어 내고, 그것을 통하여 거짓 위로를 주려고 하는 것이다.

3 하나님에 대한 자연적 인식을 없앨 수 있는가? (1.3.3)

없앨 수 없다. 인간은 태어나면서부터 하나님에 대한 의식을 가지고 있으며, 그것은 내면 깊은 곳에 자리 잡고 있다. 따라서 이것을 없애려고 노력해도 없앨 수 없다. 이것은 인간이 동물보다 우월함을 나타낸다. 이것은 심지어 부패한 본성에도 남아 있다.

4 자연적으로 하나님을 인식할 수 있는 지식이 어떻게 뒤틀어졌는가? (1.4.1)

사람들은 스스로 미신에 사로잡혀 있으며, 의도적으로 그리고 악하게 하나님을 배반하였다. 미신적인 것은 사람들을 강퍅하고 교만하게 만들며, 하나님에 관한 지식들을 버리게 만든다. 그 결과 참된 경건이 사라진다. 사람들은 거만과 허영과 완고함이 서로 결합된 자신의 육적인 어리석음으로 말미암아 하나님을 판단하고 건전한 탐구를 게을리 한다. 그래서 하나님께서 계시하신 대로 하나님을 이해하지 않고, 자신들의 억측에 따라 하나님을 상상한다. 그들 스스로는 하나님을 예배한다고 하지만 자기들 마음에서 만들어낸 허구와 망상에 예배하는 것이기 때문에 우상적인 것이다.

5 뒤틀어진 하나님에 대한 인식은 어떻게 발전했는가? (1.4.2)

인간은 의도적으로 하나님에 대한 기억들을 버리고 무감각해진다. 실제적으로 하나님을 거절하는 것이다. 물론 이러한 완고함 속에서 그들의 양심은 괴로워하며, 하나님의 심판을 부담스러워한다. 그래서 의도적으로 하나님의 심판에 대한 두려움을 떨쳐버리고자 노력하게 된다. 그리고 육적인 욕망에 자신을 내던진다. 하나님의 존재를 부정하는 것이다(시 36:1 참고). 의도적으로 하나님을 망각하고 무감각하게 사는 것이다.

6 인간의 망상에 의해 만들어진 종교는 어떤 것인가? (1.4.3)

인간은 상상 또는 망상으로 우상 같은 신을 만들어 낸다. 그들은 말씀으로 계시된 하나님이 아니라 인간이 스스로 상상하여 거짓 신을 만들어 낸다. 그들은 자신이 만들어 낸 신에게 예배하고 종교적 열심을 품기도 한다. 그것은 매우 우상적이며, 한편으로 미신적이다. 진리와 일치하지 않는 종교는 거짓 종교이다. 이는 저주받아 마땅한 우상 숭배이다. 칼빈이 지적한 것은 오늘날에도 적용될 수 있는데, 하나님의 말씀에 근거하지 않고 이성으로 하나님을 재구성하여 섬기는 것도 마찬가지이다.

7 위선적인 종교적 행위와 진정한 경건의 차이는 무엇인가? (1.4.4)

위선자들은 죄악을 저지르면서 그로 인해 하나님의 심판을 받으리라는 것을 이미 알고 있다. 물론 하나님의 심판이 두려워 뒤로 물러서기도 한다. 그러나 그들은 죄에서 떠나거나 죄와 싸우지 않는다. 여전히 죄 가운데 있다. 그러면서 외적으로 종교적 행사에 열심히 참석하고 의무를 수행함으로써, 자신에게 신앙이 있다는 것을 보여 주려고 한다. 자신의 종교적 행위로 자신의 불의를 감추려고 하는 것이다. 진정한 경건은 오직 신자에게만 있다. 그들은 거룩한 생활과 온전한 마음으로 하나님을 섬긴다.

8 반역된 본성으로 저지르는 죄는 무엇인가? (1.4.4)

반역된 본성으로 우상 숭배의 죄를 범한다. 그들도 하나님을 두려워하지만 일시적일 뿐이며, 결국 그것을 내버리고 온갖 종류의 악으로 자신을 더럽힌다. 그리고 악에 악을 더하여 마침내 모든 면에서 하나님의 거룩한 율법을 어기고 하나님의 의를 무시하게 된다.

4
창조에 계시된 하나님 (1.5)

⋮

하나님께서 스스로를 드러내시는 것은 분명한 사실이다. 사람들은 자연을 깊이 관찰함으로써 하나님의 지혜의 신비를 알 수 있다. 인간의 신체 구조를 생각해 보면 더욱 그렇다. 인간은 하나님의 지혜에 대한 최고의 증거이기도 하다. 그런데도 인간은 하나님께 감사하지 않으며, 하나님께 영광을 돌리지도 않는다. 오히려 자기 자신을 사랑하는 데 빠져 있으며, 창조주를 사랑하지 않고 피조물을 사랑한다. 하나님께서 창조를 통하여 '주 되심(Lordship)'을 드러내시는데도, 인간들은 그것을 무시하고 있다. 인간들은 하나님의 주권을 배역하고, 하나님의 다스림에서 벗어날 수 있으리라고 생각한다.

1 우리가 하나님을 아는 데 도움을 주는 것은 무엇인가? (1.5.1)

하나님께서는 우리에게 종교의 씨를 주셨다. 그리고 한편으로 창조를 통해 자기 자신을 우리에게 나타내셨다. 하나님께서는 우주 속에서 일반적으로 우리에게 계시하셨으며, 날마다 우리에게 나타내신다. 하나님께서는 모든 창조물에 자신의 영광을 명백하게 새겨 놓으셨다. 이것이 너무나 뚜렷하고 확실하기 때문에 무식하고 아둔한 사람일지라도 하나님을 인지할 수 있다(롬 1:19,20 참고). 결국 어떤 인생도 하나님을 몰랐다고 핑계 대거나 변명할 수 없다. 우리에게 심어 두신 종교의 씨와 창조 속에 나타내신 계시는 우리가 하나님을 아는 데 도움을 준다. 그래서 칼빈은, 창조를 바라보지 않고, 창조 속에서 자신들의 창조자를 바라보지 않는 자들을 꾸짖는다.

2 과학이 하나님을 인식하는 데 얼마나 도움을 주는가? (1.5.2)

천문학이나 의학이나 자연 과학은 하나님의 지혜의 비밀을 더욱 깊이 통찰할 수 있도록 어느 정도 도움을 준다. 천문학의 경우, 별의 움직임을 조사하고 연구한다면 하나님의 섭리를 더욱 분명하게 알 수 있다. 의학도 마찬가지이다. 인체의 구조를 연구하면 그 구조가 매우 정교하다는 것을 알고 창조주를 인정하게 될 것이다. 물론 이렇게 자연 과학이 어느 정도 도움을 준다고 해서, 무식한 사람들이나 배우지 못한 사람들에게는 하나님을 아는 데 도움이 부족하다는 것은 아니다. 누구든지 창조를 주의 깊게 살펴본다면 하나님의 지혜의 탁월함과 풍성함을 인정할 수밖에 없다.

3 하나님을 발견하기 위해서 우리 자신을 볼 필요가 있는가? (1.5.3)

우리는 우리 자신을 바라봄으로써 하나님을 발견할 수 있다. 왜냐하면 인간은 하나님의 권능과 선하심과 지혜의 특별한 표본이기 때문이다. 따라서 인간은 자기 성찰을 통하여 하나님을 직면하게 되고, 동시에 자신의 죄악성을 발견하게 된다.

4 인간들은 하나님을 발견할 수 있는 증거들을 어떻게 대하는가? (1.5.4)

불행하게도 인간은 하나님을 발견할 수 있는 증거들에 대해 교만하거나 감사하지 않음으로써 그것들을 억압하였다. 인간은 자기 성찰을 통하여 하나님의 지혜와 부요함을 알 수 있는데도 하나님을 인정하지 않고 찬양하지 않는다. 오히려 하나님을 부정하고, 인간의 지혜와 능력을 신뢰하며 교만해져서 자신들의 영광을 나타내려고 한다.

5 창조 속에 하나님을 계시하신 목적은 무엇인가? (1.5.6)

오직 하나님께서 존재하심과 모든 만물을 다스리시는 분임을 나타내, 인간으로 하여금 하나님을 바라보고 신뢰하고 의지하며 오직 하나님만을 예배하고 그분의 이름을 높이게 하려는 것이다. 우리가 창조 속에서 하나님께서 모든 만물의 근원이 되심과 하나님의 능력과 선하심을 깨달으면, 우리는 마땅히 하나님을 사랑하게 된다(시 145:9 참고).

6 하나님을 알 수 있는 것에는 창조와 함께 또 무엇이 있는가? (1.5.7-8)

하나님은 섭리에 따라 사회를 통치하신다. 하나님은 인류 사회를 통치하시되, 섭리를 통해서, 그리고 무수한 방법들을 동원해서 모든 사람들에게 인자와 은혜를 베푸신다. 그리고 하나님의 속성과 뜻에 따라 경건한 사람에게는 관대하고 악인에게는 엄격한 심판을 내리신다. 비록 사악한 자들의 생활이 어려움 없이 잘되며 하나님의 심판과는 상관없는 것처럼 보이지만, 그것은 일시적일 뿐 반드시 심판이 임한다. 물론 하나님께서는 죄인들에게 회개할 기회를 주셔서 그들로 하나님께 용서를 구하게 하신다. 이것은 지칠 줄 모르는 하나님의 사랑이다. 한편으로 하나님께서는 자신의 백성을 기적적인 방법으로 어려움에서 건지고 보호하신다. 이것은 하나님의 섭리의 운영이며 아버지의 사랑을 나타내시는 것이다.

7 하나님의 사역 속에서 어떻게 하나님을 알 수 있는가? (1.5.9)

하나님을 발견하기 위해서는 그분의 본질이 아니라 그분의 사역에 대해서 관찰하고 숙고해야 한다. 여기서 하나님에 대한 지식은 사색으로 끝나는 것이 아니다. 그 지식이 마음에 뿌리를 내려 열매를 맺어야 한다. 하나님의 사역에 대해서 숙고해야 한다(시 145:5 참고). 하나님께서 행하신 일에 대해서 묵상하면 주님의 광대하심과 위대하심에 압도되어 주님을 찬양할 수밖에 없다. 결국 하나님에 대한 지식은 우리로 하여금 하나님을 예배하게 하며, 영적으로 각성시켜 내세의 소망을 갖게 한다.

8 하나님을 찾는 일에서 철학자들이 저지르는 실수는 무엇인가? (1.5.11-12)

하나님의 섭리가 분명한데도 철학자들은 길을 잃어버렸다. 하나님을 알 수 있는 명백한 증거들이 넘치는데도 철학자들은 공허한 말을 많이 하였고, 더욱이 오류에 빠져 자신들의 어리석음과 미련함으로 사람들을 이끌었다. 철학자들 가운데 신중한 플라톤마저도 자기 자신의 생각에 갇혀 길을 잃고 헤맸다. 또한 칼빈은 아리스토텔레스가 하나님을 자연으로 대체하였다고 말한다. 칼빈은 철학자들 때문에 세상이 오류로 덮이게 되었다고 하였다. 철학은 설득하는 말이며, 그럴듯한 논쟁으로 사람들의 마음을 사로잡는다. 바로 이것이 영적인 교리를 부패시킨다(골로새서 주석을 참고하라).

9 자연을 통해서만 하나님에 대한 참된 지식에 이를 수 있는가? (1.5.14)

그렇지 않다. 자연에 나타난 하나님의 현현은 분명히 다소의 섬광을 발하지만, 그것은 인간의 어리석음과 우둔함으로 말미암아 소멸되어 버리고 만다. 따라서 하나님의 내적 계시에 의하여 믿음으로 조명되는 역사가 반드시 필요하다. 그러나 하나님께서 자연에 자신을 분명하게 나타내셨기 때문에 하나님을 몰랐다고 변명할 수는 없다. 즉, 자연계시는 사람이 변명할 수 없다는 것을 밝힌다. 하나님을 아는 지식의 목적은 우리로 하나님을 예배하며 영원한 삶에 대한 소망을 가지도록 격려하는 것이다. 그러나 자연계시에는 이와 같은 지식이 충분하지 않다. 다만 자연에 나타난 하나님의 모든 증거들은 하나님을 바르게 예배하지 않은 것에 대해 핑계 대지 못하게 할 뿐이다.

5
성경과 성령(1.6-10)

:

하나님께서는 오직 성경 안에서 자신에 대한 실제적 지식을 우리에게 제공하신다. 자연계시를 통해서가 아니다. 물론 자연계시를 통해서 우주적으로 하나님이심을 드러내셨지만, 우리가 창조주 하나님에게로 가기 위해서는 좀 더 나은 도움이 필요하다. 그리고 이 도움은 하나님의 말씀 안에서 얻을 수 있다. 하나님의 말씀은 하나님께서 자신에 대하여 보여 주시는 계시이다. 진정한 신앙은 천성의 교리에 근거를 두고 있는데, 오직 성경을 연구함으로써 이것을 알 수 있다. 성경이 없다면 우리는 오류와 우리의 죄성에 빠져 있을 것이다. 성경의 권위는 하나님께로부터 나온다. 로마 가톨릭이 주장하는 것처럼, 성경의 권위가 교회에 있는 것이 아니다. 성경은 스스로 권위가 있으며, 성령의 증언으로 우리로 하여금 확신하게 한다. 그러나 재세례파와 같은 환상주의자들은 성령의 역사를 곡해하거나 자신들의 체험을 더욱 중시하여 오히려 성경을 저버린다. 성령의 사역은 새로운 종류의 교리를 만들어 내는 것이 아니다. 성령과 하나님의 말씀은 떼려야 뗄 수 없는 관계이다.

1 왜 성경을 읽어야 하는가? (1.6.1-2)

하나님께서 창조를 통해 자신을 계시하셨지만, 죄악된 인간의 본성은 그것을 억압하고 뒤틀어 놓았다. 그래서 더욱 분명한 계시가 필요하며, 우리는 성경에서 이것을 발견한다. 하나님께서는 오직 성경을 통해서만 자신을 실제로 알리신다. 하나님에 대한 충분한 지식에 이르는 바르고도 유일한 방법은 성경에서 가르침을 발견하는 것이다. 성경은 하나님에 대한 바른 지식으로 우리를 인도한다. 이것이 성경의 중요성이다. 그래서 우리는 성경을 연구해야 한다. 자연계시로는 충분하지 않다. 성경이 더욱 필요한 이유는 하나님을 알되 창조주 하나님으로서만이 아니라 구속주 하나님으로서도 알아야 하기 때문이다. 구속주 하나님에 대해서는 오직 성경에만 계시되어 있다. 구속주 하나님을 알기 위해서는 타락과 부패를 먼저 언급해야 하기 때문에 칼빈은 이를 2권에서 다룬다.

2 성경의 권위는 어디로부터 오는가? (1.7.1)

로마 가톨릭교회는 성경에 대한 권위가 교회에 있다고 주장한다. 따라서 교회의 승인을 얻을 때에만 비로소 성경이 그 중요성을 가진다고 주장한다. 로마 가톨릭교회가 하나님께서 제정하신 신적 기관이기 때문이라는 것이다. 그러나 칼빈은 이것에 대해 성경의 권위를 인간의 판단에 기초하여 인정하는 것이라고 하면서 반대하였다. 로마 가톨릭교회의 주장에 따르면, 영생에 대한 모든 약속은 인간의 판단으로 결정되고, 또 그 판단에만 의존한다. 그러나 성경은 성령의 증언에 의해서 확증되고 권위가 세워지는 것이지, 인간의 이성이나 논증에 의해서 권위가 세워지는 것이 아니다. 성경은 성령의 내적 증언에 의해 '스스로의 권위(self authenticated)'를 가진다.

❸ 하늘로부터 오는 음성을 강조하는 주관주의자들의 잘못은 무엇인가? (1.7.1)

날마다 말씀이 하늘로부터 주어지는 것이 아니다. 하나님께서는 진리를 오직 성경의 기록 가운데 신성하게 보존하고 영구히 기억되게 하기를 기뻐하셨다. 성경을 하늘로부터 온 것으로 여기고, 성경을 통해서 마치 하나님의 살아 있는 말씀을 듣는 것처럼 여길 때, 비로소 성경은 신자들로부터 완전한 권위를 얻게 된다. 인간의 주관적 내면을 강조하는 것은 환상주의로 빠지게 만들 뿐이다.

❹ 성경과 교회 가운데 어느 것이 앞서는가? (1.7.3)

교회의 기초는 사도들과 선지자들의 가르침이다(엡 2:20 참고). 이것은 교회가 존재하기 이전에 이미 선지자와 사도들의 가르침이 권위를 가지고 있었음을 증언한다. 따라서 교회가 성경을 결정하는 것이 아니다. 사도들과 선지자들의 가르침이 교회보다 분명히 앞선다. 따라서 교회가 성경을 승인하는 것이 아니다. 그런데도 로마 가톨릭교회는 그리스도인의 신앙과 삶에 대한 최종적 권위가 성경에 있는 것이 아니라 교회에 있다고 주장한다. 교회의 동의가 있어야만 성경이 무게를 가진다는 것이다. 이것은 하나님의 영원하고 침범할 수 없는 진리가 인간의 결정에 따라 좌우될 수밖에 없다는 의미이다. 이것은 명백한 오류이다. 바로 이 점이 로마 가톨릭교회와 개혁교회의 근본적인 차이라고 할 수 있다.

5 성경과 성령의 관계는 어떠한가? (1.7.4)

성령의 역할은 우리의 귀에 성경이 하나님의 말씀이라고 속삭이는 것이 아니라, 우리의 눈을 열어 자증적(self-evident)인 것들을 보게 하는 것이다. 성령은 성경을 통해서 말씀하신다. 그래서 성령은 신자의 신앙과 삶에 관한 모든 문제에 대해 최종적이고 궁극적인 권위를 가진다. 신자들은 성령의 증언으로부터 확실성의 근거를 찾아야 한다. 성령께서 우리의 마음을 조명하시기 전까지는 우리의 마음이 많은 의심들로 흔들릴 수 있다. 성령께서 우리의 마음에 성경을 인증하실 때, 우리는 성경이 자증적인 하나님의 말씀이라는 것을 깨닫게 된다. 성령에 의해서 성경이 하나님의 말씀이라는 그리스도인의 확신을 얻게 된다. 성경이 진리라는 것은 인간의 이성이나 판단이나 추리에 의존하기보다는 더 높은 성령의 증언에 의존해야 한다. 칼빈은 모든 신자가 자기 자신 안에서 이것을 경험한다고 주장하였다.

6 성경을 증거와 추론에 예속시키는 것은 어떠한가? (1.7.5)

성경을 증거와 추론에 예속시키는 것은 옳지 않다. 완전한 확신은 오직 성령의 증언을 통해서 얻어진다. 더욱이 성경은 스스로의 권위를 가지고 있다. 하나님의 말씀 안에 신적인 증언이 담겨 있기 때문이다. 만약 성경의 신적 성격을 증명하기 위해서 다른 어떤 것들이 필요하다면, 그것은 더 높은 권위에 의존해야 하며, 그것은 더 이상 하나님의 말씀이 될 수 없다. 그런데 로마 가톨릭교회는 성경의 권위를 교회의 권위 아래에 두었다. 그러나 성경은 성경 자체 외에 어떤 권위도 두지 않으며, 성경 자체에 권위가 있음을 증언한다. 그리고 성령께서 그 위에 역사하여 경건과 믿음이 나오게 하신다.

7 이성적인 논쟁은 어떤 역할을 하는가? (1.8)

인간의 이성에 의한 변증적인 논쟁은 부수적인(2차적이며 보조적인) 것이다. 성령의 증언이 일차적이며 주된 것이다. 이성적인 증언 또는 교회의 증언이 믿음의 확실성을 생산하지는 않는다. 성령의 증언이 기초가 되어야 한다. 다만 이러한 기초가 있다면 다른 논쟁에 도움이 될 수는 있다. 이성적인 증언들은 우리의 연약함을 위해 부수적인 도움을 줄 수 있다. 즉, 비방하는 자들의 간계를 물리치는 데 사용될 수 있다. 그러나 이런 증언들은 그 자체만으로는 확고한 믿음을 이끌어 낼 만큼 강력하지 못하다. 오직 하늘에 계신 우리 아버지께서 성경에 그분의 위엄을 드러내는 가운데 모든 논쟁을 뛰어넘어 성경을 높이도록 역사하실 때 비로소 이 믿음이 나타나는 것이다. 그러므로 성경의 확실성을 오직 성령께서 주시는 내적 확신 위에 세울 때, 이것이 구원의 지식을 주기에 충분한 책이 된다.

8 성경과 관계없이 성령의 특별한 계시를 주장하는 사람들에게 어떻게 응답해야 하는가? (1.9.1)

성경을 떠나서 하나님께로 갈 수 있는 길이 있다고 생각하는 사람들이 있다. 그들을 광신주의자 또는 열광주의자라고 부른다. 재세례파와 신령주의자 또는 직통계시파들이 여기에 속한다. 그들은 성령의 가르침을 직접 받는 것처럼 자랑하면서 성경을 읽는 것을 전적으로 무시하고 멸시한다. 자신들의 감정을 높이 끌어올려 성경의 교리들을 보잘것없는 것으로 만들고, 광신주의자들의 마음에 어떤 인상을 심어 주기 위해서 여러 수단들을 동원한다. 그들은 자신들이 상상한 바를 계시받은 것으로 속여 넘길 뿐 아니라, 심지어 계시를 받는 훈련까지 한다(겔 13:2,3 참고). 그리고 그들의 체험을 화려하게 포장하고 자랑하거나, 또는 새로운 교리라고 주장한다. 그들은 단순한 복음의 교리를 무너뜨리고, 하나님의 말씀을 매장시킨다. 그들의 영은 거짓 영이라고 할 수 있다. 그들은 자신들이 선지자인 양 착각한다. 오늘날의 신사도 운동과 같이, 성경의 계시에 추가한 새로운 계시를 주장한다. 이런 것들은 성경을 무시하게 만든다. 성경을 무시하고 성경과 충돌되는 것을 주장하는 것은 성령의 역사가 아니다. 성경에 영감을 주신 분은 다름 아닌 성령이다. 성령은 스스로 모순될 수 없다. 더욱이 우리에게 약속된 성령의 임무는 아직 들어보지도 못한 새로운 계시를 만들어 내거나 어떤 새로운 교리 자체를 만들어 내는 것이 아니다. 그분의 임무는 이미 확실하고 단번에 주신 복음의 교리들을 우리의 마음에 인 쳐 주시는 것이다. 선지자 또는 성령의 나타나심이라고 주장되는 모든 것들은 하나님의 말씀으로 검증되어야 한다.

9 성령의 사역과 관계없는 체험을 강조하는 것은 어떤 위험을 내포하고 있는가? (1.9.2)

성령의 역사를 자신의 주관적인 체험에 묶어두는 경우가 있다. 성령은 분명 성경 위에 역사하시는데, 자신들의 주관적인 체험을 더욱 강조하여 스스로 파멸에 이른다. 이런 태도는 사탄의 영이 성령의 이름으로 침투하는 것이다. 성령의 역사는 오직 성경에 기록된 대로 인식되어야 한다.

10 하나님의 말씀과 성령은 어떻게 연합되어 있는가? (1.9.3)

말씀과 성령은 연합되어 서로 묶여 있다. 성령께서는 자신이 성경에서 표현한 그 진리 가운데 내재해 계신다. 따라서 성령은 우리가 그 말씀에 합당한 존경과 위엄을 돌릴 때에 능력을 나타내신다. 즉, 성령은 오직 하나님의 말씀을 높이는 곳에서 역사하신다. 하나님의 말씀은 성령에 의해서 우리에게 확증된다. 이와 관련하여 칼빈은 말씀과 성령의 연합을 강조함으로써 잘못된 예언 운동에 대한 안전 지침서를 마련한 셈이다. 말씀이 없는 성령은 위험하며, 성령 없는 말씀은 죽은 것이다. 오직 성령이 있는 말씀이 역동성을 가진다. 말씀이 없는 성령은 환상이며, 성령 없는 말씀은 심령을 메마르게 한다. 오직 말씀과 성령이 함께 있는 곳에 성장이 있다. 더욱이 하나님의 말씀이 성령에 의하여 우리의 마음에 인 쳐질 때, 우리는 이 세상의 모든 것들, 특히 진리를 모호하게 만들고 진리에 대항하는 것들을 모두 멸시하게 된다.

11 성경에서 반드시 붙잡아야 할 것은 무엇인가? (1.10.1)

성경에서 하나님을 찾아야 한다. 하나님께서 친히 우주를 어떻게 만드셨으며 어떻게 통치하시는지를 파악해야 한다. 그리고 중보자이신 그리스도에 관한 지식에 이르러야 한다. 물론 하나님의 속성에 대해서도 깨달아야 한다. 이러한 지식들은 우리로 하여금 하나님을 경외하고 신뢰하게 만든다.

12 성경에서는 하나님의 속성을 어떻게 제시하는가? (1.10.2)

하나님께서는 자존하며 단일하고 불가시적이며 불가해한 영으로서, 존재와 능력과 지식과 지혜가 무한하며, 공의롭고 거룩하며, 선하고 영원하며 완전하신 분이다. 하나님의 속성을 이렇듯 여러 가지로 말할 수 있지만, 칼빈은 이 가운데 하나님을 알기 위해서 필요한 세 가지로 하나님의 공의와 인애와 심판을 언급한다. 변함없는 하나님의 진실하심에 근거를 두고 하나님의 공의와 인애와 심판에 대한 필수적인 지식을 가져야 한다. 또한 하나님의 능력에 대한 이해 가운데 심판과 공의로 다스리시는 것을 믿어야 하며, 하나님의 선하심으로부터 오는 인애를 깨달아야 한다. 하나님의 모든 길에 인애와 심판과 공의가 있다면, 그 가운데 하나님의 거룩하심이 있는 것이다.

6
우상 숭배(1.11-12)

십계명은 하나님을 그림이나 어떤 형상으로 나타내는 것을 금한다. 하나님을 그림이나 형상으로 나타내는 것은 하나님의 존재와 모순되며, 하나님의 위엄을 손상시키는 것이다. 구약에서 하나님께서 직접 나타나신 것은 이러한 형상을 만드는 것을 합당하게 하려는 것이 아니었다. 오히려 하나님의 현현은 인간의 호기심을 억제하려는 것이었다. 어떤 이들은 배우지 못한 사람들에게는 그림이 교육적인 기능을 한다고 주장하겠지만, 성경에서는 형상을 만드는 것을 금하고 있다. 한편 로마 가톨릭은 형상을 받아들이는데, 이것은 신적인 것을 보고 만지려는 욕망에 근거한 것이다. 이것은 결국 형상 예배로 나아갔다. 우상 숭배는 하나님의 존재의 영광을 빼앗는 것이며, 하나님을 피조물로 전락시키는 것이다.

1 하나님을 외적인 형태로 나타내는 것은 어떠한가? (1.11.1)

하나님은 어떠한 형태로도 나타낼 수 없다. 하나님을 외적인 형태로 나타내는 것은 하나님의 영광을 부패시키는 것이다. 그래서 십계명의 둘째 계명에서는 형상을 금한다. 하나님께서는 자신에 대한 모든 형상을 금하신다. 보이는 하나님의 형상을 찾는 것은 하나님으로부터 떠나는 것이다. 형상은 하나님을 노하시게 만든다. 왜냐하면 그것이 하나님의 엄위에 불명예를 끼치기 때문이다. 하나님을 형상화하는 것은 인간의 무모한 생각이다. 하나님은 무한하신 분이므로 땅에 속해 있는 어떤 것이나 육체적인 것으로 하나님을 형상화해서는 안 된다.

2 하나님의 형상을 마음에 그리는 것은 어떠한가? (1.11.4)

하나님을 그림이나 어떤 형상으로 표현한 것들은 모두 허구이다. 그것들은 거짓이며, 하나님의 위엄을 모독하는 것들이다. 더욱이 우리의 마음에서 나온 하나님에 대한 개념들은 어리석은 망상이다. 왜냐하면 하나님은 무한하며 불가해하신 분이므로 어떤 외적인 수단과 도구로 표현할 수 없고, 그러한 작업들은 하나님을 축소시키는 것이기 때문이다. 이는 참으로 불경스러운 행동들이 아닐 수 없다.

3 칼빈은 그레고리우스(Gregorius)의 형상의 교육적 사용에도 반대하였다. 그 이유는 무엇인가? (1.11.5)

칼빈은 그레고리우스 대제가 무지한 사람들을 위하여 형상을 사용한 것에 대해 비판하였다. 그런 형상들은 하나님을 잘못 나타내는 것이다. 칼빈은 무지한 사람들을 위해서는 형상이 아니라 적당한 설교가 치유책이라고 하였다. 형상은 인간의 타락한 성질에서 나온 것이다. 이교도와 같이 하나님을 우상으로 예배하는 것은 분명히 죄이다. 그래서 칼빈은 하나님에 대한 모든 형상에 반대하였다.

4 칼빈은 모든 형상에 반대하는가? (1.11.12)

오직 하나님에 대한 형상에만 반대할 뿐, 모든 형상들에 반대한 것은 아니다. 조각이나 그림을 하나님이 주신 선물로서 합법적으로 사용하는 것은 허락하였다. 여기서 합법적인 사용이라는 것은 역사적인 사건들을 가르치기 위해 사용하는 것을 말한다. 역사적인 사건과 관계없이 사용하는 조각과 그림은 단지 인간의 즐거움을 만족시키기 위할 뿐이다. 칼빈은 로마 가톨릭교회에 있는 형상들에 대해 인간의 방탕함에 근거한 것들이라고 비판하였다.

5 칼빈은 순수한 교회가 부패되는 과정을 어떻게 설명하는가? (1.11.13)

초대 교회는 신앙이 번성하였으며, 순수한 교리가 우세하였다. 이러한 초대 교회는 주후 500년까지 지속되었다. 칼빈은 복음의 교리를 순수하게 유지하고 그것을 설교하는 것이 교회를 순수하게 유지하는 것이라고 보았다. 그리고 이렇게 순수한 교회가 신앙의 번성을 가져다준다고 보았다. 그러나 중세 시대에 들어서면서 성직의 순수성이 쇠퇴하였고, 교회를 장식하기 위한 형상들이 들어오게 되었다. 그로 인해 사람들은 감각적인 것에 주의를 기울이게 되었고, 예배가 타락하여 미신적인 예배로 전락해 버리고 말았다. 사람들은 영적으로 우매해져서 미신적인 예배에 더욱 깊이 빠져 들어갔다. 그들의 타락한 예배는 사람들의 시선을 강력하게 사로잡고서 인간적인 감동을 주는 것이었다.

6 칼빈은 형상 숭배를 승인한 제2차 니케아 공의회를 어떻게 비판하는가? (1.11.14-16)

주후 787년에 이레네(Irene) 황후에 의하여 개최된 회의에서는 교회당 안에 형상을 설치할 뿐만 아니라 이 형상물에 예배까지 드리도록 결정하였다. 그리고 우상에게 존경하는 마음으로 절하는 것을 허용하였다. 형상물 사용을 주장하는 자들은 제2차 니케아 공의회를 근거로 삼는다. 그들은 하나님의 말씀을 듣는 것과 함께 형상물들을 주의 깊게 바라봄으로써 하나님을 알 수 있다고 말한다. 그러나 이것은 어리석은 주장이다.

7 성인 숭배가 왜 죄악인가? (1.12)

성인을 숭배하는 것과 하나님을 예배하는 것은 함께 갈 수 없다. 하나님이 아닌 다른 누구에게 어떤 형태로든 예배하는 것은 모두 신성모독이다. 하나님 외에 다른 무엇을 예배하는 것은 하나님을 훼방하는 것이다. 하나님께만 드려져야 할 예배가 수많은 우상들에게 돌려지고 있는 것은 미신이며, 인간의 야망이고, 결국 인간을 높이는 것이다.

7
삼위일체(1.13)

⋮

　삼위일체라는 용어는 하나님의 신성에 세 위격이 있음을 나타내는 신학적 용어이다. 하나님의 각 위는 서로 구별된다. 이것은 하나님을 우상들로부터 구별하는 것이다. 교회사적으로 아리우스(Arius), 사벨리우스(Sabellius), 세르베투스(Servetus) 등의 이단들이 나타나 삼위일체 교리를 부패시켰다. 아들의 신성은 영원한 지혜이며, 모든 예언의 근원이 되신다. 성령의 신성은 그의 사역으로부터 증거되는데, 창조 시에 우주를 아름답게 하였으며, 중생과 성화의 저자가 되신다. 성부, 성자, 성령을 인간적으로 이해해서는 안 된다. 성부는 모든 것의 근원이요 시작이시며, 성자는 지혜와 모든 것을 질서 있게 하시고, 성령은 그 능력으로 효과를 나타내신다.

1 하나님께서 우리가 하나님에 대해 어리석은 생각을 하지 못하도록 나타내신 두 가지 특성은 무엇인가? (1.13.1)

하나님께서는 우리의 생각을 신중하게 하시기 위해 자신의 본질에 대해서 충분히 나타내시지 않았다. 다만 인간들이 하나님에 대해서 어리석은 상상을 하지 못하게 하고 마음의 분방함을 억제하게 하기 위해서 두 가지 특성을 나타내셨다. 첫째로, 하나님의 무한성이다. 이것은 우리에게 두려움을 주어 우리의 감각으로는 하나님을 측량할 수 없게 한다. 둘째로, 하나님의 영적인 본성이다. 이것은 하나님에 대해 세속적이고도 육적인 상상을 하지 못하게 만든다.

2 삼위의 중요성은 무엇인가? (1.13.2)

하나님께서는 자신의 특성에 대해서, 자신이 홀로 한분이시라는 것과 동시에 자신이 삼위로 고려되어야 한다는 것을 보여 주셨다. 하나님께서는 자신을 삼위 안에 한분 하나님으로 게시하셨다. 이것은 우상과 같은 신들과는 뚜렷하게 구별된다.

3 삼위기 나뉠 수 없음을 어떻게 설명하는가? (1.13.2)

성부는 자신의 고유한 특성에 관한 한 성자와 구별된다. 성령 역시 성부와 성자와 구별된다. 그러나 이것은 본질의 구별이 아니다. 각 위는 특별한 특성(property)에 의해서 구별된다. 그러나 하나님의 본질은 단일하시기 때문에 나뉠 수 없다.

4 칼빈은 삼위일체 교리에 반대하는 자들에 대해서 어떻게 논박하는가? (1.13.3-4)

하나님은 삼위로 존재하신다. 그리고 삼위의 각 위는 완전한 하나님이시다. 그러나 또한 한분인 하나님이시다. 성경이 이를 증언한다. 그러나 이단들은 '위(位)'라는 말에 반대한다. 삼위일체라는 말이 성경에 없다는 것이다. 그들은 진리를 쉽고 명백하게 하는 용어에 반대한다. 이에 칼빈은 그리스도를 피조물로 주장하는 아리우스의 주장을 논박하고, 성부, 성자, 성령의 명칭이 하나님의 여러 가지 속성이라고 주장하는 사벨리우스의 주장을 논박하였다.

5 칼빈은 그리스도의 신성을 어떻게 논증하는가? (1.13.7,9,11-13)

그리스도께서는 태초부터 성부와 함께 계속 일하셨고 만물의 근원이시며 성부와 연합되어 있으신 분이다(요 1:1-3, 5:17 참고). 그리스도의 신성은 구약성경에서부터 증언되고 있으며, 신약성경에도 수많은 증거들이 가득 차 있다. 한 예로 이사야 45장 23절은 그리스도의 신성에 대해 말한다. 그런데 그리스도께서도 실제로 이 말씀을 자신에게 적용하셨으며, 이것은 누구에게도 양도될 수 없는 하나님 자신이라는 것이다. 에베소서 4장 8절 말씀은 시편 68편 18절을 인용한 것으로서, 그리스도의 권능을 표현하고 있다. 바울은 이 말씀이 그리스도 안에서 더욱 완전하게 현현되었다고 보았다. 사도 요한은 이사야의 환상을 통하여 계시된 것이 성자의 영광이라고 증언한다(사 6:1; 요 12:4 참고). 이것들 외에도 여러 가지 증언들이 있다. 도마는 그리스도를 "나의 주님이시요 나의 하나님이시니이다"(요 20:28)라고 공개적으로 고백함으로써 그리스도가 하나님이심을 증언하였다. 그리스도가 하나님이신 것은 그리스도의 사역으로 입증되며, 그리스도가 행한 이적을 통하여도 분명하게 나타난다.

6 성령의 신성은 어떻게 입증되는가? (1.13.14-15)

창조 기사는 성령이 하나님이심을 분명하게 증언하고 있다. 성령께서는 온 우주에 편재하시며, 하늘과 땅에 있는 만물을 유지하고 성장하게 하며 소생시키신다. 만물에 생기를 불어넣고 그들에게 본질과 생명과 운동을 불어넣어 주시는 성령은 분명히 하나님이시다. 또한 성령은 아무런 제한을 받으시지 않는다. 성령은 거듭나게 하시는 분이며, 영생의 창시자이시다. 칭의와 성화가 성령의 사역이며, 진리와 은혜가 성령으로부터 온다. 성령은 모든 은사의 시초이며 원천일 뿐만 아니라 창시자이시다. 사도는 성령의 전과 하나님의 성전을 같은 의미로 사용하고 있으며(고전 3:16,17; 고후 6:16 참고), 베드로는 아나니아를 책망할 때 성령을 속였다고 말하면서 사람에게 거짓말한 것이 아니라 하나님께 하였다고 말한다(행 5:4 참고). 성령을 거역하면 이 세상에서와 오는 세상에서도 사하심을 받지 못한다는 말씀은(눅 12:10 참고) 성령의 신적 위엄을 공식적으로 선언한다.

7 삼위는 어떻게 구별되는가? (1.13.17-18)

성부, 성자, 성령이라는 말은 실제적 구별을 의미한다. 각 위의 특성과 사역을 통하여 구별되는 것이다. 그러나 나뉘는 것은 아니다. 성부는 일의 시초가 되시고, 만물의 기초와 원천이 되신다. 성자는 지혜요 계획이며 만물을 질서 있게 배열하시는 분이다. 그리고 성령은 실제로 일어나게 하시는 분이다. 성부는 자신에 대해서 하나님이라고 불리고, 성자와의 관계에서는 성부라고 불리신다.

8 삼위의 구별이 하나님의 본질의 연합에 어떤 영향을 주는가? (1.13.19)

성자는 성부와 더불어 똑같은 영을 소유하시기 때문에 성자가 성부와 한 하나님이시며, 성령은 성부와 성자의 영이시기 때문에 성부와 성자와 다른 존재가 아니다. 우리가 한 하나님을 믿는다고 고백할 때, 하나님의 명칭은 단일하고도 유일하신 본질로 이해되며, 하나의 본질 안에 세 위격 또는 세 실재가 존재하는 것이다. 이러한 삼위의 구별은 각 위의 특성과 사역으로 인한 것이다.

8
세상 창조 (1.14)

⋮

하나님의 6일 간의 창조 사역은 인간을 향한 하나님의 선하심을 보여 준다. 또한 인간을 창조하기 전에 먼저 인간의 모든 필요에 맞게 모든 것을 창조하심으로써, 아버지의 돌보시는 사랑을 보여 준다. 하나님은 눈에 보이지 않는 천사를 만드셨다. 천사들은 사역자들이다. 타락한 천사인 사탄은 하나님의 사역에 대적하지만, 하나님의 통치 아래에 있다. 사탄은 오직 하나님의 능력과 허락하는 범위에서 활동할 뿐이다. 그러나 성도들은 사탄과 대적해야 하며, 사탄과의 싸움을 게을리 해서는 안 된다.

1 칼빈은 6일 창조를 어떻게 설명하는가? (1.14.2)

하나님의 창조 사역은 엿새 동안 완성되었다(창 2:2 참고). 하나님이 모든 것을 창조하신 다음에 인간을 창조하신 것은 인간의 복지를 마음에 두셨기 때문이다. 하나님께서는 아담을 아무것도 없는 빈 땅에 보내시지 않았다. 아담을 빛이 있기 전에 만드셨다면, 하나님께서는 아담의 삶에 충분한 공급을 하시지 않은 것이 된다. 그러나 하나님께서는 인류의 유익을 위하여 해와 달과 별의 운행을 조정하시고, 땅과 하늘과 물에 생물을 채우시고, 식량으로 풍부한 과실을 맺게 하셨다. 이것은 하나님의 선하심을 보여 준다. 가족을 돌보는 부지런한 아버지로서의 책임을 다하시는 것과 같은 것이다.

2 칼빈은 창조의 순서에 대해서도 주의한다. 특히 태양이 만들어지기 전에 빛을 만드신 이유에 대해서 뭐라고 설명하는가?(창세기 주석을 참고하라)

하나님은 태양을 만들기 전에 빛과 식물들을 창조하셨다. 사실 우리는 태양이 있어야 빛이 있을 수 있고, 태양의 빛과 열로 인하여 식물들이 존재할 수 있다고 생각한다. 그러나 창조의 순서에서 하나님은 태양이 없어도 우리에게 빛을 공급할 수 있고, 식물을 줄 수 있음을 말씀하신다. 즉, 모든 것이 주님의 손에 달려 있다는 것을 분명하게 보여 주신다.

3 천사에 대해서 어떻게 설명하는가? (1.14.3-4,6)

창조의 역사를 설명하는 가운데 천사의 창조에 대해서는 언급하지 않는다. 천사들은 하나님의 명령을 수행하도록 임명받은 봉사자들이기 때문에 하나님의 피조물이다(시 103:20,21 참고). 천사는 예배의 대상이 아니다. 기본적으로 천사는 하나님의 사자이다. 천사는 성도를 보호하는 임무를 지고 있다. 그래서 마귀를 비롯해 성도의 모든 원수들에 대항하여 싸우며, 성도를 해롭게 하는 자들에게 대항하여 하나님의 보복을 수행한다.

4 천사들의 기능과 그들이 수행하는 일들은 무엇인가? (1.14.9)

천사들은 대규모의 무리이며(마 26:53; 계 5:11 참고), 감성을 가지고 있고(눅 15:10 참고), 신자들의 영혼을 천국으로 인도하며(눅 16:22 참고), 하나님의 얼굴을 뵙기도 한다(마 18:10 참고). 그리고 그들은 마지막 날에 그리스도와 함께 올 것이다(마 25:31 참고).

5 칼빈은 우리가 사탄과 싸우는 것을 어떻게 보았는가? (1.14.13)

우리는 평생 위험하고 잔인한 원수와 싸우게 되어 있다. 원수는 많다. 사탄은 하나님을 대적하며, 우리의 선에 반대한다. 따라서 원수와는 평화를 맺을 수가 없다. 사탄도 하나님의 피조물인데, 자신의 임무에서 벗어난 피조물이다. 사탄은 불신앙의 무리들 위에 악의 통치를 행하여 의의 나라를 반대한다. 그런데 성경은 이들에 대해 많이 말하지 않는다. 왜냐하면 그럴 필요가 없기 때문이다. 우리의 적은 끊임없이 우리를 위협한다. 그러므로 우리는 부주의를 경계해야 하며, 사탄의 계략인 두려움과 소심함에 지배되지 않아야 한다. 이 전투는 우리의 삶이 끝날 때까지 계속된다. 그래서 인내하도록 우리 자신을 채찍질해야 한다. 또한 우리는 나약하고 무지하기 때문에 특별히 하나님의 도우심을 구하고 하나님만을 의지해야 한다. 이처럼 우리의 임무는 유혹에 대적하거나 저항하는 것이다. 그러나 또 한편 사탄은 오직 하나님의 지배 아래 있으며, 오직 하나님께서 허락하시는 것만을 할 수 있다. 우리는 승리의 편에 있다. 사탄이 우리를 잠시 쓰러뜨릴 수는 있지만, 마지막까지 우리를 이길 수는 없다. 때때로 전투에 패배하여 고통을 받기도 하지만, 우리는 그리스도와 연합되었기 때문에 승리할 것이다. 그러므로 그리스도의 왕국이 진전될수록 사탄은 몰락해 간다. 칼빈은 사탄을 심리학적으로 해석하는 것에 반대하였다.

6 사탄은 어떤 존재인가? (1.14.16)

사탄은 거짓의 아비이며, 진리에 서지 않는 자이다. 본래 하나님의 천사였으나 타락하여 자멸하였으며, 남을 파멸시키는 도구가 되었다(벧후 2:4; 유 1:6 참고). 복음을 믿지 않는 자들의 마음을 혼미하게 하며, 불순종의 아들들 가운데 역사한다. 그러나 사탄은 하나님의 영원한 심판을 받도록 정해졌으며, 그를 위해 영원한 불이 준비되어 있다.

7 우리는 하나님의 창조를 어떻게 연구해야 하는가? (1.14.20-22)

하나님의 창조를 연구하는 것은 참된 신앙에 유익하다. 하나님의 말씀과 성령의 권능으로 무(無)에서 유(有)를 창조하셨다는 것을 배우고, 다양하고도 아름다운, 가장 정교하신 하나님의 손길을 배우게 된다. 더욱이 하나님이 인간을 만들면서 부여하신 은사와 아름다움을 볼 때 하나님의 무한한 지혜와 권능과 공의와 선을 알게 된다. 창조를 통해 우리는 하나님의 선하심을 분명하게 깨닫는다. 그리고 오직 여호와 하나님만이 참 하나님이심을 확실히 알게 된다. 그래서 우리는 하나님을 찬양하고 사랑하며 신뢰할 수 있다. 더욱이 우리가 하나님의 자녀로 받아들여져 하나님의 성실한 보호 속에서 양육받고 교육받는다는 사실을 기억해야 한다. 따라서 구원에 필요한 모든 것을 제공해 주시는 하나님께만 모든 복의 충만함을 두고 무엇이든지 하나님께 구하며, 이미 우리가 얻은 모든 것이 오직 하나님께로부터 오는 복임을 기억하고 감사해야 한다.

9
인간 창조(1.15)

⋮

하나님은 인간을 흠 없는 상태로 만드셨다. 그러므로 인간의 죄에 관하여 하나님을 비난할 수는 없다. 인간은 하나님의 형상으로 지음 받았는데, 하나님의 형상이란 완전하고도 뛰어난 인간의 성질을 가리킨다. 그러나 아담이 타락함으로써 이것이 혼동되고 손상되었다. 그래서 성령으로 거듭나야 한다. 인간의 영혼은 영적인 실체이며, 이해와 의지를 가지고 있다. 의지는 영혼을 주장하며 이해가 판단한 것을 선택하고 따라간다. 인간의 마음은 선과 악을 판단하기 위해 주어졌다.

1 우리 자신을 아는 지식은 이중적으로 분류된다. 이렇게 구분하는 목적은 무엇인가? (1.15.1)

우리 자신에 대한 지식은 이중적이다. 즉, 피조된 것과 타락된 것이다. 이 구분은 매우 중요하다. 불신자는 이것을 볼 수 없다. 오늘날에는 그리스도인이라고 하면서도 이것을 보지 못하는 사람들이 있다. 우리가 부패된 인간성의 상태를 올바르게 이해하기 위해서는, 먼저 하나님께서 우리를 어떻게 만드셨는지를 이해해야 한다. 인간의 부패된 성질에 대해서는 하나님께 불평하거나 비난할 수 없다. 인간은 육체와 영혼으로 구성되어 있는데, 하나님의 형상은 영혼에 있다. 그런데 인간이 지닌 하나님의 형상은 타락으로 말미암아 놀랍도록 어그러졌다. 그러나 완전히 잃어버린 것은 아니다.

2 인간은 무엇으로 구성되어 있는가? (1.15.2)

인간은 영혼과 육체로 구성되어 있다. 영혼은 육체와 구별되는 것으로서 인간성의 주요 부분이며, 지성의 좌소이다. 영혼은 자신의 고유한 실재를 가진다. 그래서 성경에서는 영혼의 영원한 구원을 받고(벧전 1:9 참고) 영혼을 깨끗하게 하라고 명령하며(벧전 1:22 참고), 영혼을 거슬러 싸우는 육체의 정욕을 제어하라고 명령한다(벧전 2:11 참고). 영혼은 형벌에 대해서 책임을 진다. 예수님은 비유로 부자의 영혼이 극심한 고통 가운데 있는 것을 묘사하시기도 했다. 칼빈은 플라톤이 제시한 영혼에 대한 개념이 성경의 개념을 손상시킨다고 보았다. 영혼에 대한 참된 이해는 철학에서 발견할 수 없으며, 오직 (성경의) 계시 안에서만 찾을 수 있다.

❸ 하나님의 형상은 어디에 있는가? (1.15.3)

하나님의 형상은 영혼에 자리 잡고 있다. 하나님은 인간을 창조하고, 인간 안에 하나님의 형상의 특징을 새겨 넣으셨다. 그리고 그 형상 안에서 자신을 드러내려 하셨다. 하나님의 형상은 아담이 처음에 받았던 그 완전함을 의미한다. 아담은 처음에 바른 이해력을 가지고 있었고, 감정을 이성에 종속시켰으며, 모든 감각을 적절한 질서에 따라 조절하였다. 아담은 자신의 탁월함을 창조주께서 주신 예외적인 은사에서 비롯되는 것으로 여겼다. 하나님의 형상의 좌소가 가슴과 마음, 또는 영혼과 그 능력이라 하더라도 인간의 모든 부분에서 그것이 나타났다.

❹ 하나님의 형상은 어떻게 회복되는가? (1.15.4)

아담이 가지고 있었던 하나님의 형상은 타락으로 말미암아 매우 부패하고 말았다. 따라서 그리스도를 통하여 새롭게 회복되어야 한다. 그리스도는 우리를 참되고 완전한 본래의 모습으로 회복시키신다. 그래서 그리스도를 둘째 아담이라고 부른다. 새롭게 회복된다는 것은 지식과 의와 진리의 거룩함에 의해서 지으심을 받은 새사람이 된다는 것이다(골 3:10; 엡 4:24 참고). 하나님의 형상이 회복된다는 것은 지식과 순결한 의와 거룩함이 회복된다는 의미이다. 지성의 빛과 올바른 마음과 모든 부분에서 바른 생활이 뚜렷이 나타나는 것이다. 이것은 성령에 의해서 이루어진다.

5 철학자들의 인간론은 왜 실패하였는가? (1.15.7)

철학자들은 인간의 영혼이 창조된 것과 타락한 것을 구분하는 데 실패하였다. 칼빈은 인간의 영혼에는 두 가지 기능이 있다고 보았다. 이해와 의지이다. 의지는 기본적으로 이해로부터 나온다. 아담은 자유의지를 가진 존재로 창조되었다. 따라서 잘못은 오직 인간 자신에게 있는 것이다.

6 아담이 가지고 있었던 자유의지는 어떤 것인가? (1.15.8)

하나님이 자신의 형상을 따라 아담을 지으실 때, 하나님은 인간의 영혼에 마음을 주셔서 선을 분별하고 마땅히 추구해야 할 것과 피해야 할 것을 알게 하셨다. 그리고 그 위에 의지를 주셔서 그 의지로 선택하게 하셨다. 이렇게 인간의 맨 처음 상태는 탁월한 은사와 품위를 가지고 있었다. 인간의 이성과 지성, 분별력과 판단은 지상에서 생활하기에 충분하였고, 이것으로 하나님과 영원한 행복을 찾아 올라갈 수도 있었다. 인간은 자신이 원하기만 하면 자유의지로 영생에 도달할 수 있는 능력을 가지고 있었다. 아담은 선악을 선택하는 일에 자유로웠다. 그러나 아담은 불순종하였다. 이 점에 대해서는 조금도 변명할 여지가 없다. 그리고 아담의 타락으로 말미암아 아담의 후손들 역시 아담의 부패한 상태에서부터 유전적인 오염을 물려받았다.

7 부패된 자유의지를 가지고 그리스도를 선택할 수 있는가? (2.2.6; 시편 주석 3:324을 참고하라)

인간에게는 선행을 위한 자유의지가 없다. 오직 특별한 은혜, 즉 중생의 은혜가 있어야 한다. 또한 '인간이 타락하였으나 자유의지가 그렇게 나쁜 상태로 부패된 것이 아니며, 따라서 하나님의 은혜와 협력하여 그리스도를 선택할 수 있다'는 주장은 잘못된 것이다. 아담의 타락으로 말미암아 인간의 자유의지는 완전히 죄 아래에 있으며, 오직 악에 기울어진 상태이다. 하나님께서 먼저 돌 같은 육신의 마음을 변화시키지 않는 한, 인간이 스스로 의지를 가지고 하나님께로 돌아올 수는 없다.

10
하나님의 섭리(1.16-18)

:

하나님의 창조와 섭리는 분리할 수 없다. 하나님께서 자신이 창조한 것을 돌보고 유지하시기 때문이다. 하나님의 섭리는 이 땅의 모든 것과 인간들에게 일어나는 모든 사건들에 작용한다. 운이나 우연은 없다. 성경은 모든 것이 하나님의 뜻대로 일어난다고 말한다. 간혹 사건의 진짜 원인들이 우리에게 감추어져 있는 것은 인간의 마음이 지닌 제한성 때문이다. 하나님의 섭리는 모든 인간에게 관심을 두실 뿐만 아니라, 특별히 자신의 교회를 다스린다. 하나님의 섭리는 신자가 부요하든 가난하든 위로가 된다. 따라서 신자는 어떠한 상황 가운데 있다 하더라도 감사해야 하며, 미래에 대한 염려로부터 자유로워야 한다. 모든 경건하지 않은 자들도 하나님의 능력 아래에 있으며, 하나님은 그들의 악한 의도를 심판에 사용하신다. 하나님의 뜻은 나누어질 수 없으며, 완전한 통일성을 가지고 있다. 다만 우리가 그 뜻을 완전히 이해하지 못할 뿐이다. 그러므로 우리는 하나님의 뜻에 순종해야 한다.

1 하나님의 섭리는 무엇을 통해 볼 수 있는가? (1.16.1)

믿음으로만 하나님의 섭리를 볼 수 있다. 하나님께서는 세상을 창조하기만 하시고는 그대로 내버려 두시지 않았다. 하나님은 주권적이신 주님으로서 모든 일을 정하고 일어나게 하신다. 이것은 단지 추상적인 사고를 위해서 주어진 것이 아니라 매일의 삶 속에서 실제적인 유익을 누리도록 주어진 것이다. 비록 하나님께 악한 사건들이 일어나게 하시려는 목적이 있을지라도, 하나님 자신은 악의 원천이나 악을 일으킨 분이 아니다. 하나님께서는 자신의 섭리로 세상을 유지하고 다스리신다. 하나님은 창조주일 뿐만 아니라 통치자이시다. 믿음은 하나님의 섭리에 의한 통치를 보게 한다. 여기서 칼빈은 하나님의 섭리를 철학적 결정론과 구별하면서 하나님께서 자신의 자녀들을 돌보시는 데 초점을 맞춘다. 섭리는 우연과 대조된다. 육신적인 이성은 모든 것을 우연으로 본다. 그러나 그리스도는 모든 사건이 하나님의 비밀한 계획에 따라 다스려진다고 가르치셨다. 따라서 단지 모든 것을 지으신 창조주 하나님에 대한 단순한 이해만으로는 부족하다. 이교도들도 이런 이해를 가지고 있다. 이런 이해는 하나님을 이 세상의 모든 일을 구경만 하시는 분으로 만든다. 따라서 모든 것을 지으셨을 뿐만 아니라 그것을 돌보시는 하나님의 섭리라는 개념 아래 하나님을 이해해야 한다.

2 섭리 교리는 하나님의 어떤 속성을 드러내는가? (1.16.3)

섭리 교리는 하나님의 전능하심을 드러낸다. 하나님은 그 전능하심에 따라 만물을 다스리고 통치하신다. 따라서 마땅히 하나님의 전능하심을 찬양해야 한다. 하나님은 순종하는 사람들에게 복을 주기에 충분한 능력을 가지고 계시며, 그들을 안전하게 보호하신다. 하나님께서는 은밀한 계획에 따라 모든 피조물을 다스리고, 자신이 원하는 일이 일어나게 하신다. 따라서 하나님의 자녀들은 어떤 위험과 어려움을 만나든지 두려워하지 말고 오직 하나님만을 의지해야 한다.

3 하나님의 섭리는 어떻게 구분되는가? (1.16.4)

하나님의 섭리는 일반 섭리와 특별 섭리로 구분된다. 일반 섭리는, 하나님께서 제정한 자연의 질서를 보존하시는 것을 말한다. 만물이 하나님의 영원한 명령에 순종하고 하나님의 작정에 따라 운행되는 것을 의미한다. 특별 섭리는, 하나님께서 특별한 간섭으로 자신의 피조물 하나하나를 특별하게 돌보시는 것을 말한다. 아무튼 하나님께서는 각각의 사건들을 조정하시며, 이 사건들은 모두 하나님의 작정에서 나온다. 따라서 우연히 일어나는 일은 하나도 없다.

4 하나님의 섭리의 목적은 무엇인가? (1.17.1)

하나님의 섭리는 과거는 물론 미래와도 연결된다. 또한 섭리는 때때로 매개체를 통해서나 매개체 없이, 또는 매개체와는 반대로 작용하기도 한다. 설교자를 통해서 영혼을 회심시키는 것은 매개체를 사용하여 일하시는 것이며, 어떤 수단 없이 홍해를 가르신 것은 매개체 없이 일하시는 것이다. 그리고 그리스도를 죽음에서 일으키신 것은 매개체와 반대로 역사하신 것이다. 하나님의 섭리의 목적은 온 인류를 향한 자신의 관심을 나타내는 것인데, 특히 교회를 통치하고 보호하시려는 것이다.

5 하나님의 뜻은 두 가지로 나뉜다. 그에 대해 어떤 태도를 취해야 하는가?
(1.17.2)

하나님의 뜻에는 드러난 것과 감추어진 것이 있다. 특별히 감추어진 하나님의 뜻에 대해서 인간은 겸손해야 한다. 신명기 29장 29절의 말씀과 같이, 율법을 열심히 묵상할 뿐만 아니라 하나님의 은밀한 섭리를 경외하는 마음으로 바라보아야 한다. 욥기 26장 14절도 같은 원리를 말한다. 하나님께서는 우리에게 알려지지 않은 우주의 통치권을 가지고 다스리신다. 그러므로 우리는 겸손하게, 하나님의 의지를 의의 유일한 법칙이자 만물의 가장 의로운 원인으로 간주해야 한다.

6 하나님의 섭리와 우리의 책임은 어떤 관계를 맺고 있는가? (1.17.3)

하나님의 섭리는 행위에 대한 우리의 책임을 면제하지 않는다. 어리석은 사람들은 하나님이 모든 것을 정하셨기 때문에, 인간이 무슨 일을 하든 결국 소용이 없을 것이라고 불평한다. 그래서 신자가 기도하는 것도 이미 영원 전부터 작정해 놓으신 것을 요구하는 것에 불과하다고 말한다. 이는 불경스러운 태도이다. 인간은 자신의 죄책을 하나님에게로 돌릴 수 없으며, 섭리의 교리로 자신의 게으름을 합리화할 수 없다. 우리는 하나님의 오묘한 뜻과 섭리를 다 알 수 없기 때문이다. 그러므로 우리는 오로지 하나님의 명령을 수행할 책임을 다해야 한다.

7 하나님의 섭리의 교리가 주는 실제적 유익은 무엇인가? (1.17.6)

하나님의 섭리는 이론적 또는 철학적 사고를 위한 교리가 아니라, 그리스도인의 실제적 삶을 위한 것이다. 하나님께서는 일반적으로 인간을 돌보시는 한편, 특별하게 교회를 돌보신다. 교회를 자신의 거할 곳으로 택하셨기 때문에, 하나님은 교회를 다스릴 때 아버지로서의 사랑을 특별하게 표현하신다. 따라서 섭리에 대한 지식은 우리로 하여금 번영하는 시기에는 감사하는 마음을, 역경의 시기에는 인내를, 그리고 미래에 대해서는 염려하지 않는 자유를 누리게 한다.

8 섭리를 믿는 신앙에서 제2원인은 어떤 위치를 차지하는가? (1.17.9)

경건한 사람들은 제2원인들을 무시하지 않는다. 예를 들어, 하나님의 사역자들의 사역으로 말미암아 하나님의 은혜를 체험하였을 때, 제1원인인 하나님께만 감사하고, 제2원인은 무시해 버리는 것은 합당한 태도가 아니다. 하나님께서 제2원인을 사용하신 이유를 깨달아야 한다. 그것은 은혜를 입은 수혜자가 교만하거나 자만에 빠지지 않게 하기 위한 것이다.

9 하나님께서 경건하지 않은 자들을 자신의 목적을 위해 사용하시는가? (1.18.4)

하나님께서는 경건하지 않은 자들의 행동을 사용하실 뿐만 아니라, 그들의 계획과 의도까지도 다스리신다. 하나님은 사악한 자들의 마음속에서도 자신이 원하는 바를 행하시되, 그들의 공적에 따라 보응하신다. 특별히 그들의 악한 행동들을 사용하여 자신의 심판을 수행하신다. 예를 들어, 가룟 유다에게는 하나님의 계명에 순종할 의도가 전혀 없었으며, 결국 배반하였다. 그러나 하나님께서는 유다의 범죄를 사용하여 선택된 자의 구원에 영향을 주셨다.

2부

구속주 하나님을 아는 지식

11
원죄(2.1)

⋮

　우리는 반드시 자아에 대해 바른 지식을 가지고 있어야 한다. 하나님께서 우리를 창조하실 때 그것을 우리에게 주셨고, 지금도 우리가 반드시 거룩하게 행해야 하기 때문이다. 그러나 타락한 후에 인간은 본성적으로 자기를 높이면서 자신에 대해서 잘 알고 있다고 판단한다. 그러나 하나님의 판단에 따르면, 우리는 완전히 능력 없는 존재일 뿐이다. 아담의 죄는 하나님께서 처음에 인간에게 부여하신 모든 것을 망가뜨리고 혼동에 빠뜨렸다. 그리고 그 아담의 죄가 모든 사람들에게 전가되었다. 원죄는 '본성의 부패'이다. 원죄가 우리의 본성을 부패시키고, 영혼의 모든 부분으로 확산되었다. 그리하여 우리는 하나님의 진노에 직면하게 되었다.

1 철학자들은 인간을 알아야 한다고 한다. 그러나 그들에게는 어떤 문제가 있는가? (2.1.1)

철학자들도 자기 자신을 아는 일의 중요성을 강조하였다. 그러나 그들이 주장하는 방식은 인간을 교만으로 인도한다. 왜냐하면 그들이 피조된 상태와 타락한 상태를 구별하지 못하기 때문이다. 우리 자신에 대한 지식이란, 창조 때에 우리가 무엇을 받았으며 하나님께서 우리에게 얼마나 풍성한 호의를 베푸셨는지를 아는 것이다. 그리고 아담의 타락으로 말미암아 불행해진 우리의 처지를 아는 것이다. 우리의 타락한 상태를 깨닫게 되면, 우리는 겸손해질 뿐만 아니라, 피조된 상태로 돌아가고자 하는 마음을 갖게 된다.

2 우리의 본성은 어떤 특징을 지니고 있는가? (2.1.2)

본성적으로 우리는 수다 떨기를 좋아하고, 우리 자신에 대해서 높이 생각하며, 다른 사람의 아첨을 기대한다. 사람들은 자존심에 매여 있으며, 자존심을 만족시키는 말에 귀를 기울인다. 따라서 인간의 본성을 높이는 사람은 인기를 얻게 되어 있다. 그러나 그것은 사람들을 속이고 멸망으로 인도한다. 반대로 하나님의 진리는 우리에게 자신에 대해 반성하라고 요구하며, 우리 자신에게는 믿을 만한 것이나 자랑할 만한 것이 하나도 없음을 드러낸다.

3 우리 자신을 어떻게 올바로 알 수 있는가? (2.1.3)

우리 자신을 알기 위해 사용할 수 있는 적절한 수단은 무엇인가? 인간적인 기준에 따르면, 이해력과 정직함과 덕을 쌓는 것 등을 통해 인간을 알 수 있다. 그러나 이것은 인간에게 긍정적인 어떤 것이 있다는 판단에서 비롯된 것이다. 그러므로 이러한 수단은 온전하지 않으며, 오히려 인간을 속일 뿐이다. 하나님의 표준으로 우리 자신을 시험해 보아야 한다. 그러면 우리는 우리의 죄성을 보게 될 것이다. 하나님께서 처음에 인간을 어떤 상태로 만드셨는지를 알게 되면, 우리는 영원한 것을 사모하며 겸손해진다. 이와 같이 우리 자신을 아는 지식에는 두 가지가 있다. 하나는 우리가 피조된 상태를 아는 것으로서, 우리의 의무를 알게 한다. 그리고 다른 하나는 죄로 오염된 상태를 아는 것으로서, 우리에게 아무 능력이 없음을 깨닫게 한다.

4 아담의 죄는 무엇인가? (2.1.4)

아담의 죄는 불신앙이다. 아담의 죄는 결코 가벼운 것이 아니었다. 하나님은 아담에게 선악과를 먹지 말라고 명령하심으로써 그의 순종을 시험하고 증명하고자 하셨다. 아담이 선악과를 보면서 자신의 위치에 만족하도록, 악한 정욕으로 교만해지지 않도록 하기 위해 그렇게 명령하신 것이었다. 그러나 아담은 하나님의 말씀을 멸시하였고, 하나님에 대한 경외심을 버렸으며, 충성하지 않았다. 그리하여 야심과 교만을 갖게 되었으며, 하나님의 권위를 무시하게 되었다. 그리고 그가 보인 하나님에 대한 비난과 불신앙과 야망은 강력한 불순종을 낳았다. 그가 하나님에 대한 두려움을 내던져 버리자 정욕이 이끄는 대로 움직이게 되었다.

5 원죄는 무엇인가? (2.1.5)

아담의 죄로 말미암아 인류는 파멸에 빠지게 되었다. 저주가 우주 전체에

편만하게 되었으며, 아담이 가지고 있던 지혜와 거룩과 진실이 사라지고, 인류에게 남은 무지와 더러움이 온 세상에 퍼지게 되었다. 이것이 물려받은 부패이며, 원죄라고 부른다. 우리는 모태로부터 원죄를 타고난다. 다윗은 자신이 죄악 중에서 출생하였고, 어머니가 죄 중에서 자신을 잉태하였다고 고백한다(시 51:5 참고). 따라서 인간은 태어나면서부터 죄에 오염되어 있다.

6 타락한 인간의 본성은 어떻게 회복될 수 있는가? (2.1.6)

아담의 죄로부터 시작된 부패는 부모를 통해 자녀에게로 전달된다. 아담의 죄는 그를 부패시키고 그의 모든 후손에게도 부패성을 물려주었다. 이처럼 인간의 본성이 죄로 인한 결함을 가지게 된 것은 아담의 타락 때문이다. 원래 하나님께서는 인간을 이렇게 만드시지 않았다. 다만 타락의 결과로 인간이 죄의 부패성에 감염된 채로 태어난다. 따라서 우리는 모두 부패된 본성을 지니고 있으며, 하나님 앞에서 죄인이다. 우리의 죄성과 부패된 본성으로 말미암아 하나님 앞에서 죄인이다. 오직 그리스도의 의가 우리에게 부여되어야만 우리가 고침받을 수 있다. 아담으로 인해 잃은 것이 그리스도로 인해 회복된다. 그리스도께서 그의 의의 능력을 부어 주심으로써 회복되는 것이다. 따라서 사람은 반드시 거듭나야만 한다.

7 원죄의 효과는 무엇인가? (2.1.8)

원죄는 우리 본성의 유전적 타락과 부패이다. 여기에는 죄책과 오염이 모두 포함된다. 이것이 우리 영혼의 모든 부분에 만연해 우리로 죄된 행위를 하게 만든다. 이렇게 우리의 본성이 철저히 타락하고 죄가 유전되어 결국 스스로 죄를 범하게 된다. 또한 죄의 행위, 또는 육체의 일이 더욱 번성하여 각종 악을 생산해 낸다. 따라서 사람의 이해와 의지가 모두 더러움으로 가득 차게 되며, 계속 죄를 짓는다. 이것을 죄의 다산성(fertility)이라고 부른다. 더욱이 죄는 확장되고 번지는 효과를 가지고 있어서 원죄를 강한 욕망(concupiscence)이라고 부르기도 하며, 신학적으로는 정욕(lust)이라고 부른다. 이와 같이 우리 마음의 정서는 부패되고 잘못되어 있다. 성령께서 우리 심령을 새롭게 하시기 전까지, 우리는 오직 죄를 지을 뿐이다.

8 죄는 전 인류에게 어떤 영향을 미쳤는가? (2.1.9)

아담이 의의 근원을 버림으로써 죄가 영혼의 모든 부분을 장악하게 되었다. 불신앙이 지성을 점령하고, 교만이 마음 깊은 곳까지 침투하였다. 부패는 영혼의 어느 한 부분이 아니라 그 전체에 영향을 미쳤다. 죄가 인간의 지성과 마음을 모두 지배하게 되었다. 따라서 인간에게서 나오는 것은 모두 죄된 것이다(롬 8:7 참고). 특별히 아담의 타락과 관련하여, 영혼과 의지의 기능이 완전히 부패되고 사악함에 내던져졌다. 이로써 인간의 모든 기능이 더러워졌다. 인간의 의지는 죄의 종이 되었다. 오직 하나님께서 중생을 통해 죄의 종인 상태에서 벗어나게 하시지 않는 한, 인간은 계속 죄를 짓게 된다. 설령 이교도나 불신자가 어떤 미덕을 행한다 하더라도, 그것은 자기 사랑에서 나온 것일 뿐, 결코 진정한 미덕(true virtue)이 될 수 없다.

9 인간의 본성이 악한 것에 대해서 하나님께 그 책임을 돌릴 수 있는가? (2.1.10)

인간의 본성이 악한 것에 대해서 그 원인과 책임을 하나님께 돌릴 수 없다. 그러한 생각을 하는 사람들은 사악한 자들이다. 하나님의 작품인 인간(아담)은 손상되지 않고 부패되지 않은 본성을 가지고 있었다. 그러나 원래의 상태에서 타락하였기 때문에 멸망하게 되었으며, 유전을 통해서 모든 사람이 죄에 오염된다. 따라서 우리의 파멸은 하나님이 아니라 우리 육체의 죄책 때문이다.

10 하나님께서는 죄를 조성하신 분인가? (2.1.11)

아니다. 그런데도 사람들은 하나님께서 미리 아담의 타락을 막으셨다면 좋았을 것이라고 불평한다. 그러나 경건한 마음을 지닌 자들은 이러한 반론을 혐오해야 한다. 왜냐하면 그것은 과도한 호기심을 드러낸 것이기 때문이다. 우리는 본성을 지으신 하나님을 비난해서는 안 되며, 우리가 파멸에 처한 원인을 인간의 본성이 부패한 탓으로 돌려야 한다.

12
노예의 의지(2.2)

⋮

　사람은 자유로워지길 원하며, 철학자들은 의지의 자유를 주장한다. 그러나 자유의지는 인간이 선을 행하도록 이끌기에 충분하지 않기 때문에, 필연적으로 인간은 죄인이다. 따라서 인간은 자기를 아는 지식에서 먼저 자신의 무능을 알아야 한다. 자기 자신의 어떤 노력을 공로로 삼는 것은 하나님의 영광을 공격하는 것과 같다. 인간은 영적 분별력을 완전히 잃어버려 하나님 나라에 관한 것을 이해하는 데 한계가 있으며, 구원을 위한 아버지의 사랑을 도무지 알지 못한다.

1 칼빈은 자유의지를 어떻게 정의하는가? (2.2.1)

죄가 인간을 노예로 만든 이후에 개인의 영혼이 죄에 완전히 지배당하게 되었으며, 이때 인간의 자유의지도 노예 상태가 되었다. 따라서 남은 자유의지로 선을 행하기에는 턱없이 부족하며 무능하다. 따라서 인간의 자유의지로 덕을 쌓으라고 하는 것은 어리석은 말이다. 인간의 자유의지는 갈대보다 못하다. 자유의지의 능력을 주장하는 사람들은 허망한 자들이다.

2 칼빈은 철학자들이 주장하는 자유의지 개념에 대해 뭐라고 논박하는가? (2.2.2-3)

철학자들은 선행과 악행을 인간의 힘으로 통제할 수 있다고 하였다. 즉, 인간의 선택에 달려 있다는 것이다. 따라서 인간은 악을 피할 수 있으며, 심지어 거룩하고 선하게 살 수 있다고 주장한다. 왜냐하면 인간의 이성이 바른 행위를 위한 인도자이며, 이성에 순종하는 의지가 자유롭게 선택할 수 있는 능력을 가졌기 때문이라는 것이다. 이에 대해 칼빈은 자유의지에 관해 실제적인 견해를 갖는 것이 중요하다고 강조하였다. 왜냐하면 자유의지에 스스로 속을 수 있기 때문이다. 죄로 인하여 인간 이성의 건전성이 중대한 손상을 입었으며, 악한 욕망으로 인하여 자유의지가 심각한 노예 상태로 전락했다. 그래서 칼빈은 자유의지를 믿는 철학자들과 그들의 견해를 따르는 초대 교부들을 비판하였다.

3 칼빈은 교부들과 중세 신학자들이 주장한 신인협력설(cooperation with grace)을 뭐라고 비판하였는가? (2.2.6)

아직 인간의 자유의지에 힘이 조금 남아 있어서 은혜의 도움을 입으면 자기 몫을 할 수 있다고 생각하는 사람들이 있다. 물론 이 문제에 앞서 하나님의 은혜가 모든 인간에게 공평하게 분배된다고 생각하는 사람들이 있는데, 이것은 광신자들의 생각이다(여기서 하나님의 은혜가 모든 사람에게 주어졌기 때문에 인간이 자유의지를 가지고 그 은혜와 협력하여 구원을 이룰 수 있다는 논리가 나온다). 이렇게 은혜가 인간의 자유의지, 또는 선한 의지와 협력할 수 있다고 말하는 것은 옳지 않다. 그것이 인간들이 자기의 본성에 따라 선을 추구할 수 있다는 것을 전제로 하기 때문이다. 인간의 자유의지는 이 부분에서 전혀 효과적이지 못하다.

4 칼빈이 자유의지와 관련해서 어거스틴에게만 동의하는 것은 무엇인가? (2.2.7-8)

우리는 스스로 종이 된다. 이것이 자유의지가 의미하는 바이다. 그런데 인간의 의지는 죄의 족쇄에 매여 있기 때문에 자유의지는 악한 것을 택하고 악한 행동을 하게 한다. 어거스틴은 자유의지가 자유롭지 못하다고 말했다. 자유의지는 정욕의 노예가 되었으므로 더 이상 의를 행할 수 있는 힘이 없다. 어거스틴은 의지가 자유로운 것은 사실이지만, 죄의 노예가 되어 의를 전혀 행할 수 없게 되었다고 말했다. 즉, 인간이 타락하였어도 자유의지는 있지만, 선한 의지가 없다는 것이다. 칼빈은 어거스틴의 말들을 인용하면서, 자유의지를 높이는 견해를 가지는 것이 위험하다고 하였다.

5 타락이 자유의지에 가져온 결과는 무엇인가? (2.2.12)

타락은 영혼의 복된 생활에 속하는 성질들을 모두 소멸시켰다. 즉, 믿음과 하나님께 대한 사랑과 이웃에 대한 사랑과 의와 거룩에 대한 열성들을 잃게 했다. 그리고 인간이 지닌 자연적 은사들을 부패시켰다. 자연적 은사 가운데 하나인 이성은 잃어버린 바 되지는 않았지만 부패되었다. 무지가 이성을 장악하여 진리를 이해할 수 없게 되었다. 또 다른 자연적 은사인 의지도 잃어버린 바 되지는 않았지만 부패되었다. 그래서 의지로 바른 일을 추구할 수가 없다. 그러므로 거듭나지 않은 인간은 설령 진리에 대한 갈망을 가지고 있다 하더라도 진리를 찾을 수가 없다. 그것은 단지 호기심에 불과하다.

6 자연적 이성은 아무런 능력이 없는가? (2.2.13-16)

자연적 이성은 세상의 것들에 대해서는 그 기능을 발휘한다. 그러나 하나님 나라와 진정한 공의와 영원한 것을 이해할 수는 없다. 자연적 이성은 단지 땅의 일을 이해할 수 있을 뿐이다. 자연적 이성은 사회생활을 발전시키며 보존한다. 인간은 누구나 학술과 공예를 비롯한 어느 한 방면에서 분명히 재능을 지니고 있다. 주님께서는 죄악된 인간들에게 많은 은사를 남겨 두셨다. 불신자들도 이 땅의 것들에 대해서는 우리를 가르칠 수 있다. 우리는 세속의 작가들에게서도 성령으로부터 비롯된 은사들을 본다. 주님께서는 세상의 것들에 대해서 경건하지 않은 사람들을 통하여 우리를 가르치신다. 따라서 그들로부터 배우기를 거부하는 것은 비난받을 만한 게으름이다. 이것은 하나님의 일반은총으로서, 하나님의 형상을 어느 정도 담고 있다.

7 중생하지 않은 사람이 영적인 것에 대해 어느 정도 알 수 있는가? (2.2.18)

영적인 것에는 하나님을 아는 것과 하나님의 은혜로 구원받는 것과 하나님의 법에 따라 생활하는 것이 포함된다. 자연적 이성으로는 이러한 것들을 알 수 없다. 중생하지 않은 영혼의 마음은 어두워서, 성령께서 그 마음에 빛을 비추시지 않는 한 영적인 것을 알 수 없다. 성령께서 빛을 비춰 주시지 않는 한 어둠 자체인 것이다. 따라서 자연적 이성을 가진 사람이 진리를 알고자 하거나 그것을 삶의 목표로 삼는 일은 있을 수 없다.

8 영적인 것을 이해하는 데 반드시 필요한 것은 무엇인가? (2.2.21)

성령의 빛이 주어져야 한다. 성령께서 영적인 이해력을 주셔야 비로소 영적인 것을 알 수 있다(엡 1:18 참고). 펠라기우스(Pelagius)가 주장한 것처럼 단지 하나님의 말씀의 교훈으로는 이러한 무지를 벗을 수 없다. 다윗은 주의 율법에서 놀라운 것을 보게 해 달라고 기도했다(시 119:18 참고). 즉, 그에게 율법이 있었지만 그것을 깨달으려면 성령께서 역사하셔야 했다. 성령께서 빛을 비춰 주셔야만 하나님의 신비를 이해할 수 있는 것이다.

9 중생하지 않은 사람이 옳고 그름을 어느 정도 판단할 수 있는가? (2.2.22)

죄된 인간도 옳고 그름을 파악할 수 있다. 이것은 자연법이다. 하나님의 특별 계시가 없어도, 사람들은 윤리적 이해에 도달할 수 있다. 인간은 본성적으로 옳고 그름에 대한 사고를 어느 정도 할 수 있다. 그래서 인간은 자신의 잘못에 대해서 변명할 수 없다. 그러나 자연법에는 한계와 결함이 있다. 따라서 중생하지 않은 영혼은 선한 일을 도모할 수 없다. 또한 성령께서 역사하시지 않으면 아무도 선한 일을 계획하거나 행할 수 없다.

🔟 중생하지 않은 사람이 선악에 대해 판단한 것을 어떻게 평가해야 하는가? (2.2.24)

선악을 구별하는 일반적인 판단 기준이 건전하며 완전하다고 생각해서는 안 된다. 우리에게 완전한 의의 표준은 하나님의 율법이다. 하나님의 율법을 통해 이성적으로 생각하여 선악을 판단해야 한다. 자연적 이성으로 선악에 대해 판단한 것을 십계명의 첫째 돌판에 비추어 보면, 거기서 선한 것을 전혀 찾을 수 없다. 세속적인 인간은 하나님을 경배하지 않으며, 경배할 수도 없기 때문이다. 세속적인 인간은 안식일을 전혀 지키지 않는다. 둘째 돌판을 기준으로 판단해도 마찬가지이다. 세속적인 인간도 때로는 인내하고 훌륭한 성품을 가질 수 있지만, 절대 그 속에 있는 정욕의 문제에서 자유롭지 못하다. 따라서 세속적인 자들이 선악에 대해 판단한 것을 완전하다고 생각해서는 안 된다.

13
부패된 인간의 본성과 은혜의 필요성(2.3-5)

인간 본성이 부패되었으므로 마음과 의지가 총체적으로 갱신되어야만 한다. 타락한 인간의 무지는 그들의 생각을 어리석고 경솔하며 비상식적이고 비뚤어지게 만들었다. 타락한 인간의 의지는 죄를 지으려고 애쓴다. 인간은 기꺼이 마귀의 권세 아래로 들어가고 있다. 그러고는 그 종이 되어 빠져나오지를 못한다. 그러하기에 하나님의 은혜가 전적으로 필요하다. 하나님의 은혜로 심령이 변화되어야 하며, 의지의 회심이 일어나야 한다. 어떤 사람들은 인간의 의지와 하나님의 은혜가 협력해야 한다고 가르치지만, 그것은 잘못된 가르침이다. 오직 하나님의 은혜로만 그 모든 일들이 가능하다.

1 중생하기 전 우리의 육신적인 모습은 어떠한가? (2.3.1)

성령으로 거듭나기 전까지 인간의 부패된 본성은 육신적이다. 영적이지 않은 것은 모두 육적인 것이다. 그러므로 우리의 본성에서 선한 것을 찾는 것은 쓸데없는 일이다. 따라서 거듭나야만 한다. 즉, 영혼 전체가 갱신되고 다시 태어나야만 한다. 그래야 영적일 수 있다.

2 타락한 인간의 본성은 어떤 상태에 있는가? (2.3.2)

인간의 마음 역시 부패되었다. 만물보다 거짓되고 심히 부패한 것이 마음이다(렘 17:9 참고). 인간의 본성이 부패한 것은 어느 한 시대의 풍습이 아니다. 인간의 영혼에는 죄악이 가득하며, 선한 것이 전혀 없다.

3 이교도들에게도 덕스러운 모습이 있는 것을 어떻게 해석해야 하는가? (2.3.4)

이교도들에게도 선과 악을 구별할 수 있는 것이 남아 있다. 그러나 그것은 덕이 아니다. 외적인 덕은 진정한 덕이 될 수 없다. 진정한 덕은 내면으로부터 나온다. 그것은 오직 중생한 사람에게서만 나올 수 있다. 따라서 이교도들에게도 덕의 모습이 있을 수는 있지만, 그것은 진정한 덕이 아니다.

4 타락은 왜 반드시 죄를 짓게 만드는가? (2.3.5)

타락한 인간은 그의 의지가 죄에 속박되어 노예 상태가 되었기 때문에 선을 향하여 움직일 수 없고, 선을 추구할 수도 없다. 인간의 본성은 극도로 부패해서 움직일 때마다 반드시 악한 일을 할 수밖에 없다. 결국 의지는 죄에 끌려 다니며 죄의 인도를 받는다. 따라서 반드시 죄를 지을 수밖에 없다.

5 부패된 인간이 회복되기 위해 반드시 필요한 것은 무엇인가? (2.3.6)

"그렇다면 인간의 부패성을 어떻게 고칠 수 있는가?"라는 질문을 던져 보자. 우리의 마음이 의를 향하도록 바뀌어야 한다. 인간은 이 일을 할 수 없다. 인간은 총체적으로 부패된 상태이므로 자신을 스스로 갱신할 수 없다. 따라서 하나님의 은혜가 전적으로 필요하다. 인간 본성의 부패는 우리로 하여금 전적으로 하나님의 은혜를 의존하게 만든다. 하나님의 은혜에 의존할 때 사람의 의지가 개조되며 갱신될 수 있다. 하나님의 은혜로 말미암는 회심이 필요하다. 회심함으로써 옛 의지(old will)가 망각되고, 새 의지(new will)가 창조되어야 한다. 이것은 의지가 파괴되는 것이 아니라 악한 의지에서 선한 의지로 혁신적으로 변화하는 것이다. 이것은 새로운 창조이다. 회심과 전적으로 변화된 그리스도인의 삶은 하나님의 사역으로 이루어진다. 따라서 우리의 구원에 대해서 오직 하나님께만 영광을 돌려야 한다.

6 칼빈은 의지와 은혜가 협력한다는 생각에 왜 반대하는가? (2.3.7,10-11)

인간의 의지와 은혜가 협력해서 구원을 이루는 것이 아니다. 로마 가톨릭의 신인협력설은 의지의 독립적인 역할을 인정한다. 그러나 인간의 의지는 전적으로 부패되어 영적인 것을 찾지도 않으며, 찾을 수도 없다. 따라서 하나님의 은총이 단독적으로 베풀어져야 한다. 은혜가 앞서야 하며, 그 은혜가 의지를 변화시켜야 한다. 하나님께서 굳은 마음을 제거하고 부드러운 마음을 주셔야 우리의 의지가 의의 방향으로 나아갈 수 있다(겔 36:26 참고). 이것은 하나님께서 부분적으로 하시는 일이 아니라 오직 하나님께서 전적으로 하시는 일이다. 칼빈은 크리소스톰이 "의지가 없으면 은총은 아무것도 할 수 없다"라고 말한 것에 반대하였다. 그리고 칼빈은 지금의 알미니안주의와 같은 견해에도 반대하였다(2.3.10). 하나님의 은혜의 역사만이 우리를 회심하게 만든다. 그런데도 의지를 강조하는 이유는 그것이 회심에 대한 실마리를 제공하기 때문이다. 그러므로 나의 의지로 응답하는 것이 아니다. 우리에게 있는 모든 응답(responsiveness)은 성령으로 말미암아 일어난다(2.3.11).

7 중생된 의지는 어떤 기능을 하는가? (2.3.13)

성도들의 의지는 성령의 큰 감동을 받아 결심하고 움직인다. 성령께서 중생한 의지에 영향을 주어 결심하게 만드신다. 중생한 의지라고 해서 그 자체에 힘이 있거나 능력이 있는 것이 아니다. 그것은 약하기 때문에 그 자체로는 시험에 굴복하고 넘어진다. 따라서 하나님의 은혜가 의지를 도와 그것이 동요하거나 분리되지 않고 전진하게 만들며, 시험들을 극복하게 만든다. 이렇게 하나님께서는 자신의 뜻을 위하여 성도들의 의지에 강한 영향력을 행사하여, 그들의 마음이 선택하고 결심하도록 인도해 주신다. 칼빈의 이런 설명은 현대 복음주의에서 유행하는 전도 방식이 잘못되었음을 지적한다. 의지를 보이거나 의지를 가지고 예수를 믿겠다고 결정하면 구원을 받게 된다는 전도 메시지와 그 방법은 실로 잘못된 것이다.

8 의지는 어떻게 새롭게 되는가? (2.3.14)

은혜는 의지를 제거하지 않고, 악한 의지를 선한 의지로 변화시킨다. 하나님께서는 변화된 의지에 계속 영향력을 행사하여 하나님의 뜻에 합당하게 결심하도록 이끄신다. 이때 하나님께 영향을 받은 의지는 진심으로 하나님의 뜻을 따라 행하며, 기꺼이 하나님께 복종한다. 결국 하나님의 은혜로 말미암은 의지의 변화는 삶을 통해 분명하게 증명된다. 따라서 어거스틴이 말한 것처럼, 인간의 의지는 자유에 의해서(스스로의 결심에 의해서) 은혜를 얻는 것이 아니라, 은혜에 의해서 자유를 얻는다. 여기서 자유는 '선을 행하고자 하는 자유'이다. 결론적으로 하나님의 은혜로 말미암아 의지가 변화되어야만 하나님께로 전향할 수 있으며, 하나님 안에 머물 수 있다.

9 갱신의 과정은 어떠한가? (2.5.5)

하나님은 자신이 선택하신 자들 안에서 두 가지 방법으로 일하신다. 내적으로는 성령을 통해서, 외적으로는 그의 말씀을 통해서 역사하신다. 하나님은 성령을 통하여 그들의 지성을 깨우치고 그들의 마음을 개조하여 의를 사랑하고 함양하게 하며 그들을 새로운 피조물로 만드신다. 또한 하나님은 말씀을 통하여 그들을 바른 방향으로 고무시켜 갱신을 소원하고 추구하게 하심으로써 그 일을 이루신다. 이렇게 하나님의 은혜는 사람의 의지를 파괴하지 않고 오히려 회복시킨다. 하나님의 은혜는 사람의 의지를 교정하고 개혁하고 갱신함으로써 그것을 지도하고 규제한다. 이것이 성령의 통치이다.

14
그리스도를 아는 지식(2.6)

⋮

중보자를 통하여 하나님께서 은혜로운 아버지로 나타나신다. 모든 인류가 아담 안에서 죽음에 떨어진 이후, 오직 중보자만이 타락한 인간을 도우실 수 있게 되었다. 옛 언약은 중보자 없이는 믿음이 없다고 선언한다. 하나님께서는 옛 백성에게 결코 중보자 없이 은혜를 보여 주시지 않았다. 구약성경은 항상 중보자를 바라보고 있었다. 옛 언약에서의 소망은 그리스도에 대한 약속에 있었다. 중보자 없이는 하나님의 은혜를 진정으로 맛볼 수 없었다. 따라서 타락한 죄인들이 하나님의 완전한 은혜를 경험하기 위해서는 중보자가 반드시 오셔야 했다. 그리고 그리스도 안에서 그것이 실현되었다.

1 칼빈이 그리스도를 아는 지식을 언급하기 전에 인간을 아는 지식을 언급한 이유는 무엇인가?

칼빈은 인간을 아는 지식을 통해 결국 인간은 철저히 죄인이요 구원이 필요하다는 것을 알게 한다. 그리고 이제 그리스도를 설명함으로써 구원을 발견할 수 있는 곳을 가르쳐 준다. 구원은 오직 하나님의 은혜로 말미암아 그리스도 안에서만 발견할 수 있다.

2 왜 그리스도가 필요한가? (2.6.1)

인류 전체는 아담 안에서 멸망했다. 인간은 죄로 오염되고 부패하였으며, 하나님의 저주를 피할 수 없게 되었다. 우리의 영혼은 이 저주에 압도되어 절망의 상태에 떨어졌다. 불가불 하나님께서 구원하셔야만 인간이 소망을 가질 수 있다. 그런데 하나님께서 스스로 다시금 우리의 아버지가 되어 주기를 원하셨다. 그리고 하나님의 최고의 지혜로, 선택하신 인간을 구원할 방법을 마련해 놓으셨다. 그리스도를 마련해 놓으신 것이다(요 17:3 참고). 따라서 진정한 경건을 배우고자 하는 사람은 그리스도 안에 있는 구원을 찾고 구해야 한다.

3 구약에서는 그리스도를 어떻게 제시하는가? (2.6.2)

옛 언약은 중보자의 필요성을 계속해서 증언한다. 아브라함의 후손이신 그리스도를 계시하고(갈 3:14 참고), 기름 부음 받은 자요(삼상 2:10; 시 2:2 참고), 다윗의 후손(왕상 11:39, 15:4; 왕하 8:19 참고)이신 그리스도를 계시한다. 그리고 중보자를 통하여 주의 백성을 구원하시리라 제시하셨다. 따라서 구약의 성도들은 오실 그리스도를 믿어야 했다. 즉, 구약 시대에 하나님의 백성들이 가졌던 구원을 향한 소망은 오직 그리스도이셨다.

4 구약에서는 누가 그리스도를 바라보는가? (2.6.3)

하나님께서는 특히 이스라엘 백성이 고난 가운데 있을 때, 그들을 구원하는 메시아를 바라보게 하셨다. 선지자들은 교회의 재건을 말할 때마다 백성에게 다윗의 나라가 영원하리라는 약속을 상기시켰다. 그들은 그리스도가 구속과 영원한 구원을 가져오실 것을 바라보았다. 또한 메시아가 왕이 되어 그 백성을 다스리고, 목자가 되어 그들을 인도하실 것을 바라보았다(렘 34:23,24 참고). 하나님께서는 다윗의 가문에서 왕가의 영광을 일으키리라고 약속하셨다. 그것은 그리스도께서 실현하시는 나라와 그의 통치를 가리킨다.

5 그리스도를 아는 지식과 하나님을 아는 지식은 어떤 관계가 있는가? (2.6.4)

하나님께서는 구약 백성으로 하여금 선지자들이 그리스도에 대해 예언하는 것을 듣고 그리스도께서 구원하시는 것을 바라보게 하셨다. 그들은 그리스도의 손을 통하여 교회를 구원하고 자기 백성을 건지시는 것을 바라보았다. 이것이 그리스도를 아는 지식이다. 하나님을 아는 지식은 하나님께서 우리를 지켜 주고 주관하며 양육하고 하나님 나라를 영원한 상속으로 주신다는 것을 아는 것이다. 그런데 구원을 얻게 하는 지식이 그리스도에게 있다. 즉, 하나님께서는 그리스도를 세우고, 우리로 그를 바라보며 믿게 하셨다. 그러므로 하나님을 아는 지식은 그리스도를 아는 지식과 분리될 수 없으며, 그리스도를 아는 지식으로 말미암아 하나님의 구속의 지혜를 알게 된다. 그리스도를 아는 지식은 하나님을 아버지라고 부르게 만든다. 따라서 무슬림과 같이 그리스도를 부정하면서 창조주 하나님만을 하나님으로 믿는 것은 하나님을 모르는 것이다.

15

율법(2.7)

⋮

도덕법과 의식법은 타락한 인간을 그리스도에게로 인도하는 데 중요한 역할을 한다. 그 안에 약속이 담겨 있기 때문이다. 우리 스스로의 노력이나 순종으로는 도덕법을 성취할 수 없다. 그래서 율법은 우리가 우리 자신의 힘으로는 얻을 수 없는 복된 것을 약속하고 있다. 하나님께서 우리의 불완전한 순종을 간과하고 기꺼이 우리에게 은혜의 선물을 주시리라고 약속하고 있다. 이러한 율법의 용도는, 첫째 하나님의 의로우심을 보여 주고, 둘째 아직 신자가 되지 않은 자들의 악행을 억제하며, 셋째 신자들이 날마다 주의 뜻을 배우도록 도와주고 계속해서 순종하도록 독려하는 것이다. 따라서 율법은 폐지되지 않았다. 다만 율법의 범위와 관련하여 더 이상은 신자를 정죄하지 못하며, 의식법이 그리스도가 오심으로써 폐지되었을 뿐이다.

1 율법은 어떻게 정의되는가? (2.7.1)

율법은 십계명뿐만 아니라 모세를 통해 전해진 종교의 형태를 모두 의미한다. 모세는 아브라함의 후손에게 약속된 복을 쓸어버리는 입법자가 아니었다. 오히려 모세는 하나님께서 그들의 조상들에게 값없이 주신 언약을 유대인들에게 상기시킨다. 더욱이 율법에서 정한 예배의 형식은 실체를 예표하는 그림자와 상징이다. 하나님께서는 구약의 제사를 통해 자신의 백성들이 하나님을 더욱 높이기를 원하셨다. 그들이 하나님에게로 나아갈 때는 한결같이 중보자가 필요했다. 왜냐하면 그들은 모두 아담의 후손으로서 죄의 노예들이었기 때문이다. 결국 율법을 주신 이유는 그리스도께서 출현하실 때까지 택한 백성들의 마음을 준비시키고 그리스도를 갈망하도록 하기 위함이었다. 따라서 옛 언약의 백성들도 그리스도를 중재자로 알았다. 그래서 율법이 구속사에서 중요한 역할을 하는 것이다.

2 율법과 그리스도는 어떤 관계가 있는가? (2.7.2)

칼빈에게 그리스도 없는 율법은 소용없는 것이었다. 율법은 순종하는 자에게 영생을 약속한다. 그러나 우리는 순종할 수 없으며, 영생 대신 오히려 죽음을 당할 수밖에 없다. 율법은 우리가 불의하다는 것을 명백하게 드러낸다. 불의한 인간은 자신의 불의를 가리지 않는 한 멸망할 수밖에 없다. 그래서 그리스도의 의가 필요하다. 그리스도가 '율법의 마침'(롬 10:4)이 되신다는 말은, 그리스도께서 의를 거저 전가해 주시고 중생의 영으로 의를 베풀어 주시지 않으면 계명으로 가르치는 것이 허사라는 의미이다. 즉, 율법은 오직 사람들이 죄를 깨닫고 겸손해져서 그리스도를 찾게 하기 위한 준비이다. 그리스도께서 모든 믿는 자에게 의를 이루시는 율법의 마침이 되신다(롬 10:4 참고).

❸ 율법은 무엇을 약속하는가? 그러나 어떤 문제가 있는가? (2.7.3)

율법은 순종하는 사람에게 영생을 약속한다. 그러나 문제는 우리가 순종할 수 없다는 것이다. 율법을 지킬 수 있는 사람은 아무도 없다. 그러므로 우리 가운데 어느 누구도 약속된 영생을 받을 수 없을 뿐 아니라 저주를 받을 수밖에 없으며, 율법에 약속된 혜택을 받을 수 없다. 오직 율법은 우리가 하나님의 심판을 받을 수밖에 없음을 증언한다. 이처럼 율법은 우리의 죄를 깨닫고 용서를 구하게 만든다.

❹ 우리가 율법을 지킬 수 있는가? (2.7.5)

우리는 율법을 지킬 수 없다. 따라서 율법 아래 있는 자들은 모두 저주 아래 있게 된다(갈 3:10 참고). 그러므로 우리는 율법을 통해서 우리 자신의 본성이 무력함을 깨닫고, 영적으로 낮아지고 겸손해져야 한다. 그런데 율법주의자들은 지킬 수도 없는 율법을 마치 지킬 수 있는 것처럼 생각하며, 또한 실제로 지켰다고 생각하여 스스로를 의롭게 여기는 잘못을 범한다. 율법을 통해서 자신의 부족함과 무능함을 깨달아 겸손해져야 하는데, 그들은 오히려 교만해지는 것이다. 이것은 스스로를 속이는 것이다.

5 율법 또는 도덕법의 첫 번째 기능은 무엇인가? (2.7.6-9)

율법은 가장 먼저 하나님의 의를 드러낸다. 그리고 동시에 우리의 죄와 불의를 드러내며, 그것에 대해서 경고하고 책망하고 정죄한다. 율법은 거울과 같아서 우리의 무력함과 거기서 파생되는 죄악을 보게 한다. 마치 거울을 통해 얼굴에 묻은 더러움을 보는 것과 같다. 그러나 율법은 죄를 없애는 것이 아니라 우리의 죄를 촉발한다. 그것은 율법에 문제가 있기 때문이 아니라 우리에게 문제가 있기 때문이다. 우리가 영적으로 이런 상태임을 깨닫게 되면 자기 힘에 대한 어리석은 미련을 버리고 하나님의 자비에만 매달리게 된다. 이렇게 율법은 하나님의 자비를 구하며 기다리는 모든 사람이 그리스도 안에 하나님의 은혜가 있음을 깨닫고 그리스도에게로 나아가게 만든다. 그리고 그리스도 안에서 자비를 구하는 자들에게 하나님의 은총이 베풀어진다.

6 율법으로 말미암아 영적으로 낮아진 상태란 어떤 상태인가? (2.7.9)

율법을 통해서 죄를 깨달은 영혼은 죄를 짓지 않으려고 노력한다. 그러나 죄는 계속된다. 결국 그 영혼은 율법의 요구대로 행하려고 노력하다가 약해져 피곤한 상태에 이르게 된다. 이때 율법은 은총의 도움을 구하라고 촉구하며, 그리스도 안에 있는 은총을 구하게 만든다. 율법은 스스로 만족하는 자들을 낮아지게 만들고, 우리 자신에게는 의를 얻을 힘이 없다는 것을 증명하며, 우리가 무력하고 가치 없고 빈궁하다는 것을 알게 함으로써 은혜 아래 피하게 만든다.

7 율법의 첫 번째 기능은 선택된 자와 유기된 자에게 각각 어떻게 나타나는가? (2.7.9)

선택된 자들은 율법의 첫 번째 기능으로 말미암아 그 심령이 겸손해지고 낮아져 은혜를 구하게 된다. 반면 유기된 자들은 율법의 정죄로 말미암아 절망 상태에 빠진다. 유기된 자들은 자신의 죄에 대한 책망을 떨쳐 버리려고 애쓰며, 자신의 죄를 잊어버리려고 노력한다. 그리하여 결국 그들은 죄에 대한 각성이 무뎌져 다시금 죄를 짓는다.

8 율법의 두 번째 기능은 무엇인가? (2.7.10-11)

율법은 경건하지 않은 자들의 죄를 억제한다. 죄에 대한 벌을 받으리라는 공포심을 일으켜 그 죄를 억제하는 것이다. 물론 그로 말미암아 그들이 더욱 나아지는 것은 아니다. 다만 공포심과 수치심 때문에 마음에 품은 것을 실행하지 못하고, 날뛰는 정욕을 공공연하게 발산시키지 못할 뿐이다. 그들은 하나님께 자발적으로 복종하지는 않는다. 그러나 주님께서는 이것을 통해 사회를 평안하게 유지하신다. 선택된 자들도 중생하거나 회심하기 전에 이것을 경험할 수 있다. 이처럼 율법의 두 번째 기능은 정욕을 억제함으로써 중생하지 않은 사람들을 억제하는 것이다. 아직 하나님의 영이 지배하지 않는 곳에서 끓어오르는 정욕을 억제하는 것이다.

9 율법의 세 번째 기능이자 주된 기능은 무엇인가? (2.7.12-15)

율법의 세 번째 기능이자 가장 주된 기능은 신자, 즉 중생하여 하나님의 영이 이미 그 영혼에 살며 주관하시는 사람들에게 필요한 기능이다. 율법은 신자들이 날마다 주의 뜻을 배우고 이해하는 데 가장 훌륭한 도구가 된다. 율법을 묵상할 때 하나님께 복종하고자 하는 열망이 일어난다. 율법이 성령의 은사로 그리스도인의 삶에서 규칙이 되는 것이다. 이것을 '성화를 위한 성령의 도구로서의 율법'이라고 말한다. 즉, 율법은 신자들을 새로운 순종으로 인도하고, 하나님의 뜻을 아는 지혜와 지식 안에서 자라도록 힘을 북돋아 주는 등 불과도 같다. 무지한 자들(도덕률폐기론자)은 신자에게 율법이 필요 없다고 생각한다. 그러나 그렇지 않다. 신자에게는 윤리적인 가르침을 위해 공정한 생활의 표준이 필요하다. 율법은 준엄한 경찰이 아니라, 이 땅에서 바라보고 추구해야 할 목표이다. 율법은 신자가 여전히 범할 수 있는 죄에 대해 가르치고 경고하고 책망하여, 신자가 시정하고 선을 행할 수 있도록 단련하고 준비시킨다. 물론 율법의 저주로 우리의 양심을 묶을 수는 없다. 신자는 율법의 정죄로부터 자유롭다. 그러나 도덕법의 가르침은 영원하다.

10 칼빈은 율법을 어떻게 구분하는가? (2.7.16-17)

칼빈은 율법을 도덕법, 의식법, 시민법으로 구분한다. 의식법은 그리스도 안에서 성취되었다. 이전의 의식들은 그리스의 영광을 희미하게 비추었다. 그리고 그리스도께서 일단 영원한 속죄를 완성한 후에 날마다 준수했던 의식을 철폐하셨다. 거짓 사도들은 그리스도의 은혜를 다시 의식 준수의 의무로 얽매려 하였다. 바울은 이것에 대해서 경고하였다. 왜냐하면 그것이 그리스도의 은덕들을 무효화하기 때문이다(골 2:16 참고).

11 그렇다면 율법을 설교해야 하는가?

우리는 선지자들을 모방해야 한다. 그들은 당시 백성의 영적 상태에 따라 율법의 교리들로 그들을 꾸짖고 경고하였으며, 또한 위로하였다(이사야 30장 주석을 참고하라).

16

도덕법(2.8)

율법은 하나님을 예배해야 함을 규정하고, 진정한 경건이 어떤 것인지를 가르치며, 하나님의 위엄과 인간의 무가치함을 대조시킨다. 율법을 통해서 하나님의 거룩하심을 알 수 있으며, 그것을 통해 자신의 죄를 보게 된다. 또한 율법은 우리에게 순종을 요구하는 아버지 하나님의 은혜를 보게 한다. 따라서 그것을 제정하신 분의 목적을 염두에 두고 율법을 해석해야 한다. 십계명의 두 돌판은 하나님에 대한 의무와 인간에 대한 의무를 규정한다.

1 하나님께서는 율법을 통해서 무엇을 요구하시는가? (2.8.1)

첫째, 합법적인 명령권이 하나님께 있다고 주장하며, 우리에게 하나님의 신성을 경외하라고 요구하신다. 그리고 그 방법을 구체적으로 지시하신다. 둘째, 자신의 의의 표준을 선포한 후에 우리의 무력함과 불의함을 책망하신다. 우리의 악한 본성은 항상 하나님의 의를 반대할 뿐 아니라 선을 행할 능력도 없기 때문이다.

2 자연법과 율법은 어떤 차이가 있는가? (2.8.1)

하나님의 법은 모든 사람의 마음에 양심이라는 형태로 새겨져 있다. 이것을 자연법이라고 부른다. 자연법은 하나님께 대한 우리의 의무를 내적으로 증언하고 경고하며, 우리로 선악을 구별하게 하며, 의무 이행에 게으른 것을 비난한다. 그러나 그 양심은 오류의 암흑에 덮여 있으며, 야심과 이기심으로 어두워져 기능을 충분히 발휘하지 못한다. 그래서 양심으로는 자기를 낮추거나 자기의 부족함을 인정하지 못한다. 따라서 우리에게는 기록된 율법이 필요하다.

3 율법은 왜 엄격한가? (2.8.3)

첫째, 율법이 요구하는 의와 우리의 생활을 비교함으로써 우리가 하나님께서 요구하시는 수준에 얼마나 못 미치는지를 깨닫게 하기 위함이다. 우리는 율법을 통해 우리가 하나님의 뜻을 전혀 이행하지 않고 있으며, 우리에게 하나님의 자녀로 인정될 만한 자격이 전혀 없음을 알게 된다. 둘째, 율법을 완수할 만한 능력이 우리에게 전혀 없음을 깨닫고, 한편으로 하나님의 심판을 깨닫게 하기 위함이다. 죄인의 양심은 즉각적으로 하나님의 심판을 발견하고는 자신의 불의의 무게를 도무지 감당할 수 없는 상태에 이른다. 그래서 하나님의 자비만을 구하며 그것이 유일한 피난처임을 믿게 된다. 율법은 자기 자신에게 선함과 의로움이 전혀 없음을 깨닫게 해서 하나님의 은혜만을 구하게 만든다. 회개는 자신의 죄에 대해 슬퍼하는 것에서부터 시작된다. 따라서 이러한 죄에 대한 깨달음이 반드시 필요하다.

4 율법에 있는 약속과 위협은 무엇을 나타내는가? (2.8.4)

하나님은 자신의 법을 약속과 위협으로 강화하셨다. '위협'은 하나님의 거룩의 순결성을 드러낸다. 하나님께서는 계명을 어기는 자들에게는 그 형벌로 이 땅에서의 재난과 영원한 죽음이 있으리라고 위협하신다. 이러한 형벌의 위협에서 하나님의 최고의 순결성이 나타난다. 이것은 하나님께서 의를 사랑하신다는 증거이다. 한편 '약속'은 하나님의 관대하심을 드러낸다. 우리 마음의 눈이 어두워 선한 일의 아름다움을 보는 깃만으로는 움직이지 않기 때문에, 우리에게 보상함으로써 우리를 움직이려고 작정하셨다. 그래서 하나님께서는 자신의 계명을 지키는 사람은 그 수고가 헛되지 않다고 선포하셨다. 율법에 있는 약속들은 의를 칭찬하도록, 그 형벌들은 불의를 미워하도록 제정되었다. 더욱이 율법이 강렬한 어조로 말하는 이유는 우리로 더욱 죄를 미워하게 하기 위함이다.

5 율법의 충족성은 무엇인가? (2.8.5)

주님께서는 율법을 통해 의의 표준을 알려 주셨다. 또한 율법을 통해 하나님의 완전하신 뜻을 나타내셨다. 율법에는 하나님의 완전한 의가 담겨 있다. 선행을 하려고 할 때는 율법이 요구하는 바대로 행하면 된다. 비록 신자가 율법을 완전하게 수행할 수는 없지만, 성령의 도우심을 받아 율법을 따라 행해야 한다(롬 8:4 참고).

6 두 돌판이 의미하는 것은 무엇인가? (2.8.11)

하나님께서는 율법을 두 부분으로 나누셨다. 첫 번째 돌판에는 하나님에 대한 의무를 배정하셨고, 두 번째 돌판에는 이웃을 향한 사랑의 의무를 배정하셨다. 두 돌판은 하나님의 의에 대해 말하고 있다. 의의 첫 번째 토대는 하나님을 경배하는 것이다. 이것이 무너지면 다른 것들도 무너진다. 하나님을 두려워하지 않는 사람들은 서로 간에 공정성과 사랑을 유지할 수 없다. 그래서 하나님을 경배하는 것이 의의 시초요 토대가 된다. 하나님께 대한 경배를 폐지하면, 사람들이 실천하는 공평과 절제는 하나님께서 보시기에 아무것도 아니다. 따라서 하나님께서는 첫째 돌판에서 경건과 올바른 종교적 의무들을 가르치시며, 거기에 따라 하나님의 존엄성을 예배하라고 명령하신다. 둘째 돌판은 하나님의 이름을 두려워하는 가운데 인간 사회에서 어떻게 올바르게 행해야 할지를 가르친다. 그러므로 첫 번째 없이는 두 번째가 있을 수 없다.

7 십계명에 나타난 하나님의 뜻은 어떻게 요약되는가? (2.8.13-50에 걸친 십계명 설교를 참고하라)

첫 번째 계명은 하나님께서 자신의 백성 위에 완전한 권위를 실행하고 있음을 가르친다. 두 번째 계명은 하나님께 어떻게 예배해야 하는지를 가르친다. 세 번째 계명은 우리가 하나님의 이름을 어떻게 높여야 하는지를 가르친다. 네 번째 계명은 우리의 육신적인 본성을 죽이고 하나님 나라에 대해서 묵상해야 함을 가르친다. 다섯 번째 계명은 하나님께서 세우신 것을 우리가 허물 수 없다고 가르친다. 여섯 번째 계명은 인류가 연합하며, 모든 사람의 안전에 대해서 생각하라고 가르친다. 일곱 번째 계명은 하나님께서 정결한 것을 사랑하며 우리로 더러움을 피하게 하신다는 것을 가르친다. 여덟 번째 계명은 하나님께서 불의를 미워하신다는 것과 우리 모두가 다른 사람들에게 행해야 할 의무를 가르친다. 아홉 번째 계명은 하나님께서 거짓말을 미워하신다고 가르친다. 열 번째 계명은 우리가 사랑에 반대되는 모든 욕구들을 행하지 말아야 한다고 가르친다.

8 율법의 목적은 무엇인가? (2.8.51)

율법 전체의 목적은 인간으로 하여금 의를 실현함으로써 하나님의 거룩을 본받아 살게 하려는 것이다. 하나님께서는 율법을 통해 자신의 성품을 충분히 알리셨다. 따라서 율법의 명령을 실천하는 사람은 자기의 생활에서 하나님의 형상을 나타낸다고 할 수 있다. 곧 율법의 교훈은 성결하고 구별된 삶을 살게 하려는 목적을 가지고 있다. 그것은 하나님께 대한 사랑과 이웃에 대한 사랑으로 나타난다. 우리는 율법을 통해 경건과 사랑의 모든 의무를 알 수 있다. 결론적으로 하나님을 경외하고 영적인 예배를 드리며, 계명에 복종하고 주의 바른길로 행하며, 순결한 양심과 진정한 믿음과 사랑을 가지게 하는 것이 율법의 목적이다.

9 때때로 성경에서는 왜 둘째 돌판의 계명만을 언급하는가? (2.8.52-53)

예수님께서는 영생의 문제를 알고자 찾아온 부자 청년에게 둘째 돌판의 계명에 대해서 언급하셨다(마 19:16-19; 막 10:17-19; 눅 18:18-20 참고). 구약의 선지자들도 회개를 언급할 때, 첫째 돌판을 언급하지 않고 성실과 정의와 긍휼을 언급하였다. 왜냐하면 진정으로 하나님을 경외하느냐 하는 것을 의와 성실에 대한 열성에서 알 수 있기 때문이다. 이웃을 향한 사랑은 우리가 하나님을 사랑한다는 증거이다.

17 구약과 신약의 관계(2.9-11)

⋮

그리스도의 은혜는 구약에서 상징들과 예표들로 나타났으며, 신약에서는 더욱 분명하게 나타났다. 신약에서 복음은 우리에게 계시된 그리스도를 설교하고 있다. 구약에서의 언약은 신약에서의 언약과 같다. 믿음으로 의롭게 되는 것은 구약에서든 신약에서든 모두 똑같다. 성례도 구약의 이스라엘에게든 은혜의 언약 안에 있는 우리에게든 똑같이 중요하다. 다만 영적인 복이 구약에서는 이 세상의 임시적인 것들과 의식과 형상으로 나타난 반면, 신약에서는 그 실체가 드러난다는 점이 다르다. 구약은 문자적이지만, 신약은 영적이다. 구약에서는 종의 속박을 말하지만, 신약에서는 자유를 말한다. 구약은 한 나라로 언급하지만, 신약은 모든 민족들에 대해 말한다.

1 구약의 성도들은 그리스도를 어떻게 바라보았는가? (2.9.1)

구약의 성도들은 멀리서, 그리고 그 그림자를 통해서 그리스도를 알았다. 구약 시대의 성도들은 율법을 통해 그리스도가 오시리라는 기대를 품고서 살았다. 그들은 그리스도의 빛나는 지식과 광명을 조금 맛보고 그 윤곽만을 희미하게 보았다. 그러나 신약에서와 같은 그리스도가 증언되고, 같은 의로움과 성화와 구원이 제시되었다. 둘 사이의 차이점은 오로지 하나는 거칠고 희미한 선으로 그려진 그림이며, 다른 하나는 생생한 색조로 분명하게 그려진 그림이라는 것뿐이다(히브리서 주석 222쪽을 참고하라).

2 복음이란 무엇인가? (2.9.2)

복음은 그리스도의 신비를 분명히 나타내는 것이다. 복음은 넓은 의미에서 구약의 약속들을 포함한다. 그러나 엄밀한 의미에서 복음은 그리스도 안에 있는 명백한 은혜를 선언하는 것이다(마 4:17,23, 9:35 참고). 하나님께서는 선지자들을 통하여 약속을 주셨다. 이러한 하나님의 약속들이 그리스도 안에서 '예'와 '아멘'이 되어 나타난다(고후 1:20 참고). 그리스도 안에는 하나님의 약속들이 성취되어 이루어진 은덕들이 마련되어 있다. 하늘의 생명이 완전히 실현되는 데 필요한 모든 것이 그리스도 안에 마련되어 있다(2.9.3). 이것을 선언하는 것이 바로 복음이다.

3 율법과 복음의 차이점은 무엇인가? (2.9.4)

복음은 율법을 대신하는 것이 아니라 성취한다. 복음은 율법 전체를 폐지하는 것이 아니라 율법이 약속한 것을 성취한다. 복음은 율법과는 다른 방식의 구원을 말하지 않는다. 바울은 복음을 '모든 믿는 자에게 구원을 주시는 하나님의 능력'(롬 1:16)이요 '율법과 선지자에게 증거를 받은 것'(롬 3:21)이라고 말한다. 율법과 복음의 차이점은 드러난 것의 '분명성(clarity)'이다. 사실 율법은 의로운 삶의 규칙으로 주어졌다. 이는 하나님께서 인간에게 요구하시는 바이다. 그것을 완전하게 지키지 않는 한 인간에게는 소망이 없다. 그것을 아주 조금 어긴 것만으로도 저주와 연결된다. 따라서 율법은 게으른 인간의 양심에 하나님의 심판이 있음을 깨우쳐 주고, 영원한 죽음을 두려워하게 만든다. 그렇게 함으로써 유효한 부르심 가운데 있는 사람을 하나님의 자비로 도피하게 만든다.

4 구약과 신약의 유사성은 무엇인가? (2.10.2)

구약과 신약은 실행 방식이 다른 하나의 언약이다. 구약과 신약은 통일성을 가지고 있다. 구약에서도 신약에서와 마찬가지로 육신적인 번영과 행복이 아니라 영생의 소망이 제시되었으며, 율법과 선지자들이 이것을 확인했다. 그리고 그들을 부르신 하나님의 자비로 언약이 유지되었다. 구약과 신약이 모두 그리스도를 알고 있으며, 그리스도를 통해 하나님께로 나아가고 하나님의 약속에 참여하게 되는 것을 믿는다.

5 구약과 신약의 유사성에서 세 가지 요소는 무엇인가? (2.10.3-4)

첫 번째로, 구약은 장래를 내다보았다. 율법에는 복음의 약속이 포함되어 있었다. 따라서 구약에서는 미래의 삶에 대한 믿음의 증언들이 발견된다. 두 번째로, 구약은 하나님께서 거저 주시는 은혜에 근거하고 있으며, 죄인이 자기의 공로와 상관없이 하나님의 사랑으로 의롭다함을 얻는다고 선언한다. 즉, 구약은 그리스도를 중재자로 바라보고 있다. 하나님께서는 그리스도를 나타내셨다. 구약의 목적은 항상 그리스도와 영생을 나타내는 것이다. 세 번째로, 구약과 신약의 성례는 근본적으로 같다.

6 구약의 성도들도 칭의의 은혜를 소유했는가? (2.10.4)

구약은 그리스도를 포함하고 있다. 이렇게 구약이 하나님의 조건 없는 은혜 위에 세워졌으며 그리스도의 중재로 확증되었다고 말할 수 있다. 복음은 죄인들이 그들의 공로와 관계없이 하나님의 부성적 사랑에 의해서 의롭게 된다고 선포한다. 그리고 이 모든 것이 그리스도 안에서 요약된다. 그러므로 유대인들과도 복음의 언약이 맺어졌으며, 그 유일한 토대는 바로 그리스도이시다.

7 성경에서 언약들이 서로 다른 이유는 무엇인가? (2.10.20)

주님께서는 질서 있는 계획에 따라 언약을 베푸셨다. 계시의 날이 점점 다가올수록 계시의 빛을 날마다 더하셨다. 구원의 첫 번째 약속이 아담에게 주어졌을 때, 언약은 가느다란 빛과 같았다. 그러나 나중에는 그 빛이 커져서 더욱 넓게 비추게 되었다. 그리고 마침내 그리스도께서 전 우주에 드러나셨다. 이처럼 점진적인 계시 때문에 언약들 사이에 차이가 있는 것이다.

8 결국 구약과 신약 사이의 연속성은 무엇인가? (2.10)

구약과 신약은 본질적으로 동일하다. 즉, 둘 다 하나님의 변하지 않는 약속과 진리에 관한 것이다. 그리스도는 언약의 중재자이시며, 구약의 백성도 이것에 대한 지식을 가지고 있었다. 또한 구약의 백성도 칭의의 은혜를 소유했다. 언약의 연속성에 따라 성례도 구약과 신약에서 동일한 의미를 가진다. 율법 아래 살았던 조상들도 우리와 똑같이 영생에 대한 소망을 가지고 있었으며, 우리와 똑같은 양자 됨의 은혜를 누리고, 같은 약속을 믿고 있었다(히브리서 주석 185쪽을 참고하라). 구약과 신약이 모두 영생을 가진 하나님의 말씀이다. 따라서 구약과 율법을 버려서는 안 되며, 세상 끝 날까지 유지해야만 한다.

9 구약과 신약의 상이성은 무엇인가? (2.11.1-11)

언약의 시행과 관련하여 다섯 가지 상이성이 있다. 첫째, 구약에서는 천상의 유업들이 이 땅에서 누리는 유익들로 나타나 보였다. 그러나 신약에서는 그렇지 않다. 이 땅에서의 유익들은 단지 거울일 뿐이다. 구약에서는 거울에 비친 하늘의 유업을 바라보았던 것이다. 물론 구약의 성도들도 이 세상 너머의 삶을 바라보았다. 다만 이 땅의 유익들이 영적 유익을 예시하기 위해서 사용되었을 뿐이다(2.11.1). 둘째, 구약은 형상을 보여 주지만, 신약은 실체를 보여 준다(2.11.4). 히브리에서 이것을 설명하고 있다. 셋째, 새 언약은 심령에 새겨졌지만, 옛 언약은 돌판에 새겨졌다(2.11.7). 예레미야 31장 31-34절과 고린도후서 3장 6-11절에서 이 점을 설명하고 있다. 구약에서 율법은 성령의 사역 없이 요구되기 때문에 정죄할 뿐이지만, 신약에서 율법은 성령께서 마음에 새긴 것이기 때문에 죄의 용서를 동반한다. 넷째, 옛 언약은 새 언약이 오기까지 하나님의 백성들을 종으로 붙잡아 두지만, 복음의 약속은 율법을 앞선다. 구약 시대의 선택된 백성은 새 언약에 속한다. 그들의 믿음이 그리스도 안에 있으며 하나님의 약속 안에 있었기 때문이다(2.11.9-10). 다섯째, 구약은 이스라엘에게 국한되지만, 신약은 모든 민족에게로 확대된다(2.11.11). 이 다섯 가지의 상이점은 언약의 본질과는 상관없는 비본질적인 것들이다.

18
중재자로서의 그리스도 (2.12-13)

⋮

중재자는 반드시 하나님이면서 동시에 인간이어야 한다. 왜냐하면 그는 인간으로서 죄를 위한 속죄제물이 되셔야 하기 때문이다. 중재자는 하나님과 인간으로서 죽음을 삼키고 생명을 주셨다. 타락한 인간은 결코 순종할 수 없기 때문에, 그가 우리를 대신하여 하나님께 순종하셨다. 그리스도는 아버지께 완전히 순종하심으로써 우리의 불순종을 극복하셨다. 그리스도께서 성육신하신 목적은 우리를 구원하기 위함이다. 그리스도께서는 실제로 인간의 본성을 취하셨다.

1 왜 중재자가 필요한가? (2.12.1)

인간의 죄 때문에 중재자가 필요하다. 하나님과 인간 사이에는 엄청나게 큰 심연이 있다. 하나님께서는 완전한 거룩 가운데 계시지만, 우리는 불결하다. 더욱이 인간에게는 하나님께로 올라갈 힘이 없다. 설령 인간에게 흠이 없었다 할지라도 인간은 중보자 없이 하나님께 도달하기에는 너무나 비천한 존재이다. 따라서 하나님과 인간 사이에는 중재자가 필요하다. 하나님의 방법은 하나님의 아들을 우리와 같은 사람으로 친근하게 우리 사이에 두시는 것이다(사 7:14; 마 1:23 참고). 구약에서는 그림자와 모형을 통하여 중재자를 알리고, 신약에서는 더욱 분명하고도 온전히 중재자를 계시하셨다. 이렇게 은혜 언약에는 단 하나의 중재자만 있을 뿐이다. 따라서 인간은 하나님께서 보내신 중재자 외에는 어디에서도 구원을 얻을 수 없다. 중재자의 임무는 이 땅에 와서 자신의 백성을 죄의 종 된 것에서 해방시키고, 죽음의 힘에서 건져내며, 그리스도 안에서 자유를 얻게 하는 것이다.

2 중재자는 왜 하나님이면서 동시에 인간이어야 하는가? (2.12.2)

하나님께서 마련하신 중재자는 우리로 다시금 하나님의 은총을 받아 사람의 자녀에서 하나님의 자녀로 옮겨가게 하며, 천국을 상속받게 하신다. 그 중재자는 하나님이면서 인간이어야 했다. 그의 임무가 죽음을 삼키는 것이기 때문에 그는 인간이어야 했다. 그리고 동시에 그의 임무가 죄를 정복하는 것이기 때문에 그는 하나님이어야 했다. 그 일은 오직 하나님만이 하실 수 있는 일이기 때문이다. 그래서 하나님 아버지께서 자신의 독생자를 통해서 우리를 구속하기로 정하셨고, 그리스도께서 인간의 몸을 입고 오셔야 했다.

3 왜 하나님께서 인간이 되셔야 했는가? (2.12.3)

우리가 하나님과 화해하기 위해서 필요한 조건이 있다. 우리가 그분께 복종하지 않은 것을 고치기 위해서 완전한 복종이 있어야 하고, 죄에 대해서 벌을 받아야 한다. 그러므로 그리스도께서 참 사람으로 나타나 아담 대신에 아버지께 복종하고, 우리가 받을 벌을 대신 받으셔야 했다. 오로지 하나님이기만 하다면 죽음을 느낄 수 없고, 사람이기만 하다면 죽음을 정복할 수 없기 때문에, 그분은 인성과 신성이 결합되어야 했다. 인성을 죽음에 내주고 신성의 권능으로 죽음과 싸워 승리함으로 죄를 대속하셔야만 했다. 더욱이 그리스도의 인성은 우리가 하나님의 아들과 교제한다는 보증이 된다.

4 그리스도의 진정한 인간성은 무엇인가? (2.13.1)

그리스도가 우리의 육신을 입으신 것이다. 그리스도는 인성으로 중보의 직책을 감당하셨다. 그리스도께서 인간이 되신 까닭은 자비하고 충성된 중보자가 되시기 위함이었다. 즉, 우리의 육신을 입은 이가 세상의 죄를 대속해야 하는 것이다(롬 8:3 참고).

5 그리스도가 인간이면서도 죄가 없으신 근거는 무엇인가? (2.13.4)

그리스도는 진정한 인간이셨다. 그러나 죄는 없으셨다. 왜냐하면 그분은 성령에 의해 잉태되셨기 때문이다.

19
그리스도의 인성과 신성(2.14)

⋮

성경은 그리스도의 인성과 신성의 연합을 증언한다. 두 성질이 한 인격 안에 포함되어 있다. 따라서 성육신의 교리를 버리는 사람들은 이단이다. 또한 두 본성은 섞여 있거나 분리되어 있지 않다. 만세 전부터 계신 로고스(Logos), 즉 영원한 하나님의 아들이 인간의 본성을 취하여 하나의 위격으로 연합하여 계신 것이다.

1 '말씀이 육신이 되었다'(요 1:14 참고)는 것은 무슨 의미인가? (2.14.1)

하나님의 아들이신 분이 사람의 아들이 되셨다는 의미이다. 아들의 신성이 인성과 결합되고 통일되었는데, 이때 두 본성이 서로의 특질에 손상을 주지 않은 채 결합하여 그리스도가 되었다. 성경에서 그리스도를 증언할 때는, 어떤 경우에는 인성에 속한 것만을 증언하고 또 어떤 경우에는 신성에 속한 것만을 증언하기도 하며, 두 속성의 교류(communicating of properties)를 증언하기도 한다.

2 칼빈이 말한 '속성의 교류'란 무엇을 의미하는가? (2.14.2)

그리스도께서는 "아브라함이 나기 전부터 내가 있다"(요 8:58 참고)라고 증언하셨다. 이것은 분명히 자신의 신성을 증언하신 것이다. 그러나 누가복음 2장 52절에서는 "지혜와 키가 자라가며"라고 증언하는데, 이것은 그리스도의 인성에만 관한 것이다. 한편 바울은 '그리스도(하나님)가 자기 피로 교회를 사셨다'(행 20:28 참고)고 하는데, 이것은 참 하나님이시며 참 사람이신 그리스도께서 우리를 위해 십자가에 못 박혀 피를 흘리신 것을 그분의 신성에 해당되는 것으로 돌리는 것이다. 바로 이것을 '속성의 교류'라고 한다. 물론 이것은 두 본성이 섞여 있거나 혼합되어 있음을 말하는 것이 아니라 두 본성이 서로 연합되어 있음을 의미한다.

3 칼빈은 그리스도의 두 본성에 대한 이단들의 주장에 어떻게 반박하는가? (2.14.4)

유티케스(Eutyches)는 그리스도의 두 본성이 서로 혼합되었다고 주장하였다. 이는 용인할 수 없는 사상이다. 그리스도께서는 하나님이자 사람이시며, 두 본성이 통일되어 있지, 혼합되지 않았다. 한편 네스토리우스(Nestorius)는 두 본성이 분리되었다고 주장하였다. 그러나 그리스도의 두 본성은 서로 나누어질 수 없다.

4 칼빈은 세르베투스(Servetus)의 오류에 어떻게 반박하는가? (2.14.5-8)

세르베투스는 그리스도가 잉태된 때부터 하나님의 아들이 되기 시작했다고 주장했다. 더욱이 그는 그리스도가 육신으로 나타나기 전에는 성경에서 그를 하나님의 아들이라고 부르지 않았다고 주장했다. 세르베투스는 그리스도의 육신이 하나님과 똑같은 본질이 되었고, 육이 하나님으로 변함으로써 말씀이 사람이 되었다고 선언한다. 세르베투스의 이러한 주장은 중보자에게 있는 신성을 무시하는 것이다.

20 그리스도의 삼중직(2.15)

그리스도의 구원 사역은 그분의 삼중적인 직무에서 볼 수 있다. 선지자, 왕, 제사장의 세 가지 직무는 모두 기름 부음으로 구별된다. 그리스도라는 이름은 이 세 가지 직무를 나타낸다. 선지자의 직무는 구원을 가르치는 것이다. 왕의 직무는 영적인 특징을 가지고 있다. 그리스도는 왕으로 지배하며 교회를 보호하고 다스리신다. 제사장의 직무는 화해시키며 중보하는 것이다. 그리스도는 우리의 대제사장으로서 자기 자신을 희생 제물로 드려 죽으셨다. 이것은 단번에 드리신 제사였다.

❶ 성부 하나님께서 그리스도를 보내신 목적을 알기 위해서 알아야 할 것은 무엇인가? (2.15.1)

하나님 아버지께서 그리스도를 보내신 목적을 알기 위해서는 그리스도가 맡은 직무를 알아야 한다. 즉, 선지자와 왕과 제사장의 직무를 알아야 한다. 우리의 구원의 확고한 근거가 그리스도의 직무들에 있기 때문에 이것은 더욱 중요하다. 그리스도가 우리의 구원을 위해 감당하신 사역과 그 효과를 아는 것은 우리의 구원을 이해하는 것과 직접적인 관계가 있다.

❷ 그리스도의 직무 가운데 선지자로서의 직무는 무엇인가? (2.15.2)

구약 시대에 하나님께서는 자기 백성에게 선지자들을 보내 구원을 위해 충분하고도 유용한 교리를 알려 주셨다(히 1:1 참고). 그러나 구약 백성들은 메시아가 와야만 그것을 완전하게 깨닫게 되리라고 기대했다. 그리스도는 교회와 자기 자신을 위해서 이 은사를 받으셨다(욜 2:28 참고). 누가복음 4장 18절에서 그리스도가, "주의 성령이 내게 임하셨으니 이는 가난한 자에게 복음을 전하게……하심이라"라는 이사야 61장 1절을 인용하신 것은, 자신이 백성들을 위한 선지자임을 말씀하신 것이다. 그리스도는 선지자로서 아버지의 은혜를 전파하는 증인의 직무를 감당하셨다. 그리스도는 성경을 조명하고 말씀을 선포하는 성령을 통해 선지자적 직무를 감당하신다. 즉, 그리스도는 성령을 통해 계속해서 복음의 진리를 가르치신다. 따라서 그리스도께서 가르치시는 모든 말씀에 완전한 구원의 지혜가 있다.

3 그리스도의 직무 가운데 왕으로서의 직무는 무엇인가? (2.15.3)

그리스도는 영원한 왕국의 통치자이시다. 그리스도는 이를 성취하기 위해 기름 부음을 받았다. 또한 그리스도는 왕으로서 교회의 영원한 보호자이시다. 그분은 교회를 대적으로부터 지키고 보호하신다. 교회가 영원히 보전될 것이 보증되었다. 그러나 이것은 교회가 편안한 시기를 보낸다는 의미가 아니라 교회가 핍박을 받을 때 그리스도께서 교회를 보존하고 돌보신다는 의미이다. 그리스도께서 왕으로서 다스리심으로 그분이 아버지에게서 받은 것을 우리에게 나누어 주셔서 우리로 마귀와 죽음과 세상을 상대로 싸우게 하신다. 그리스도는 왕으로서 자신의 백성에게 영적인 선물들을 주신다. 그리스도의 나라는 지상적인 쾌락과 영화에 있지 않기 때문에, 그 왕의 통치 아래에 있는 우리는 세상을 버려야 한다. 그리스도는 지금 아버지 하나님의 보좌 우편에서 모든 권세를 가지고 다스리신다. 그리스도는 하나님의 통치권을 전적으로 가지고 계시다. 그래서 우리는 그리스도를 '주'라고 부른다. 그러므로 우리는 그리스도에게 순종해야 한다. 그리고 그분의 영광을 위해 열매를 맺어야 한다.

4 그리스도의 직무 가운데 제사장으로서의 직무는 무엇인가? (2.15.6)

그리스도는 제사장으로서 희생제사를 드리셨다. 그리스도는 자기의 죽음을 제물로 삼아 우리의 죄과를 말소하고 우리의 죗값을 치르셨다. 그리스도는 제사장인 동시에 제물이 되셨다. 그리스도는 우리의 대제사장으로서 우리의 죄를 씻은 후에 우리를 거룩하게 하며, 우리가 은혜를 얻고 하나님에게로 나아갈 수 있게 하셨다. 그리스도의 제사장 직무는 성부 하나님께서 우리에게 호의를 가지고 친절을 베푸시게 만들 뿐만 아니라 우리를 제사장으로 만드신다(계 1:6 참고). 그러므로 우리는 우리의 모든 소유를 하나님께 바치며, 하늘 성소에 들어가 하나님께 기도와 찬양을 드려야 한다.

21
그리스도의 구속 사역(2.16)

⋮

우리는 죄로 인하여 하나님과 원수가 되었지만, 그리스도로 인하여 하나님과 화목하게 되었다. 구속주는 우리에게 먼저 하나님의 진노를 알게 하고, 그다음에 그리스도 안에 있는 하나님의 사랑을 깨닫게 한다. 우리는 그리스도 안에 있는 하나님의 사랑의 행위에 감사할 수밖에 없다. 그리스도는 십자가에서 죽으시고 삼 일 만에 죽음에서 일어나셨다. 그리스도는 부활하여 승천하셨으며, 하나님 보좌 우편에 앉으셨다. 그리고 거기서 모든 은덕들을 우리에게 거저 주신다. 그리스도는 장차 다시 오셔서 세상을 심판하실 것이다.

1 그리스도를 아는 지식의 목적은 어디에 있는가? (2.16.1)

그리스도를 아는 지식의 목적은 의와 생명과 구원을 위해서 그리스도에게 구하기 위함이다. 인간을 아는 지식의 효과는 우리가 영원한 정죄를 받아 죽고 멸망할 수밖에 없는 존재임을 아는 것이다. 그래서 칼빈은 인간을 아는 지식 다음에 그리스도를 아는 지식을 설명하는데, 이것은 곧 구원을 위해서 그리스도에게로 가야 한다는 것을 의미한다. 베드로 사도는 "천하 사람 중에 구원을 받을 만한 다른 이름을 우리에게 주신 일이 없음이라"(행 4:12)라고 말한다. 그리스도를 아는 것은, 하나님께서 그리스도에게 아름다운 직무들을 주셨고 그리스도가 그 직무들을 수행했으며, 또한 지금도 수행하고 있음을 깨닫는 것이다. 그분의 이 직무들은 우리의 구원을 위해 진실로 필요하다. 그러므로 우리는 그 은덕들을 얻기 위해 그리스도를 찾고 구해야 한다.

2 구원은 오직 어디에 있는가? 그 이유는 무엇인가? (2.16.1)

구원은 오직 그리스도 안에서만 발견된다. 우리 자신을 볼 때는 우리의 죄와 그 죄로 인한 하나님의 진노를 보게 된다(이렇게 죄인을 내동댕이쳐 자기 자신이 하나님의 심판을 받기에 마땅함을 인정하게 하고 하나님의 무서운 진노를 깨닫게 하는 것이 회심을 위한 진정한 준비 과정이다). 그리하여 우리는 구원이 필요함을 절실히 느끼게 된다. 그런데 하나님께서는 오직 그리스도 안에만 구원의 은혜를 마련해 놓으셨다. 이것은 하나님의 최고의 지혜이다. 그렇게 하신 이유는 언제나 교만한 우리를 낮추고 하나님의 은혜에 항복하도록 만드시려는 것이다. 따라서 구원을 위해 그리스도를 찾아갈 때 죄인들은 이미 낮아지고 하나님께 항복한 상태가 되어 그 은혜에 굴복한다.

3 하나님의 공의와 사랑 가운데 무엇이 먼저인가? (2.16.2,3)

오늘날에는 '하나님께서 당신을 사랑하시니 그리스도를 믿으라'는 식으로 복음을 전한다. 칼빈은 이미 이런 식의 메시지가 올바른가 하는 점에 대해서 말하였다. 그리스도를 통하여 하나님과 우리가 화목되었지만, 그리스도의 이 직무를 말하기 전에 우리가 하나님과 원수였다는 것을 먼저 알아야 한다. 우리가 하나님과 원수 사이였으며, 우리에 대한 하나님의 진노가 마땅하다는 것을 먼저 알아야 한다. 우리가 하나님께 미움받는 존재인 것을 먼저 알아야 한다. 하나님의 진노와 처벌과 영원한 죽음이 우리 위에 있다는 것을 먼저 분명히 말해야 한다. 불의에 대한 하나님의 진노를 먼저 설명해야 한다. 이렇게 우리가 얼마나 가련하며 비참한 상태인지를 깨달아야 하나님께서 이러한 죄인들을 받아 주시기 위해 얼마나 은혜로운 그리스도를 주셨는지를 알 수 있기 때문이다. 우리가 죄인임을 먼저 드러낸 후에 중재자와 구원자를 통한 구원이 얼마나 귀한지를 인정하고 찬양하게 하기 위함이다. 그러나 오늘날 우리가 흔히 볼 수 있듯이 하나님의 사랑부터 말하기 시작하는 전도는 하나님의 은혜를 싸구려로 만들고, 구원받는 것을 나의 결심이나 결정에 따르는 것으로 만들기 때문에, 구원을 은혜와 하나님 중심이 아닌 인간 중심으로 만든다. 이것은 알미니안주의에 근거를 두고 있다.

4 그리스도께서 우리의 구원을 위해 하신 일은 무엇인가? (2.16.5)

그리스도는 '순종의 삶'으로 우리를 구원하셨다. 구원은 단지 십자가 사건 하나로 이루어진 것이 아니다(롬 5:19 참고). 그리스도의 생애 전체를 통해 우리를 율법의 저주에서 해방하는 용서의 근거가 드러난다(갈 4:4,5 참고). 그리고 특별히 십자가에서 죄를 감당함으로써 우리를 구원하신 것이다. 그리스도는 자신의 피로 하나님의 진노를 진정시키셨다. 십자가로 우리의 더러움을 씻고 죽으심으로 우리가 받을 저주를 대신 받으셨다. 그리스도는 그분의 공로로 하나님의 은혜를 얻으셨으며, 우리를 구원하신다. 이렇게 말하는 것이 구원의 길을 더욱 정확하게 보여 주는 것이다.

5 그리스도의 죽음은 어떤 의미가 있는가? (2.16.6)

그리스도의 죽음은 하나님께서 그리스도를 심판하신 것이다. 하나님께서는 그리스도에게 우리의 죄의 결과들을 담당하도록 하셨다. 죄의 저주가 그리스도의 육신에 전가되었을 때, 아버지께서 죄의 세력을 깨뜨리셨다. 성경에 기록된 구속의 방법은 항상 피와 관련되어 있다. 그리스도가 흘리신 피는 우리의 죄를 배상했을 뿐 아니라 우리의 부패를 씻어버렸다(엡 5:26; 딛 3:5; 계 1:5 참고). 따라서 믿음은 그리스도께서 받으신 정죄 안에 있는 용서와 그분이 받으신 저주 안에 있는 복을 깨닫는 것이다.

6 그리스도의 죽음을 통해서 우리에게는 어떤 일이 일어나는가? (2.16.7)

그리스도께서 죽으심으로 말미암아 우리가 죽지 않게 되었다. 그리스도의 죽음의 첫째 효과는, 우리가 마귀의 종노릇하는 데서 해방된 것이다(히 2:14,15 참고). 둘째 효과는, 우리가 그리스도의 죽음에 참여함으로써 우리의 옛 자아가 죽은 것이다. 그러므로 더 이상 옛사람이 번성하거나 결실하지 못한다(롬 6:4,14; 갈 2:19; 골 3:3 참고). 이와 같이 그리스도의 죽음은 우리에게 이중적인 복을 준다. 즉, 우리를 죽음에서 해방시키고 우리의 육신을 죽인다.

7 지옥에 내려가셨다는 것을 어떻게 해석해야 하는가? (2.16.10-11)

예수님께서 지옥에 내려가셨다는 것은, 그분이 악한 사람들에게 내려질 하나님의 진노를 대신 받고 십자가에서 하나님께 버림받으신 것을 의미한다. 이는 그리스도가 경험하신 하나님의 진노를 표현한다. 즉, 그리스도께서 우리를 구속하시는 대가로 그분의 몸을 주셨을 뿐 아니라, 정죄받고 버림받은 사람으로서 무서운 고통을 겪으신 것이다.

8 우리의 구원에 그리스도의 부활이 중요한 이유는 무엇인가? (2.16.13)

그리스도의 죽으심으로 말미암아 우리가 하나님과 화해하며, 우리 죄에 대한 배상을 치르고, 우리가 받을 저주가 제거되었다. 그리고 그리스도의 부활하심으로 말미암아 우리의 의가 회복되고 생명이 소생되었다. 그리스도의 부활은 하늘의 권능을 나타내며, 우리의 믿음을 굳건하게 해 준다. 우리는 이 권능으로 중생하여 의를 얻는다. 그리스도께서는 부활하심으로 승리자의 상을 얻으셨다. 그래서 그리스도의 부활은 우리로 새 생명을 추구하게 한다. 또한 우리 자신의 부활을 확신하게 한다. 이처럼 그리스도의 부활에는 세 가지 유익들이 있다. 즉, 부활을 통해 그리스도가 우리의 중재자가 되시며, 우리에게 의로운 새 생명을 주시고, 장차 우리도 부활하리라는 것을 보증하신다.

9 그리스도의 승천은 왜 중요한가? (2.16.14; 다니엘서 주석 2:44; Tracts 2:187을 참고하라)

부활과 승천은 연결되어 있다. 그리스도께서는 부활하심으로써 영광과 권능을 나타내기 시작하셨다. 그리고 직접적인 권능으로 천지를 주관하려고 승천하셨다. 그리스도께서는 아버지께로 올라가 모든 권세를 자신에게 굴복시키고 천사들로 순종하게 하며 마귀를 억제하고 교회를 보호하고 보전하기 위해서 승천하셨다. 그리고 그것은 약속하신 것을 실현하시기 위함이다. 그리스도는 하늘에서도 이 땅에 계셨을 때와 같은 몸을 지니고 계신다. 이 땅에서 우리 인간의 몸을 입으셨던 그분은 승천하시면서 죽을 수밖에 없는 상태로부터 벗어났지만, 그 본성은 변하지 않았다. 따라서 그리스도의 승천은 우리 믿음의 주요한 요소 가운데 하나이다.

10 그리스도께서 하나님 보좌 우편에 앉으신 것(등극)은 왜 중요한가? (2.16.15-16)

그리스도께서 하나님 보좌 우편에 앉으신 것은 그분의 권위를 나타내며, 또한 '앉아 계신다'는 것은 그분이 하늘의 심판대에서 주재하고 계신다는 것을 말한다. 이것은 그리스도께서 직무들을 계속 수행하고 계신다는 것을 확신하게 하며, 그리스도의 권능과 힘을 깨달아 알게 한다. 그리스도는 하늘의 보좌에 앉아 우리를 영적 생명으로 살리고 성령으로 거룩하게 하시며, 구원을 방해하는 원수들을 억제하시고, 천지의 모든 권한을 가지고 하나님의 나라를 완성하실 것이다. 신자들은 그리스도께서 이와 같이 중재자의 사역을 계속하심으로 말미암아 자신의 구원에 대한 확신을 가지게 된다.

11 그리스도는 어떻게 심판자가 되시는가? (2.16.17-18)

그리스도는 다시 오셔서 선택된 자와 버림받은 자를 나누실 것이다. 그분은 모든 사람을 심판대 앞으로 부르실 것이며, 산 자와 죽은 자들이 모두 소집될 것이다(살전 4:16,17 참고). 그러나 우리는 그리스도의 심판대 앞에서 정죄받지 않는다. 중보자이신 그리스도께서 맡아 보호하시는 우리는 결코 정죄받지 않을 것이다. 아버지께서는 아들에게 모든 심판을 맡기시고는(요 5:22 참고) 영예를 주신다. 이것은 그로 말미암아 심판이 무서워 떠는 자기 백성의 양심을 보호하시려는 것이다.

3부

그리스도의 은혜를
받는 방식으로서의
성령의 사역

22

성령의 역사(3.1)

성령은 그리스도 안에서 택한 자들을 그리스도와 연합하게 하신다. 신자의 삶의 근원은 성령의 능력이다. 성령은 양자의 영(롬 8:15)이요 우리의 유업의 보증이시며(고후 1:22 참고), 생명(롬 8:10 참고), 물(사 55:1; 요 7:37 참고), 기름 부음(요일 2:20), 불(눅 3:16), 샘물(요 4:14), 주의 손(행 11:21) 등으로 불린다. 성령의 주된 사역은 믿음을 일으키는 것이다. 성령은 믿음의 원천이며, 약속된 구원에 대한 내적 선생이시다.

1 그리스도의 구속 사역에 왜 성령의 역사가 필요한가? (3.1.1)

하나님 아버지께서 그리스도에게 주신 유익들은 그리스도 개인의 것이 아니며, 그분의 택하신 백성을 위한 것이다. 그렇다면 하나님께서 그리스도에게 주신 유익들과 그 안에 있는 은덕들을 어떻게 받을 수 있는가? 바로 성령의 역사로 말미암아 그리스도와 그분의 모든 은덕들을 누리게 된다. 성령께서 선택된 백성에게 그리스도의 피를 유효하게 하시는 것이다. 즉, 성령께서 우리의 영혼에 그리스도의 피를 뿌림으로써 죄 사함을 받게 하신다(벧전 1:2 참고). 성령은 그리스도의 십자가를 우리에게 적용하여 유효하게 하신다. 그리스도는 성령을 통해서 구원에 속한 모든 것을 주시고, 성령은 그리스도를 위하여 죄인의 마음속에서 구원을 이루신다. 그래서 칼빈은 『기독교 강요』 3권 1장의 제목에 "그리스도에 관해 말씀된 것들은 성령의 은밀한 역사를 통해 우리에게 유익을 준다"라고 덧붙였다.

2 그리스도와 성령은 어떤 관계인가? (3.1.2)

하나님 아버지께서는 그리스도에게 성령을 한량없이 부어 주셨다. 그래서 그리스도는 자신의 백성들에게 하나님의 은혜를 나누어 주고 성령을 주신다. 그래서 성령을 그리스도의 영이라고 부른다. 그리스도는 자신의 백성에게 성령을 주심으로써 생명을 얻게 하시고, 하나님의 사랑과 그리스도의 은혜를 실제로 맛보게 하신다(롬 5:5 참고). 성령께서 우리 안에 역사하심으로 말미암아 우리는 믿음과 소망 가운데 있으며, 세상과 분리되어 영원한 유업으로 이끌려 가는 것이다.

3 성령께서 성도의 영혼에 하시는 일은 무엇인가? (3.1.3)

성령은 '양자의 영'(롬 8:15)이라고 불린다. 하나님 아버지께서 그리스도 안에서 우리를 받아 주시고 우리의 아버지가 되셨음을 성령께서 증언하시기 때문이다. 성령은 우리가 하나님을 '아빠 아버지'(롬 8:15; 갈 4:6)라고 부를 수 있도록 담대함을 주고, 기도할 내용도 알려 주신다. 성령은 우리의 구원이 안전하다는 확신을 주기 때문에, 우리 기업의 보증이 되신다(엡 1:14 참고). 성령은 우리의 더러운 것을 씻어 주셔서 우리가 죄를 피하고 거룩함을 추구하게 만드신다. 성령은 성도를 감동하여 거룩한 것을 추구하게 만드신다.

4 성령의 가장 주된 사역은 무엇인가? (3.1.4)

성령이 하시는 일 가운데 가장 중요한 것은 믿음을 일으키는 일이다. 우리는 중생하게 하시는 성령의 역사로 말미암아 하나님의 자녀가 된다. 요한은 이와 관련하여 '하나님께로부터 난 자'(요 1:13; 요일 3:9, 5:1,18)라는 용어를 사용한다. 성령의 역사가 없으면 믿음이 일어날 수 없고, 믿음이 없으면 그리스도를 받아들일 수 없다. 성령께서는 진리의 영으로서 하늘의 지혜들을 이해하게 하고, 구원의 약속의 소중함을 알게 하신다. 성령의 이러한 역사가 없다면, 우리는 하늘의 것을 전혀 이해할 수 없다. 더욱이 복음을 이해할 수 없다. 따라서 성령은 복음의 비밀들을 이해하게 하고, 그것을 붙잡게 하신다. 이와 같이 믿음이란 전적으로 성령의 역사에 의한 초자연적 선물이다. 성령께서 그리스도에 대한 믿음을 창조하시고, 성령의 이러한 사역으로 말미암아 우리가 참으로 구속주를 아는 지식에 이를 수 있다. 성령의 역사로 말미암는 믿음은 우리를 그리스도와 연합시키고 그리스도의 유익을 누리게 한다.

또한 성령의 거듭나게 하시는 역사는 우리의 더러운 것을 씻어 준다(딛 3:5 참고). 죄와 그 더러움을 알고서 그것을 피하게 하며, 거룩함을 추구하게 하신다.

23
믿음 I(3.2.1-9)

⋮

믿음은 하나님의 말씀에 근거를 두고 있다. 하나님의 말씀과 믿음은 서로 묶여 있다. 하나님의 말씀 없이는 믿음이 있을 수 없다. 믿음은 그리스도 안에 있는 은혜의 약속으로부터 일어난다. 하나님의 말씀을 연구하는 가운데 성령께서 역사하셔서 믿음이 일어나는 것이다. 따라서 단지 말씀의 지식을 가지고 그것에 동의하는 것만으로는 구원받는 믿음이 있다고 할 수 없다. 이러한 것에서는 경건이라는 산물이 나오지 않는다.

1 믿음에 대해서 가장 널리 퍼져 있는 오해는 무엇인가? (3.2.1)

사람들은 대부분 믿음을 복음서의 이야기에 동의하는 정도로만 생각한다. 그리고 어떤 사람들은 그리스도가 중보자이며 길이요 진리요 생명이라는 것을 받아들이고(요 14:6 참고), 하나님께로 가는 길이 그리스도밖에 없다는 사실에도 동의한다. 그러나 믿음은 단지 교리에 지적으로 동의하는 것 이상의 것이다. 그렇기 때문에 칼빈은 스콜라주의자들이 믿음을 단지 지식의 문제라고 한 것에 반박한다. 지식에 동의하는 것을 믿음으로 보는 태도는 죽은 정통(dead orthodoxy)의 모습으로 나타난다. 믿음은 성령의 역사로 말미암아 그리스도의 필요성과 소중함을 깨닫고, 구원을 위해서 그리스도에게 모든 것을 의뢰하고 의존하는 것을 포함한다.

2 로마 가톨릭의 '맹목적인 신앙(implicit faith)'이란 무엇인가? (3.2.2-3)

칼빈은 중세 스콜라신학을 비판한다. 스콜라신학이 믿음을 모호하게 정의하기 때문이다. 스콜라신학자들은 지식에서 오는 단순한 동의를 믿음과 동일하게 보았다. 그리고 하나님의 말씀에 대한 지식과 이해가 없어도 단지 교회에 속해 있고 복종하기만 하면 구원에 이른다고 가르쳤다. 교회가 명령하는 것은 무엇이든지 진리로 받아들이고 그것을 따라가면 구원을 얻는다고 하였다. 결국 스콜라주의자들은 교회를 무지에 빠뜨렸고, 맹목적인 신앙에 떨어지게 하였다. 믿음에는 지식이 요구된다. 하나님께서 우리의 자비로운 아버지이시며, 그리스도를 의와 성결과 생명으로 우리에게 주셨다는 것을 (지식으로뿐만 아니라 성령에 의해서 체험적으로) 알 때 구원을 얻는다. 따라서 그들은 무지하며, 오류를 진리인 양 착각하고 있다. 무지로 인한 맹목적인 신앙은 구원받는 믿음이 아니다. 이러한 맹목적인 신앙에 안주하는 상태에서는 진리의 지식에 이를 수 없다(딤후 3:7 참고).

❸ 믿음의 근거는 어디에 있는가? (3.2.2-7)

믿음은 하나님의 말씀에 기초하고 있다. 믿음은 단순한 하나님의 존재에 대한 지식 이상의 것이다. 구체적으로 우리를 향한 하나님의 뜻에 대한 지식이 있어야 한다. 그 지식은 말씀에서 얻어지는데, 곧 하나님과 그리스도를 아는 지식이다(요 17:3 참고). 이로써 우리는 하나님을 '우리 아버지'라고 부른다. 믿음은 하나님의 말씀, 특히 은혜의 약속에 근거를 둔다. 그리스도를 믿음으로 말미암아 의와 생명을 얻게 하신다는 아버지의 약속을 근거로 그리스도를 믿는 것이다. 그리스도 안에서 은혜를 주시겠다는 하나님의 약속을 따라, 성령을 통하여 믿음이 발생된다. 믿음은 우리에 대한 하나님의 선하심을 굳게, 또 확실하게 아는 지식이다. 그리고 이 지식은 그리스도 안에서 값없이 주어진 약속의 신실성을 근거로 삼으며, 성령을 통해 우리의 지성에 계시되고 우리의 마음에 인 쳐진다.

❹ 부활에 대해 온전히 깨닫기 전에 제자들이 가지고 있던 믿음은 어떠했는가? (3.2.4)

그리스도의 제자들은 그리스도를 따라다녔지만 온전히 깨달은 상태는 아니었다. 그들은 가장 초보적인 진리도 어려워했다. 특히 그리스도께서 고난에 대해 말씀하실 때 제자들은 그것을 잘 이해하지 못했다. 그리스도의 부활도 부활하신 것을 보고서야 비로소 믿었다. 그렇다면 제자들에게 믿음이 전혀 없었는가? 그렇지 않다. 그들의 마음속에는 믿음의 씨가 숨어 있었다. 그리고 그들은 부활에 대해 깨달으면서 그리스도의 구주 되심을 확신하게 되었다.

5 복음서에 나타나는 믿음의 시작(beginning of faith)은 어떠한가? (3.2.5)

복음서에는 복음의 교훈을 전혀 깨닫지 못한 상태에서 그리스도를 공경하고 기꺼이 순종하려는 마음을 가지고 있는 사람들이 등장한다. 예를 들어, 왕의 신하는 자기 아들을 고쳐 주겠다고 하시는 그리스도의 약속을 믿었다(요 4:46-50 참고). 그의 믿음은 어떤 특정한 일에 대한 믿음이었다. 사마리아에서도 많은 사람들이 그리스도를 믿었다(요 4:39-42 참고). 아직 지식은 없지만 말씀을 들을 준비가 되어 있는 경우이다. 이러한 것을 믿음의 시작으로 볼 수 있다.

6 하나님의 약속을 믿는 태도는 어떠해야 하는가? (3.2.7)

믿음은 우리를 향한 하나님의 자비로우심을 분명하게 아는 지식이며, 하나님께서 그리스도 안에서 값없이 주신 약속을 확신하는 것이다. 죄인이 그리스도 안에 있는 용서에 대한 하나님의 약속을 전적으로 신뢰하고, 하나님께서 자신에게 은혜롭고 자비로우신 분임을 확실히 아는 것이다. 이것은 복음의 약속이 성령으로 말미암아 우리의 지성에 계시되고 우리 마음에 적용되어 그것을 받아들이는 것이다. 그리고 그 효과는 그리스도에게 항복하며 그리스도를 전적으로 붙잡는 것으로 나타난다.

7 단지 교리 또는 성경에 동의하는 것이 구원받는 믿음인가? (3.2.8)

단지 교리적 지식에 동의하는 것은 믿음이 아니다. 하나님을 경멸하는 자들도 성경에서 말하는 것에 동의하고 그것을 받아들일 수 있다. 믿음은 성령에 의해서 영적으로 깨우쳐짐으로써 일어난다. 그래서 믿음은 하나님을 경외하는 것과 경건을 동반한다. 믿음은 하나님 아버지께서 보내신 그리스도를 받아들이는 것인데(요 6:29 참고), 그리스도를 받아들이는 영혼은 이미 주님께 굴복된 낮아진 심령을 가지고 있다. 그래서 마땅히 경건이 나올 수밖에 없다. 따라서 경건을 배제한 채 단지 교리에 동의한 것을 믿음으로 보는 것은 잘못이다.

8 은사로서의 믿음과 구원받는 믿음은 어떤 차이가 있는가? (3.2.9)

고린도전서 13장 2절은 산을 옮길 만한 믿음에 대해서 말한다. 여기서의 믿음은 기적을 행할 수 있는 힘이란 뜻을 가지고 있다. 이러한 산을 옮길 만한 믿음 또는 능력은 하나님의 특별한 은사이다. 따라서 경건하지 않은 사람도 이 믿음의 은사를 자랑하거나 악용할 수 있다. 즉, 경건하지 않은 사람일지라도 이 은사를 소유할 수 있다. 사실 은사의 목적은 원래 교회의 덕을 세우는 것이기 때문에 기능적인 것에 지나지 않는다. 따라서 믿음의 은사를 가지고 있다는 것이 구원받는 믿음을 가지고 있음을 보증하는 것은 아니다.

24 믿음 II (3.2.10-36)

진정한 믿음과 거짓된 믿음은 구별되어야 한다. 구원에 이르지 못하는 잘못된 믿음으로는 일시적 믿음이 있다. 거짓된 믿음은 지속성이 없기 때문에 중도에 포기하고 만다. 그런데 거짓된 믿음도 외적으로는 얼마든지 진정한 믿음처럼 보일 수 있다. 따라서 자신도 속을 수 있고 다른 사람도 속이며, 결국 하나님도 속일 수 있는 듯 행한다. 반면 진정한 믿음은 성령의 역사로 말미암으며, 구원의 확신을 동반한다. 그리고 지속성을 가지고 있다. 믿음의 지속성은 겸손하며, 자기 자신을 신뢰하거나 의지하지 않고, 계속해서 은혜를 구하고 찾는다. 그리고 그 소망을 영원한 것에 둔다.

1 일시적 믿음이란 무엇이며, 어떤 사람이 가지고 있는가? (3.2.10)

시몬 마구스(Simon Magus)를 예로 들 수 있다. 그는 믿었다고 하지만 얼마 뒤에 불신앙을 드러냈다(행 8:13,18,19 참고). 시몬은 분명 일종의 믿음을 보였다. 말씀을 들을 때에 기쁨으로 받았으며, 잠시 믿었다. 그러나 말씀의 씨가 열매 맺기 전에, 또는 심지어 뿌리를 내리기도 전에 시들어 버리고 말았다(눅 8:13 참고). 그는 하나님의 말씀의 선하심을 어느 정도 맛보고, 그것을 붙잡으려고 하였다. 그러나 말씀을 끝까지 붙잡지는 않았다. 이러한 믿음을 일시적 믿음이라고 한다. 심령에 말씀이 뿌리를 내린 것같이 보였지만 실상 뿌리내리지 못한 것이다. 다만 사람의 마음속에 있는 허영심과 기만의 위선으로 장식되어 믿음이 있는 것처럼 보였을 뿐이다. 이러한 일시적 믿음은 스스로를 속이는 거짓 믿음이다.

2 유기된 자들이 갖는 믿음은 어떤 것인가? (3.2.11)

유기된 자들도 선택된 자가 가지는 믿음과 유사한 것을 가질 수 있다. 유기된 자들도 선택된 사람들이 갖는 것과 거의 같은 감동을 가진다(행 13:48 참고). 유기된 자들이 받은 감동은 은사적인 감동이다(히 6:4-6 참고). 그것을 통해서도 주님의 선하심을 맛볼 수 있다. 그래서 유기된 자들도 믿는 것처럼 보인다. 유기된 자들은 자신들이 선택되었다고 생각한다. 그러나 그들의 믿음은 일시적 믿음이다(눅 8:13 참고). 유기된 자들의 믿음은 일시적인 것으로서, 성령의 역사가 낮거나(lower) 불완전한(imperfect) 믿음이다. 그들은 하나님의 은혜를 진정으로 깨닫지 못하였으며, 죄의 용서를 실제로 경험해 본 적도 없다.

3 진정한 구원받는 믿음과 거짓된 믿음은 어떻게 구별되는가? (3.2.12)

거짓된 믿음에도 하나님의 사랑에 대한 인식이 생기기도 하고, 은총의 빛을 맛보기도 하며, 복음을 어느 정도 이해함으로써 심령에 감동이 조금 일기도 한다. 그러나 세상적인 일 때문에 하나님의 사랑에 대한 인식과 감동이 시들어 버리고, 결국 소멸하고 만다. 이것이 유기된 자들이 가지고 있는 믿음이다. 그들에게 빛이 비춰어 얼마 동안은 그 효과가 나타나지만, 결국 사라지고 마는 것이다. 성경에서는 착한 양심을 버리고 믿음에 관하여는 파선하였다고 말씀한다(딤전 1:19 참고). 반면 진정한 믿음은, 그 믿음이 비록 약하다 할지라도 하나님의 영이 그들이 하나님의 자녀가 되었다는 사실을 확실히 보증해 주시기 때문에(엡 1:14; 고후 1:22 참고), 그들의 마음속에서 결코 소멸되지 않는다. 성령께서 선택한 자의 심령에 있는 생명의 씨를 영원히 썩지 않게 만드신다. 진정한 믿음과 거짓된 믿음은 그리스도를 믿는다고 할 때부터 은혜의 진정성 여부로 구별된다. 진정한 믿음을 가진 자들은 자신들의 죄와 그 죄에 대한 하나님의 심판을 깨닫는다. 따라서 하나님의 진노를 피하기 위해서 기도하고, 하나님께 겸손히 용서를 구한다. 이와는 달리 거짓된 믿음은 감정적이고도 충동적인 열심에 빠져서 그리스도를 따르겠다고 나서지만, 그 시작부터 잘못되었기 때문에 결국 중도에 포기하고 만다.

4 믿음의 확실성은 무엇인가? (3.2.15-16)

믿음은 단순히 하나님의 자비를 일반적으로 믿는 것이 아니라, 하나님께서 '자신에게' 자비로우시다는 것을 믿는 것이다. 칼빈은, 진정한 믿음은 자신의 구원에 대해서 확신하는 것이라고 말한다. 믿음으로부터 확신이 나온다. 이렇게 확신을 주는 믿음은 성령의 선물이다. 성령께서 택함 받은 죄인들에게 그리스도 안에 있는 하나님의 약속이 신뢰할 만하다고 깨닫게 하시며, 그 말씀을 받아들이도록 믿음을 주시는 것이다. 그래서 그들로 평온한 마음으로 감히 하나님 앞에 서게 한다. 물론 이것을 의심한다고 해서 믿음이 없다고 말할 수는 없다. 진정한 구원의 백성도 구원에 대한 확신이 흔들리거나 약해질 수 있기 때문이다.

5 구원의 확신은 어떻게 일어나는가? (에베소서 주석 208; 3.24.3을 참고하라)

신자가 가지는 하나님의 말씀에 대한 확신과 구원의 확신과 믿음에 대한 확신은 일반적으로 육신의 판단이나 철학적 논쟁으로부터 일어나는 것이 아니다. 그런 확신은 오직 성령의 인치심으로 일어난다. 성령께서 신자들의 양심에 확신을 주고, 모든 의심을 제거하신다. 따라서 구원의 확신은 말씀으로부터 시작된다. 그 확신은 하나님을 우리 아버지라 부르게 하고, 영혼으로 만족하게 한다.

6 약한(작은) 믿음도 구원받는가? (3.2.19)

작은 믿음이라도 구원받는다. 작은 믿음이라 할지라도 하나님의 얼굴을 보게 하고, 하나님을 온전히 신뢰하고 의탁하게 한다. 그러나 믿음이 성장하면서 하나님을 더욱 잘 알게 되고, 하나님을 아는 이 지식이 우리로 더욱 견고한 확신을 가지게 한다.

7 믿음의 지속성을 어디로부터 얻을 수 있는가? (3.2.23)

빌립보서 2장 12절은 "두렵고 떨림으로 너희 구원을 이루라"라고 말씀한다. 이것은 주님의 권능을 높이며 자신을 매우 낮추는 영적 습관을 가지라는 것이다. 즉, 믿음의 지속성은 우리 자신을 낮추고 오직 주님의 은혜를 겸손히 의지하는 것으로부터 얻을 수 있다. 이것이 우리를 영적으로 더욱 주의하도록 만든다.

8 믿음으로 이 땅에서 번영을 이룰 수 있는가? (3.2.28)

오늘날 '건강과 부의 복음(health and wealth gospel)'에서는 긍정적인 믿음을 강조한다. 긍정적인 사고와 믿음을 동일하게 보는 것이다. 칼빈은 오늘날 '건강과 부의 복음'과 같은 유의 믿음에 대해서 비판한다. 믿음은 이 세상에서의 건강과 부귀를 기대하지 않는다. 하나님께서는 결코 이런 것들을 우리를 위하여 예정하시지 않았다. 믿음은 하나님의 선하심을 바라보는 것이며, 특별히 하나님의 선하심으로 얻는 구원과 영생을 바라보는 것이다. 믿음의 확신은 내세의 생명을 확신하는 것이다. 따라서 우리는 이 땅에서 하나님의 은혜를 받는 것으로 만족해야 한다.

9 성령께서는 어떤 방식으로 믿음을 일으키시는가? (3.2.33-35)

우리의 마음이 어둡고 부패되었기 때문에 하나님의 말씀의 외적 증명만으로는 믿음이 일어나지 않는다. 인간의 마음이 헛된 것에 기울어져 있고 우둔해져서 하나님의 진리의 빛을 볼 수 없기 때문이다. 더욱이 믿음은 인간의 이해력을 초월하는 것이기 때문에 반드시 성령의 조명이 있어야 한다. 성령은 하나님의 진리를 맛보게 하신다. 성령의 조명에 의해서 우리는 하나님의 나라에 속한 일들을 깨닫게 된다(요 16:13 참고). 성령은 우리의 마음을 비추시며, 하나님의 말씀이 우리의 마음에 들어오게 하신다. 이렇게 조명함으로써 믿음을 가지게 하신다. 따라서 성령은 믿음의 근원이며 원인이시다.

🔟 믿음의 처소는 어디에 있는가? (3.2.36)

믿음은 머리의 문제가 아니다. 믿음은 우리의 마음에 뿌리를 두고 있다. 믿음은 철저히 성령의 역사이기 때문이다. 성령은 하나님의 약속을 우리의 심령에 인치심으로써 우리에게 확신을 주신다(엡 1:13,14 참고). 그리고 그 확신은 영원한 것에 대한 소망과 연결된다.

25
회개(3.3)

중생으로 시작된 회개는 신자의 삶 가운데 계속된다. 회개는 신자 안에 여전히 남아 있는 죄를 평생 동안 계속해서 죽이고 소생된 삶을 사는 것이다. 신자는 그리스도와 연합하여 십자가에서 죽었고 그분의 부활에 동참하였기 때문이다. 이것을 '신자의 성화'라고 부른다. 물론 신자가 이 땅에서 죄 없는 상태에 이르는 것은 아니다. 단지 죄를 죽여 죄가 신자 안에서 주관하지 못하도록 하는 것이다. 신자는 죄를 죽이기 위해 계속 애써야 한다. 그것은 신자 자신의 힘으로 하는 것이 아니라 성령께서 하시는 일이다. 그리고 이러한 회개의 열매가 바로 거룩한 삶이다.

1 칼빈이 회개를 믿음 다음에 다루는 이유는 무엇인가? (3.3.1)

『기독교 강요』 3권 1,2장(본서 23,24장 참고)은 믿음으로 그리스도와 연합되는 것에 대해 설명한다. 우리는 그리스도 안에서 두 가지 유익을 누릴 수 있다. 바로 칭의와 성화이다. 이것은 구분할 수는 있지만, 분리할 수는 없다. 그리고 이어서 칼빈은 거룩하게 하시는 성령의 역사(3-10장)를 다룬 다음에 칭의를 다룬다. 칼빈이 그리스도와의 연합을 다룬 다음에 회개를 다루는 이유는, 그에게 회개는 평생의 과정이요, 성화와 동의어로 사용되기 때문이다. 그래서 칼빈은 복음의 요약을 회개와 용서라고 하였다(눅 24:47; 행 5:31 참고). 회개는 거룩한 실생활의 증거로 나타난다. 따라서 복음의 은혜를 받아들인 사람은 반드시 과거의 오류를 버리고 바른길로 돌아서며, 회개하는 데 온 힘을 다하게 된다. 진정한 회개는 확고하고 지속적인 것으로서, 우리 가운데 있는 죄악과 전쟁하게 만들고, 하루 또는 한 주가 아니라 계속해서 끊임없이 싸우도록 만든다.

2 회개에는 어떤 요소들이 있는가? (3.3.3,5)

회개는 '죄 죽임(mortification)'과 '성령을 통해 소생되는 삶(vivification)'으로 나누어진다. 누구든지 죄를 진정으로 깨달으면 죄를 미워하기 시작하고 통회하게 된다. 이렇게 죄를 미워하고 심령이 낮아지는 것을 죄 죽임이라고 한다. 죄에 대해서 죽은 다음에는 그리스도를 통한 은혜와 자비를 얻기 위해 일어난다. 진정으로, 그리고 신실하게 하나님을 두려워하는 가운데 하나님께로 돌아선다. 다음으로, 소생되는 삶이란 새사람을 입고 하나님을 향하여, 의를 향하여 나아가는 것이다. 거기에는 거룩하고 헌신된 삶을 살고자 하는 갈망도 포함된다. 이것이 회개를 이루는 두 부분이다. 따라서 칼빈은 회개의 요소를 옛사람 및 육을 죽이는 것과 성령에 의한 삶이라고 말한다(3.3.5). 이러한 회개의 요소에는 죄를 회개하는 것과, 그 증거로 나타나는 회개의 삶, 또는 성화의 삶이 포함된다. 이와 같이 칼빈은 회개를 광범위하게 해석한다.

❸ 율법의 회개와 복음의 회개를 어떻게, 그리고 왜 구별하는가? (3.3.4)

율법의 회개는 죄인이 죄를 깨닫고 그 죄에 대한 하나님의 진노를 깨달아 양심의 두려움을 느끼는 상태를 말한다. 그리고 복음의 회개는 율법의 회개에서 끝나지 않고 더 나아가 죄 용서를 얻기 위해서 그리스도께로 나아가 그 분을 피난처로 삼는 것을 말한다. 칼빈이 이렇게 구별하는 것은, 율법의 회개에서 끝날 뿐 복음의 회개로 나아가지 않는 위선자를 분별하기 위함이다(청교도들은 통회의 여부에 따라서 진정한 회개와 거짓 회개를 구별하였다). 율법의 회개에 대한 실례로는 가인(창 4:13 참고)과 사울(삼상 15:30 참고)과 가룟 유다(마 27:3 참고)가 있다. 이 사람들은 자기의 죄가 무겁다는 것을 깨닫고 하나님의 진노를 두려워했지만, 용서를 얻기 위해 하나님께로 나아가지는 않았다. 하나님을 심판자로만 생각했기 때문이다. 그러나 복음의 회개는 죄의 고통을 맛보면서도 하나님의 자비를 믿고 주님께로 돌아서는 것이다. 히스기야는 죽음의 선언을 들었지만, 하나님의 선하심에 호소하였다(왕하 20:1-3 참고). 다윗은 자신이 한 인구 조사가 죄임을 깨닫고는 용서를 구하며 기도했다(삼하 24:10 참고). 그는 또한 나단 선지자의 책망을 듣고서 죄를 인정하고, 주님의 용서를 기다렸다(삼하 12:13,16 참고).

4 진정한 회개의 세 가지 특징은 무엇인가? (3.3.6-8)

첫째로, 회개는 하나님께로 돌아선 삶이다. 이것은 외적 행위뿐만 아니라 영혼 자체가 변화되는 것을 말한다. 영혼이 옛 성질을 벗어 버리고 새로운 성질을 입는 것이다. 회개에서 이것이 중요한 이유는, 이로써 위선자들의 거짓 회개를 분별할 수 있기 때문이다. 위선자들은 외적으로 회개한 척하면서 여전히 죄 가운데 거한다. 둘째로, 하나님의 진정한 심판을 깨닫고 죄를 미워하는 성질이 나타난다. 따라서 회개에는 하나님을 진정으로 두려워하는 특성이 뒤따른다. 그리고 이것이 우리로 하여금 죄를 미워하게 만든다. 셋째로, 회개는 육신과 죄를 죽이고, 성령을 따라 사는 것이다. 그래서 불의를 미워하고 의와 공의를 행하게 한다.

5 소생된 삶은 어떤 요소들을 가지고 있는가? (3.3.8-9)

그리스도의 죽음에 진정으로 참여함으로써 우리의 부패한 본성이 더는 우리를 주관하지 못하게 된다. 그리고 그리스도의 부활에 참여함으로써 생명의 새로운 삶 속으로 일으킴을 받아 하나님의 의로우심에 부합되는 삶을 추구하게 된다. 소생된 삶은 성령의 지배를 받는 것으로서, 성령께서 우리의 행동을 다스리고 주관하신다. 이로써 신자는 의를 향하여 살게 되고, 성령의 열매를 맺게 된다. 또한 소생된 삶에는 신자의 선행이 나타난다. 성령께서 신자의 삶을 주관하시기 때문에, 윤리적 차원에서도 하나님의 뜻에 일치하는 삶을 추구하며, 선한 행위를 하고자 한다.

6 칼빈은 회개를 '그리스도 안에서의 회복'이라고 해석한다. 그 이유는 무엇인가? (3.3.9)

회개를 '그리스도 안에서의 회복'(칼빈은 중생이라는 용어를 '하나님 형상의 회복'으로 사용하였다)이라고 해석하는 이유는, 회개의 유일한 목적이 아담의 범죄로 말미암아 어그러지고 거의 없어져 버린 하나님의 형상을 우리 안에 회복시키는 것이기 때문이다. 따라서 우리는 그리스도의 은혜로 말미암아 아담 때문에 잃어버렸던 하나님의 의를 회복하게 된다. 그리고 이 회복은 계속적으로 이루어진다. 평생 동안 회개를 실천하면서 이루어 가는 것이다. 즉, 회개가 평생 이어져야 함을 강조하기 위해서, 칼빈은 회개를 그리스도 안에서의 회복이라고 말한다.

7 신자들이 내재된 죄와 싸워야 하는 이유는 무엇인가? (3.3.10-12)

중생한 신자에게도 악을 촉발시키는 불씨가 여전히 남아 있어서, 끊임없이 정욕의 불길이 타올라 죄를 짓도록 유혹하며 자극한다. 우리가 육신(아담의 죄로 인해 부패된 상태에서의 인간의 본성 전체를 의미한다)에 있는 한 계속해서 유혹을 받는다. 이때 욕망의 충동을 느끼기만 해도 죄가 된다. 신자 안에 이런 욕망이 생기게 하는 것 자체가 죄이다. 그러므로 죄를 죽이는 일은 평생 동안 지속되어야 한다. 그런데 인간의 힘으로는 그 일을 할 수 없고, 반드시 성령의 도우심을 받아야만 한다(롬 8:13 참고).

8 성화에 대한 재세례파와 열광주의자들의 주장들은 무엇이 잘못되었는가? (3.3.14)

재세례파와 열광주의자들은 육신을 제어하지 않고 성령을 따라가기만 하면 된다고 주장하였다. 그들은 성령께서 하시는 일에 대해 환상을 가지고 있다. 그들이 말하는 성령의 역사는 성경적이지 않다. 성령은 우리를 성화시키기 위해서 우리에게 오셨고, 불의와 더러움을 씻기고 하나님의 의에 우리를 복종시키신다. 이러한 성령의 역사에 따라 우리는 날마다 죄와 싸워야 한다. 그러나 재세례파와 열광주의자들은 구원받은 이후에는 죄를 죽일 필요가 없다고 하였다. 왜냐하면 에덴동산의 상태로 다시 완전해지기 때문이라는 것이다. 재세례파는 이렇게 완전주의를 가르쳤다. 그러나 성화는 점진적인 과정이다. 날마다 죄와 씨름해야 한다. 왜냐하면 육신에 죄성이 아직 남아 있기 때문이다. 칼빈은 완전주의에 대해서 '환상주의의 흥분 상태의 꿈'이라고 하였다. 이러한 완전주의는 칼빈 이후 18세기에 다시금 유행하였다.

9 회개의 일곱 가지 원인과 효과는 무엇인가? (3.3.15)

고린도후서 7장 11절은 회개의 원인과 효과를 일곱 가지로 열거한다. 원인과 효과를 같이 말하는 이유는, 그 일곱 가지가 회개와 연결된 성향들(inclinations)이기 때문이다. 먼저 신중함이 있다. 하나님께 대하여 죄를 지은 자신에게 강한 불만을 느끼는 사람은 부지런히 주의하여 마귀의 함정에 빠지지 않으며, 마귀의 간계에 대비하고, 성령의 지배에서 떨어져 나가지 않도록 영적 주의를 기울인다. 또한 변명이 있다. 변명은 자신의 잘못을 인정하고 고백하며, 또 용서받기 위해서 진정으로 구하는 모습을 말한다. 두려움이라는 것은 죄인이 자신의 죄에 대한 하나님의 진노가 얼마나 엄하고 무서운지를 깨닫고서 떠는 마음이다. 이 고통 때문에 죄를 짓지 않도록 겸손하고 더욱 조심하게 된다. 또한 이로 인하여 죄에서 돌이킬 뿐만 아니라 죄와 싸우고 죄를 죽이고자 하는 마음이 일어나게 된다. 사모함이라는 것은 자신의 죄를 인정하고, 의무를 기꺼이 순종하여 열심히 이행하는 것을 의미한다. 하나님의 자비가 나를 구출하지 않으셨다면 내가 어디로 빠져 들었을지를 생각하고, 이것에 자극되어 의무를 수행하려 더욱 애쓰게 된다. 다음으로 징벌이 있다. 자신에 대해서 더욱 엄격하고, 자신의 죄를 철저하게 검토하며 더욱 큰 은혜를 구하는 것이다.

10 진정한 회개의 증거는 무엇인가? (3.3.16-17)

진정한 회개는 열매를 맺게 되어 있다. 그 열매는 하나님에 대한 경건과 사람에 대한 사랑과 생활 전체에서 나타나는 성화와 거룩이다. 한마디로, 하나님의 법을 표준으로 삼아 자신의 생활을 진지하게 판단하고 행한다면, 진정으로 회개하였다고 볼 수 있다. 그러나 때로는 회개의 외적 행동들만을 강조하고 육체를 엄격히 징벌하고 훈련하기도 한다. 회개의 외적 요소들을 강조할 뿐, 내면의 회개를 보지 못하는 것이다. 그러나 외적인 요소들에 대한 훈련이나 외적인 방법에 의해서 회개가 일어나는 것이 아니다. 성령께서 죄를 깨닫게 하심으로써 회개가 시작되며, 성령의 역사로 통회하게 하심으로써 그러한 증거들이 외적으로 나타난다.

11 회개는 용서의 선행 조건인가? (3.3.20)

이사야 55장 6,7절은 "너희는 여호와를 만날 만한 때에 찾으라. 가까이 계실 때에 그를 부르라. 악인은 그의 길을, 불의한 자는 그의 생각을 버리고 여호와께로 돌아오라. 그리하면 그가 긍휼히 여기시리라"라고 말씀한다. 하나님께서는 우리에게 회개를 요구하신다. 그리고 회개하면 용서해 주겠다고 말씀하신다. 그렇다면 우리의 회개가 용서의 선행 조건인가? 그렇지 않다. 이 말씀은 우리의 회개가 근거가 되어 죄를 용서받을 만한 자격이 생긴다는 뜻이 아니다. 회개는 우리가 해야 할 의무로서, 하나님의 은혜로 할 수 있는 일이다. 즉, 하나님의 은혜가 회개의 근원이다. 따라서 우리의 회개가 우리가 용서받는 근거가 되는 것이 아니다.

12 용서받을 수 없는 죄는 무엇인가? (3.3.21-24)

하나님은 의식적으로 배교한 자들에게는 회개의 기회를 주시지 않는다(히 6:4-6 참고). 복음이 진리라는 것을 알면서도 의도적으로 거부하는 경우가 여기에 해당한다. 즉, 복음에 대한 믿음을 버리고 하나님을 조롱하며, 그분의 은혜를 멸시하고 그리스도의 피를 짓밟고 욕되게 하며(히 10:29 참고), 그리스도를 다시 십자가에 못 박는 것이다. 그 사람 전체가 배교하는 것이다.

13 위선자들의 거짓 회개는 어떤 것인가? (3.3.25)

거짓 회개는 하나님의 심판과 형벌 가운데, 외적으로는 죄를 인정하고 고백한다. 그러나 그의 심령은 죄를 깊이 통회하거나 미워하지 않는다. 다만 하나님의 진노가 물러가기만을 바랄 뿐이다. 물론 외적으로는 굵은 베를 몸에 두르고 재를 뒤집어쓰고 땅에 눕기도 한다(왕상 21:27 참고). 이러한 거짓 회개는 위선자들이 하는 회개이다. 거짓 회개에 대해서 하나님이 얼마 동안은 용서해 주시는 것처럼 보이기도 한다. 그러나 실상 그들의 머리 위에 하나님의 진노가 항상 머물러 있다. 이는 그들을 위해서가 아니라 모든 사람에게 하나의 경계로 보여 주시기 위한 것이다. 이러한 거짓 회개를 일시적 또는 임시적 회개라고도 부른다.

26

신앙과 삶(3.6)

⋮

사람은 타락한 상태로는 하나님의 율법을 지킬 수 없다. 성령의 능력을 통해 중생되어야만 새로운 삶을 살 수 있다. 중생은 우리의 심령에 의로움을 향한 사랑을 주입한다. 그리고 삶 속에서 의로움을 계속 열망할 수 있도록 규칙을 제공한다. 성경은 우리에게 거룩하라고 요구한다. 그런데 오직 중생되어야만 거룩해질 수 있다. 거룩한 삶에 대한 갈망과 실천은 변화된 심령에서 비롯된다. 단지 입술로만 고백하는 사람들과 위선자들은 자신들이 그리스도인이라고 주장하지만, 그들의 심령에는 변화가 전혀 없기 때문에 거룩한 삶을 추구하지도 않고, 살 수도 없다.

1 중생의 목적은 무엇인가? (3.6.1)

중생의 목적은 신자의 삶을 하나님의 의가 주관하고 거기에 순종하도록 갱신시키는 것이다. 따라서 중생한 사람은 하나님의 법에 순종함으로써 하나님의 형상을 회복하는 과정을 지나게 된다. 그래서 중생한 사람은 하나님의 의를 사랑하고, 하나님의 거룩을 추구하는 삶을 살아간다. 칼빈의 이러한 설명과 오늘날 교회에서 이해되는 중생에는 차이가 있다. 특별히 고백주의(confessionalism)와 결심 중생론(decisional rebirth)은 인간이 의지를 가지고 결심하면 그로써 중생을 얻게 된다고 주장한다. 그러나 이것은 성령의 거룩하게 하시는 역사를 생략하는 것이다. 따라서 이러한 가르침으로는 거룩한 삶을 기대할 수 없다.

2 주님께서 영혼을 구원하시는 목적은 무엇인가? (3.6.2)

성령은 중생의 역사로 우리를 깨끗하게 하고, 거룩한 성질을 심으신다. 이렇게 영혼을 구원하시는 목적은 우리로 거룩한 삶을 살게 하려는 것이다. 하나님께서는 "내가 거룩하니 너희도 거룩할지어다"(벧전 1:16)라고 명령하셨다. 이것이 우리를 구원하신 목적이다. 구원하시는 하나님의 은혜를 깨닫고 그분의 부르심을 알게 되면 마땅히 거룩한 삶을 추구하게 되어 있다.

3 주님께서 우리를 양자 삼으신 목적은 무엇인가? (3.6.3)

하나님 아버지께서는 그리스도로 말미암아 우리를 자신과 화목하게 하셨다(고후 5:18 참고). 그리고 그리스도 안에서 우리를 위하여 형상으로 인 치시고(히 1:3 참고), 그분의 형상과 같이 되도록 하셨다. 그러므로 우리는 삶 속에서 날마다 그리스도를 나타내야 한다. 그리고 하나님의 자녀답게 살아가야 한다(요일 3:1 참고). 우리를 통해서 하나님의 영광이 나타나도록 주의를 기울여야 한다. 세속적인 욕망을 버리고 하늘에 속한 삶을 살아야 한다. 죄로 더러워지지 않도록 주의해야 한다. 그리스도께서 강림하시는 날까지 영과 육을 순결하고 흠이 없도록 보전해야 한다(살전 5:23 참고).

4 명목적인 그리스도인(nominal Christian)이란 어떤 상태를 가리키는가? (3.6.4)

명목적인 그리스도인이란 이름뿐인 그리스도인을 말한다. 그들은 그리스도의 이름을 자랑하며 신앙을 고백한다. 복음에 대해서 폭넓은 지식을 가지고 있으며, 유창한 말로 교리를 설명하기도 한다. 그들은 그리스도를 아는 것과 같은 모습을 하고 있다. 그러나 그들은 여전히 옛사람을 벗어 버리지 못했으며(엡 4:22,24 참고), 그들이 알고 있는 기독교 교리가 심령을 뚫고 들어가 변화를 일으키지 못한다. 그들의 신앙은 단지 혀에만 머무를 뿐이다. 반면 참된 복음의 효력은 마음속 가장 깊은 곳까지 침투해 영혼 안에 자리를 잡고 한 인간 전체에 영향을 준다. 복음의 효력이 날마다 실제 삶에서 나타나는 것이다.

5 그리스도인의 삶은 완전한가? (3.6.5)

중생한 사람들이 이렇게 거룩과 의로움을 추구하여 완전함에 도달해야만 진정한 그리스도인이라고 말하는 것은 아니다. 인간의 부패성과 세상과 영적 원수들 때문에, 그리스도인의 삶은 여전히 불완전하다. 그렇다고 해서 우리의 기준을 낮춰서는 안 된다. 성실하게 노력해야 한다(창 17:1; 시 41:12 참고). 비록 속도가 느릴지라도 지속적으로 날마다 전진해야 하며, 평생 동안 이를 추구해야 한다.

6 그리스도인은 어떤 특정한 체험이나 다른 수단들을 통해서 죄를 완전하게 정복하는 상태에 이를 수 있는가? (3.6.5)

완전주의자들은 칭의 이후에 죄를 짓지 않고 온전히 하나님께 드려질 수 있는 영적 상태에 이르는 두 번째 복을 경험한다고 주장한다. 이것을 완전주의라고 부른다. 18세기에 이 주장이 나왔지만, 칼빈은 일찍이 이러한 생각들에 반박하였다. 진흙으로 빚은 감옥과 같은 육체를 입고 있는 동안에는, 선한 열심을 가지고 복음의 완전을 향하여 나아가도 그것에 도달하지는 못한다. 다만 미미한 속도로 전진할 뿐이다. 우리 생애의 전 과정을 통해서 이것을 계속 추구해야 하며, 결국 우리의 연약한 육체의 겉옷을 벗어 버리고 주님과 완전한 교제를 나누게 될 때 그 목표에 도달할 수 있다.

27
자기 부정(3.7)

⋮

　우리는 구주이신 그리스도를 따라가기 위해서, 그리고 그리스도의 뜻을 이행하기 위해서 반드시 우리 자신을 부정해야 한다. 즉, 우리의 뜻을 그분의 뜻에 맞추어야 한다. 이러한 자기 부정은 그리스도인의 삶에서 매우 중요하다. 우리가 자기를 부정하지 않으면, 자기를 사랑하는 죄에 빠진다. 자기 부정이란, 우리 안에 있는 경건하지 않은 것과 세상을 향한 욕망을 부정하는 것이다. 그리고 의롭고 경건한 삶을 추구하는 것이다. 하나님과의 관계에서뿐만 아니라, 사람과의 관계에서도 자기 부정을 실행해야 한다. 그것은 사람들에 대한 교만과 시기심을 버리는 것이다. 그리고 하나님께서 주신 선물들을 이웃과 나누는 것이다. 그것이 영적인 것이든 이 세상에서 필요한 임시적인 것이든 모두 이웃과 나누어야 한다.

1 신자의 의무는 무엇인가? (3.7.1)

신자의 의무는 하나님께 자신을 성별하여 바치고, 그분의 영광을 위하여 생각하고 말하며 묵상하고 행동하는 것이다. 왜냐하면 우리는 우리 자신의 것이 아니라 주님의 것이기 때문이다. 그래서 우리의 이성이나 의지나 계획들이 우리의 행동을 지배하지 못하게 해야 한다. 우리가 하나님의 소유이므로 그분의 지혜와 뜻이 우리의 행동을 주관해야 한다.

2 우리 자신을 하나님께 드리기 위해 가장 먼저 요구되는 것은 무엇인가? (3.7.2)

우리 것을 구하지 않고 하나님의 영광을 구하기 위해서는 우리 자신에 대해서 거의 잊어버려야 한다. 이것을 자기 부정이라고 한다. 우리 안에 있는 자만심과 교만과 이기심과 탐욕이나 욕망을 부정하는 것이다. 예수님께서는 자신을 따라오려거든 자기를 부인해야 한다고 말씀하셨다(마 16:24 참고). 그렇지 않으면 선한 일을 한다 하더라도 명예와 사람들의 칭찬을 얻으려고 할 것이다. 우리의 영혼 속에는 수많은 죄악들이 숨어 있다. 따라서 자기를 부정하지 않는다면, 수많은 죄악들이 우리의 행동들을 지배할 것이다.

3 칼빈이 제시하는 자기 부정의 방법은 무엇인가? (3.7.3)

디도서 2장 11-14절을 따라야 한다. 본문의 순서에 따라, 먼저 우리는 경건하지 않은 것과 이 세상 정욕을 부정해야 한다. 그러고 나서 신중함(근신)과 의로움과 경건함을 추구해야 한다. 신중함은 정절과 절제뿐만 아니라, 세상 재물을 순결하고 검소하게 사용하며 빈곤을 참는 것을 의미한다. 의로움은 공의로운 삶을 의미한다. 경건함은 세상과 분리되어 세상의 더러움에 오염되지 않게 하는 것이다. 물론 이렇게 경건함을 추구하는 것은 우리의 능력만으로 되는 것이 아니며, 그리스도의 은혜가 반드시 필요하기 때문에 은혜를 구해야 한다.

4 자기 부정이 이웃과의 관계에서 중요한 이유는 무엇인가? (3.7.4-5)

우리는 교만과 자만심이라는 전염병에 걸렸다. 모든 사람은 서로 자기가 더 잘났다고 생각하며, 마음속에 일종의 왕국을 가지고 있다. 이것이 다른 사람과 다투게 되는 원인이다. 그러므로 끊임없이 자기의 허물을 돌아보며 겸손한 마음을 회복해야 한다. 진실로 자기 자신을 낮추고 남을 나보다 낫게 여겨야 한다(빌 2:3 참고). 또한 더욱 적극적으로는 자신의 소유를 다른 사람을 위해 사용해야 한다. 그리스도인들은 청지기가 되어야 한다. 우리에게 주어진 모든 것을 공동의 선을 위해 사용해야 한다. 즉, 우리가 받은 모든 은사를 교회와 이웃을 위하여 나누어야 한다.

5 자기 부정이 그리스도인에게 중요한 이유는 무엇인가? (3.7.8)

우리는 세상에서 재산과 명예를 탐하고, 권력을 추구하며, 재물을 쌓고, 호화롭고 사치스럽게 사는 것을 동경한다. 우리의 욕망은 쉬지도 않고 멈추지도 않는다. 한편 우리는 가난하거나 이름 없는 것을 미워하고, 이런 것들로부터 벗어나기 위해 야망이나 탐욕이라는 목표를 설정한다. 이러한 부패성을 죽이기 위해서는 자기 부정을 이행해야 한다. 그리고 자기 부정을 이행하기 위해서는 주님께서 주시는 복으로 자족해야 한다. 또한 인간적인 방법이나 수단으로 영광과 재산을 얻는 것을 부정해야 한다. 자신의 지혜도 부정해야 한다. 언제든 자신의 지혜를 신뢰해서는 안 되며, 자신의 어리석음을 인정하고 기꺼이 하나님의 가르침을 받아야 한다.

6 고린도전서 7장 29-31절에 나타난 자기 부정의 세 가지 원칙은 무엇인가? (3.7.8-9)

만약 당신이 이 세상에 속한 물건을 사용한다면, 지나치게 탐닉하지 말라. 그리고 만약 당신이 가난하게 되었다면, 인내하라. 또한 우리는 마지막에 하나님 앞에서 우리의 삶을 셈해야 하는데, 하나님께서 우리에게 절제를 요구하신다는 사실을 기억하라.

7 자기 부정은 고난 가운데서 어떤 유익을 주는가? (3.7.10)

자기 부정을 행한다는 것은 우리 자신을 부정하고 하나님의 섭리를 신뢰한다는 뜻이다. 즉, 삶의 모든 부분을 온전히 하나님의 뜻에 맡기는 것이다. 이렇게 철저하게 자기를 부정하면, 우리는 어떠한 고난이 오더라도 감당할 수 있다. 고난 속에서 하나님의 선하심과 사랑을 바라봄으로써 불안해하지 않을 수 있다. 오히려 그것이 하나님께서 정하신 것임을 알게 되어 심령이 평안해지고 감사하게 된다. 자신의 모든 소유를 하나님의 권한에 영원히 양도하였기 때문이다.

28 십자가를 지는 삶 (3.8)

그리스도께서 십자가를 지신 것처럼 신자들은 자신의 십자가를 지고 그리스도를 따라가야 한다. 하나님께서는 자신의 자녀들을 어려움으로 인도하신다. 신자들은 고난 속에서 그리스도의 고통을 나누게 되고, 그러한 십자가를 통해 하나님의 능력을 의지하게 된다. 우리는 십자가를 짊으로써 인내와 순종을 배운다. 이는 우리 자신을 불신하는 것에서부터 시작해야 한다. 우리에게 능력이 없음을 인정하고 그리스도 안에 계속 머물러야 한다. 이것은 우리를 은혜로 마지막까지 견인한다. 물론 십자가는 우리의 선을 위하여 아버지의 징계로서의 역할도 한다. 이것을 통해 우리는 죄의 습관들을 고치게 된다.

1 우리가 십자가를 져야 하는 이유는 무엇인가? (3.8.1)

그리스도를 따르는 데에는 곤란과 고난이 따른다. 그것이 하나님께서 자녀를 훈련시키시는 방법이다. 자녀에게 일정한 시련을 주시는 것은 하나님 아버지의 뜻이다. 그리스도께서는 전 생애를 통해 십자가를 지셨다. 우리도 십자가를 지는 것에서 면제되지 않는다. 십자가를 지는 것은 그리스도의 모범을 따르고, 그분의 고난에 동참하는 것이다. 그것을 통해서 그리스도인들은 부활의 권능을 맛보고, 그리스도와의 사귐을 확실히 보장받는다. 따라서 십자가의 고난에 참여하는 것은 우리의 구원을 촉진하는 데 큰 도움이 된다.

2 십자가는 우리의 능력을 어떻게 평가하게 만드는가? (3.8.2)

우리의 본성은 모든 것을 우리의 육신의 공로로 돌리려 한다. 그래서 어떤 일에 대해서 육적인 자신감을 가지고, 자신의 능력을 지나치게 믿게 된다. 그러나 십자가는 우리의 연약함을 깨닫게 하며 우리의 교만을 꺾는다. 십자가를 통해서 우리는 무능함과 연약함을 보고, 자신의 힘을 의지하고 신뢰하는 데서 돌이켜 하나님의 능력을 온전히 믿게 된다. 즉, 십자가의 시련을 통해서 하나님에 대해 더욱 깊은 지식을 얻고, 자신의 힘을 신뢰하지 않고 하나님의 은혜를 의존하게 되는 것이다. 하나님의 은혜에 자신을 맡길 때, 하나님의 능력을 체험하고 보호받는다.

3 고난 속에서 약속과 인내는 어떠한 관계를 가지는가? (3.8.3)

신자가 환난 가운데 있을 때 은혜를 유지하려면 하나님의 약속을 붙잡아야 한다. 즉, 하나님께서 신실하시며 도우시는 분이라는 약속을 붙잡아야 한다. 약속을 붙잡고 있으면 인내할 수 있다. 그리고 그렇게 인내할 때 성령의 역사로 말미암아 소망이 생긴다. 하나님의 신실하심에 대해서 확신함으로써 소망이 생기는 것이다. 따라서 십자가는 하나님의 신실하심을 경험하게 하며, 소망을 가져다준다.

4 십자가가 우리에게 직접적으로 주는 유익은 무엇인가? (3.8.4)

주님께서 자신의 백성에게 십자가(여러 가지 시련)를 주시는 것은 그들의 인내심을 시험하고 순종을 가르치시려는 것이다. 고난을 주시는 것은 당연하다. 성도에게 고난이 없다면 인내도 없을 것이기 때문이다. 또한 십자가를 통해서 우리는 자신의 뜻을 주장하지 않고 순종하는 법을 배운다. 그리하여 하나님의 뜻대로 사는 법을 배운다. 십자가를 통하여 순종하는 습관을 갖도록 우리를 훈련시키시는 것이다.

5 십자가는 우리의 육신을 어떻게 제어하는가? (3.8.5)

우리의 육신은 하나님의 멍에를 벗어 버리고 싶은 충동을 받는다. 하순가이라도 교만에 빠지면 더욱 그렇다. 그래서 하나님의 은혜를 받고도 타락하는 것이다. 따라서 우리는 육신의 충동을 억제해야 한다. 육신의 충동을 억제하는 것이 바로 십자가이다. 주님께서는 십자가를 적절히 사용하여 우리의 육신을 제압하고 굴복시키신다.

6 신자가 징계를 받을 때 반드시 기억해야 하는 것은 무엇인가? (3.8.6)

주님은 신자의 죄를 바로잡기 위하여 십자가를 사용하신다. 신자는 환난을 당할 때마다 즉시 자신의 삶을 되돌아보아야 한다. 그러면 징계를 받는 이유를 발견할 수 있을 것이다. 징계는 우리를 세상과 함께 정죄받지 않게 한다. 즉, 우리의 구원이 십자가로 인해 촉진되는 것이다. 징계가 없으면 사생자요 친아들이 아니다(히 12:8 참고). 이러한 징계를 겪음으로써 우리는 죄를 바로잡기 위해 주님께로 나아가게 된다.

7 의를 위하여 고통을 받는 것에는 하나님의 어떤 뜻이 있는가? (3.8.7)

복음을 전하고 바른 교리를 수호하다가 핍박과 박해를 받기도 한다. 또한 의를 위하여 수고하는 자들도 어려움을 당한다. 그 명예나 재산이나 생명이 위협을 당하기도 한다. 이렇게 의를 위하여 어려움을 당할 때 슬퍼하거나 근심하지 말라. 그것을 통해서 그리스도 안에 더욱 견고하게 뿌리를 박게 될 것이다. 그리고 틀림없이 하나님의 나라에서 더 좋은 자리를 얻게 될 것이다.

신자의 바른 생활(3.9-10)

하나님께서는 환난을 사용해 우리가 이 세상을 지나치게 사랑하지 않게 하신다. 환난은 우리로 이 세상의 헛된 것으로부터 떠나게 만드는 도구이다. 이 세상에 대한 올바른 태도란 영원한 것을 묵상하고, 이 땅에서 주님으로부터 받은 은덕들에 감사하며, 우리의 의무를 다하는 것이다. 장차 올 세상에 대한 묵상은 신자들에게 큰 위로를 준다. 우리의 현재의 행복이 이 소망에 달려 있다. 악한 자들이 이 땅에서 번영을 누리는 것에 대해서 시험을 받지 않고 그리스도의 궁극적인 승리를 생각하면서 영원한 영광을 소망할 수 있다. 이 땅의 순례의 길에서 하나님께서 주신 것을 잘 사용해야 한다. 탐욕스럽게 이 세상의 부를 추구하지 말고, 이 땅의 일시적인 것들을 우리의 부르심을 돕는 도구로 사용해야 한다. 성경은 가난과 번영 사이에 중도의 원칙을 말한다. 우리의 모든 소유가 하나님께 속했다는 것을 잊지 말아야 한다.

❶ 우리가 이 땅에 매여 살 때, 그것을 고치시는 수단은 무엇인가? (3.9.1)

우리의 본성은 이 세상에 강한 집착을 가지게 만든다. 우리의 지성은 허망한 부귀영화로 마비되어 이 땅에서의 행복만을 추구하며 살아가게 만든다. 하나님께서는 이것을 잘 아신다. 그래서 신자가 이 세상에 대한 애착심에 사로잡히지 않도록 환난과 같은 수단을 사용하신다. 그리고 우리의 태만을 없애기 위해 가장 적절한 방법들을 사용하신다. 신자들이 없어질 재물을 너무 탐내지 않고 이미 가진 것을 너무 의지하지 않도록 그들을 가난하거나 풍족하지 못한 상태로 만드신다. 그리하여 신자들이 영원한 생명을 묵상하고 그것을 바라보게 하신다.

❷ 안락한 삶의 위험성은 어떤 것인가? (3.9.2)

현세에는 우리를 유혹하고 속이는 것이 많다. 그러나 이 세상에서의 삶은 연기나 그림자와 같다(시 102:3,11 참고). 그러므로 이 세상의 유혹에 사로잡혀 산다면, 가장 불쌍한 인생이 될 것이다. 더욱이 부유한 사회에서의 안락한 삶은 위험하다. 우리는 대부분 이 세상을 너무나 사랑한다. 따라서 이러한 세상의 유혹에 사로잡혀 살지 않도록 영적인 주의를 기울여야 한다. 우리는 이 세상을 무시하고, 전심전력으로 내세의 생명을 묵상해야 한다.

❸ 그렇다면 현세의 생활을 완전히 무시해야 하는가? (3.9.3)

현세의 생활에 매여 지나친 애착을 가지고 사는 것을 피해야 한다. 그리고 현세의 생활 가운데 하나님께서 우리에게 베풀어 주신 복에는 감사해야 한다. 현세의 생활이 신자들의 구원을 촉진하는 데 이바지하도록 해야 한다. 즉, 현세의 생활을 완전히 무시하고 도피해서 살라는 의미가 아니다. 현세의 생활도 하나님께서 주시는 은혜 가운데 하나요 하나님의 영광을 나타내기 위한 준비 과정으로 이해해야 한다. 또한 현세의 생활에서 맛보기 시작한 하나님의 인자하심이 온전히 나타나기를 간절히 바라며 바라보아야 한다.

4 이 세상에 애착을 갖거나 집착하지 않는 방법은 무엇인가? (3.9.4)

이 세상과 장래의 영원한 세상을 비교해 보라. 그리고 현재 이 땅의 것들을 일시적인 것으로 여기고 상대화시키라. 이 땅에서의 삶은 일시적이고 임시적이다. 그에 비해 장래의 것은 영원하다. 따라서 현세의 삶을 영원한 것을 준비하는 데 사용해야 한다.

5 그리스도인은 죽음에 대해 어떤 태도를 취해야 하는가? (3.9.5)

인간이 죽음을 생각할 때 두려움이 엄습할 수 있다. 그러나 그리스도인이라면 이러한 두려움을 극복할 수 있다. 우리의 육신이 불완전하고 없어지고 썩어질 것이라는 것과 죽은 후에는 새롭고 영원하며 완전한 영광으로 가게 될 것을 생각한다면 오히려 위로를 얻을 것이다. 신자들이 죽음을 향하여 가는 것은 더욱 완전한 옷을 입기를 갈망하기 때문이다(고후 5:2,3 참고). 진정한 신자라면 자신의 죽는 날과 마지막 날의 부활을 기쁘게 기다릴 것이다. 주님께서 구속자로서 오실 것이며, 악한 일과 불행한 일이 가득한 심연에서 우리를 구해 내고, 그분의 생명과 영광의 복된 기업으로 인도하실 것이기 때문이다.

6 장차 올 삶이 우리에게 어떤 위로를 주는가? (3.9.6)

신자들은 이 땅에서 악한 자들로 인하여 고통을 받는다. 그런데도 악한 자들은 이 땅에서 부귀와 번영을 누리며 사치스러운 삶을 누린다. 그들은 교만하여 경건한 사람들을 모욕하고 핍박한다. 그러나 주님께서 경건한 사람들을 자신의 나라로 인도하여 자신의 행복에 참여하게 하실 것이다. 반면 이 땅에서 번영을 누렸던 불신자들은 철저히 몰락할 것이다. 주님께서 그들의 방종을 심판하실 것이다. 경건한 사람들을 괴롭힌 악인들을 엄중하게 심판하실 것이다(살후 1:6,7 참고). 이것은 경건한 사람들에게 위로가 된다.

7 이 세상의 물건을 어떻게 사용해야 하는가? (3.10.1-3)

우리는 하나님께서 수신 선물들을 사용할 수 있다. 그러나 그것들을 남용해서는 안 된다. 성경은 "세상 물건을 쓰는 자들은 다 쓰지 못하는 자같이 하라"(고전 7:31)라고 말한다. 이 말씀은 방종한 삶을 금하면서도 한편으로 엄격한 금욕의 삶에도 반대한다. 하나님께서는 우리의 유익을 위해서 여러 가지 선물들을 창조하셨다. 그러므로 우리는 이 세상 물건을 합당하게 사용해야 한다. 또한 육신의 정욕을 억제하며 사용해야 한다. 그렇게 하지 않는다면 하나님께서 주신 선물을 남용하는 것이다.

8 이 땅에 매여 살지 않는 원칙은 무엇인가? (3.10.4-5)

첫 번째 원칙은, 일시적인 것들의 노예가 되지 않는 것이다. 그리고 그런 것들을 기꺼이 버리는 것이다. 그래서 허식 없이 검소하게 살아야 한다. 두 번째 원칙은, 자족하는 것이다. 가난하더라도 물질에 대한 욕망에 사로잡혀서는 안 되며, 가진 것이 없어도 견딜 줄 알아야 한다. 세 번째 원칙은, 청지기가 되는 것이다. 가진 것을 움켜쥐고서 베풀지 않는 것은 죄악이다.

9 하나님의 소명에 유의하는 것은 어떠한 삶을 영위하게 하는가? (3.10.6)

인간은 조급함과 개인의 야망의 종이 되어 하나님께서 세우신 특정한 경계를 이탈하려고 한다. 그러므로 하나님의 소명에 유의해야 한다. 하나님은 모든 사람들에게 삶의 모든 행동에서 각각 하나님의 소명에 유의하라고 요구하신다. 하나님의 시각에서 각 사람의 소명에는 우열이나 귀천이 없다. 그러므로 아무리 낮고 천한 일이라도 우리의 소명임을 알고 순종한다면, 하나님께서 보시기에 빛날 것이며 귀한 일로 인정받을 것이다. 이처럼 소명은 모든 일에서 선행의 시작이며 기초이다.

30
이신칭의 I (3.11)

믿음이란 우리가 그리스도를 붙잡는 것, 혹은 그리스도를 소유하는 것이다. 우리가 믿음을 가질 때, 하나님께서 우리를 의로운 자로 여기고 우리를 받아 주신다. 이는 우리를 죄로부터 자유롭게 해 주시는 것으로서, 그리스도의 의가 죄인에게 전가된다. 행위가 우리를 의롭게 할 수 없다. 우리가 타락하였기 때문이다. 오직 믿음이 우리를 의롭게 한다. 칼빈은 이신칭의에 대한 지식을 거두어 가면 그리스도의 영광이 소멸되고, 신앙이 사라지며, 교회가 파괴되고, 구원의 소망이 완전히 없어진다고 하였다. 그는 교회의 안전이 이신칭의 교리에 달려 있다고 하였다. 만약 이신칭의 교리의 순수성이 조금이라도 손상을 입으면, 교회는 심각한 부상을 당하게 된다고 하였다. 그러나 오늘날 복음주의 교회 안에서 쉽게 발견되는 이신칭의 교리는 성경과 종교개혁자들의 가르침을 떠나 있다(이신칭의에 반대하는 가르침으로 '바울의 새 관점[New Perspective on Paul]'을 들 수 있으며, 18세기에 존 웨슬리가 이신칭의 교리에서 죄의 용서는 받아들였지만 의의 전가는 받아들이지 않은 것 등을 들 수 있다).

1 그리스도에게 연합되어 얻게 되는 '이중의 유익'은 무엇인가? (3.11.1)

성령의 역사로 말미암아 발생하는 믿음은 그리스도를 붙잡고 소유하게 만든다. 믿음은 그리스도에게 연합하게 하며, 이중의 유익(이중 은혜)을 얻게 한다. 첫째는 하나님과 화목하게 됨으로써 하늘의 심판자 대신 은혜로운 아버지를 소유하게 되는 것이고, 둘째는 그리스도의 영에 의하여 성화됨으로써 흠 없고도 거룩한 생활을 할 수 있게 되는 것이다(이것은 2.12.1, 3.2, 3.3에서 이미 설명하였다). 즉, 이중 은혜라는 것은 칭의와 중생(여기서는 성화의 의미이다. 칼빈은 중생이라는 말을 넓은 의미로 사용한다)이다. 이중 은혜는 그리스도와의 연합에 근거를 두고 있다. 그리고 이중의 유익에 따르면 칭의와 성화는 구별되지만 분리될 수는 없다.

2 칼빈은 왜 성화를 먼저 다루고 그다음에 칭의를 다루는가? (3.11.1)

칼빈은 칭의보다는 성화에 대해 더욱 많이 논의한다. 그는 그리스도와의 연합의 첫 번째 유익을 성화로 보고, 두 번째 유익을 의롭다 여김을 받는 것으로 본다. 선행이 없는 믿음은 믿음이 아니라는 것을 분명히 지적하기 위해서이다. 즉, 하나님의 은혜로 말미암아 오직 믿음으로 의롭게 되는, 그 믿음이 선행을 충만하게 하는 것이다. 진정한 믿음은 선행을 동반한다. 로마 가톨릭은 오직 믿음으로 의롭게 된다는 칭의 교리는 영적으로 게으르고 거룩한 삶에 무관심하게 만들 것이라고 하면서 종교개혁자들을 비난하였다. 그래서 칼빈은 칭의와 성화가 분리될 수 없음을 강조한다.

3 누가 의롭다함을 받는가? (3.11.2)

행위로는 하나님 앞에서 의롭다함을 받을 수 없다는 것을 철저히 깨달은 자가, 성령의 역사로 얻은 믿음을 가지고 그리스도의 의를 붙잡음으로써 의롭다함을 받는다. 하나님께서 우리를 의인으로 받아 주시며, 은혜를 베풀어 주시는 것이다. 이러한 칭의는 죄 용서와 그리스도의 의가 우리에게 전가되는 것으로 이루어진다.

4 그리스도의 의를 받는 유일한 방법은 무엇인가? (3.11.7,10,17)

믿음이다. 이 믿음은 도구적 믿음이다. 아무것도 없는 영혼이 입을 벌려 그리스도의 은혜를 구하는 것이다. 즉, 믿음으로 그리스도를 받아들이는 것이다. 믿음은 복음 안에 약속된 바 아무 조건 없이 거저 주시는 의로움을 붙잡는 것이다. 그리고 믿음으로 그리스도에게 연합됨으로, 또는 접붙여짐으로 그리스도의 의가 우리에게 전가된다. 그런데 이 믿음은 주권적이고도 효과적으로 역사하시는 성령의 사역에 의해서 나온다.

5 의롭다함을 받는 것이 믿음과 행위로 이루어진다고 주장하는 것은 무엇이 잘못되었는가? (3.11.13,15)

스콜라주의자들이 이렇게 주장하였다. 이 주장은 펠라기우스에게서 시작되어 로마 가톨릭의 주된 가르침이 되었으며, 종교개혁 직후에 다시 일어나 오늘날까지 이어지고 있다. 이 가르침은 오늘날 복음주의 교회에서도 인기를 얻고 있다('바울의 새 관점'도 여기에 해당된다). 그러나 이 가르침은 성경적이지 않다. 우선 믿음에 의한 의와 행위에 의한 의는 다르다. 한쪽을 지지하면 다른 쪽을 버려야 한다. 믿음으로 그리스도의 의를 입고자 하는 자는 먼저 자신의 행위로는 도무지 의롭다함을 얻을 수 없음을 인정하고 깨달은 자이다. 즉, 믿음으로 의롭다함을 얻기 위해서는 자기의 의를 내세우는 것을 포기하고, 자신의 행위에 의로움이 전혀 없음을 인정해야 한다. 그래서 구원과 관련하여 자신이 자랑할 것이 아무것도 없는 것이다. 반면 행위로 그리스도의 의를 입고자 하는 자는 할 수 없는 것을 할 수 있다고 착각하는 자이다. 즉, 그 행위가 보잘것없는데도 크게 생각하고 할 수 없는 것을 할 수 있다고 주장함으로써, 결국 자기의 의를 내세우게 된다. 따라서 양자는 결코 양립할 수 없다. 더욱이 하나님의 은혜로 값없이 의가 전가된다고 해석하지 않고, 다만 인간의 행위를 도와주는 것일 뿐이라고 생각하기 때문에, 결국 인간의 행위를 더욱 중요한 요소로 여기게 된다.

6 성경적인 구원의 방법은 무엇인가? (3.11.16)

의롭다함을 얻기 위한 방법으로서, 우리 자신의 행위에서 기대할 것이 아무것도 없다. 오직 하나님의 자비와 그리스도의 완전성만을 보아야 한다. 완전한 절망 상태에 놓인 인간은 구원을 위해서 하나님의 자비만을 바라보아야 한다. 죄인은 복음의 교훈을 통하여 그리스도로 말미암아 하나님과 화목할 수 있으며 그리스도 안에서 의로움을 덧입을 수 있음을 깨닫고, 그리스도를 붙잡음으로써 구원을 받게 되며, 그리하여 그리스도의 의와 중재, 죄 용서를 받아 의롭다함을 얻게 된다는 것을 체험한다. 그러므로 믿음으로 하나님의 자비를 신뢰하고, 오직 그리스도의 의를 신뢰하는 것이다.

7 복음에서 말하는 의와 율법에서 말하는 의는 어떻게 구별되는가? (3.11.17)

율법에서 말하는 의는 그 율법을 완전하게 행하는 사람이 얻을 수 있다(롬 10:5 참고). 그러나 보통 사람은 물론이거니와 완전한 사람일지라도 율법을 완전하게 행할 수 없다. 따라서 다른 방법이 필요하다. 율법과 선지자들이 이를 증언한다(롬 3:21 참고). 복음은 그리스도를 믿음으로 말미암아 의롭게 된다고 말한다. 이때 믿음은 예수 그리스도를 붙잡는 것이다. 믿음은 전적으로 하나님의 은혜를 의지하는 것이다. 믿음으로 말미암아 그리스도의 의를 덧입을 수 있으며, 그것으로 우리의 불의를 가리고 죄 용서함을 얻을 수 있다. 그래서 그리스도를 붙잡는 것이다. 이것은 행위에서 나오는 것이 아니라 철저히 하나님의 은혜로부터 오는 것이다. 그래서 누구든지 자신을 자랑할 수 없다. 왜냐하면 믿음조차도 하나님의 은혜로 말미암아 발생하기 때문이다.

8 칭의와 죄 용서함의 관계는 무엇인가? (3.11.22)

의롭다함을 얻는다는 것은 우리의 죄를 우리에게 돌리지 않는다는 의미이다. 하나님께서 우리의 죄를 우리에게 돌리지 않음으로써, 우리를 자신과 화목하게 하고 용서해 주시는 것이다. 바울은 죄 용서함과 의롭다함을 연결하여 둘이 똑같다는 것을 보여 주고 있다. 결국 믿음의 광채는 죄 용서함을 얻게 하며, 행위의 과오를 덮어 준다.

9 이중 은혜(duplex Gratia)의 단일구조는 무엇인가? (3.11.23)

사람은 그 자신이 의롭지는 않지만 그리스도의 의와 그 전가에 의하여 그리스도와 교통한다. 믿음으로 하나님의 영에 참여하고, 그 하나님의 영을 통해 의롭다고 간주되기 때문에, 믿음으로 말미암아 의롭다함을 받는 것이다. 즉, 그리스도의 의의 전가와 성령의 참여하심이 같이 있는 것이다.

31 이신칭의 II (3.12-14)

어느 누구도 하나님의 심판대 앞에서 자신이 의롭다고 주장할 수 없다. 인간들이 생각하는 의로움과 하늘의 의로움의 기준이 다르기 때문이다. 자신이 의롭다고 생각한 사람들은 하나님의 심판대 앞에서 자신의 불의를 적나라하게 볼 것이다. 우리는 자기 자신을 높여서는 안 된다. 우리는 자신이 죄인이며 의로움이 없는 존재임을 인정하고, 겸손히 하나님의 자비를 구해야 한다. 이렇게 겸손히 용서를 구하고 그리스도를 붙잡는 사람이 의롭다 여김을 받는다. 의롭다 여김을 받은 자는 마땅히 하나님을 영화롭게 하며, 결코 자신의 의로움에 대해서 생각하지 않는다.

1 인간의 행위가 부족한 것의 결과는 무엇인가? (3.12.1-4)

하나님의 기준에 맞춰 보기 전까지는 자신의 행위가 선해 보인다. 그러나 하나님의 계명을 깨닫고 나면 자기 자신이 죄인이라는 것을 알게 된다. 하나님의 거룩 앞에서 우리의 모든 것은 불의하며 더러울 뿐이다. 그래서 우리는 불의를 인정하고 그에 대한 하나님의 심판을 깨닫게 된다. 하나님의 엄중한 심판 앞에 모든 죄인들은 떨게 되어 있다. 죄인들이 불의를 깨닫고는 의를 행하려고 하지만, 여전히 능력이 없어 행할 수 없다. 따라서 하나님의 심판을 받을 수밖에 없다는 것을 생각할 때, 죄인들은 교만을 버리고 낮아지며 피난처를 찾게 된다.

2 영적으로 각성되면 심령에 어떠한 현상들이 일어나는가? (3.12.5-6)

영적으로 각성되면 자신의 죄를 깨닫고 의를 행하고자 하지만 능력이 없음을 깨닫게 된다. 그리고 자기를 점검하게 된다. 자신의 양심을 하나님의 심판대 앞으로 불러내는 것이다. 자신의 비밀스런 패악성을 심판대의 빛으로 철저하게 드러낸다. 그리하여 자신의 부패성을 철저히 인정하게 된다. 이것은 그리스도의 은혜를 받기 위한 준비이다. 이렇게 영적으로 낮아지고 영적으로 가난한 자가 되어 하나님의 은혜에 자신을 맡겨야 한다. 그러나 낮아지지도 않고, 여전히 자기를 신뢰하거나 자랑한다면 구원의 문이 열리지 않을 것이다. 하나님 앞에서 낮아져야만 우리의 마음을 정직하게 바치며 복종할 수 있다. 자신의 비참함과 가난함을 알고 진실하게 굴복해야 한다(습 3:11,12 참고). 주님은 이렇게 자신의 가난함을 알고 애통해하며 빛으로 나오라고 권고하신다(사 66:2 참고).

❸ 영적으로 어떤 사람들이 그리스도를 찾는가? (3.12.7-8)

영적으로 겸손해진 사람만이 그리스도를 찾는다. 그리고 심령이 가난하고 애통하는 자들이 그리스도를 찾는다. 그래서 아버지께서 이 땅에 보내신 그리스도의 사명에 대하여 "가난한 자에게 아름다운 소식을 전하게 하려 하심이라. 나를 보내사 마음이 상한 자를 고치며 포로 된 자에게 자유를, 갇힌 자에게 놓임을 선포하며……슬픈 자를 위로하되……슬퍼하는 자에게 화관을 주어 그 재를 대신하며 기쁨의 기름으로 그 슬픔을 대신하며 찬송의 옷으로 그 근심을 대신하시고"라고 말한다(사 61:1-3 참고). 이 명령에 따라 그리스도께서는 수고하고 무거운 짐 진 자들을 불러 자신의 은혜를 받게 하신다(마 11:28 참고). 그분은 의인을 부르러 온 것이 아니요 죄인을 부르러 왔다고 말씀하신다(마 9:13 참고). 따라서 자기의 의를 버리지 않는 한, 그리고 자신을 신뢰하는 것을 완전히 뿌리 뽑지 않는 한, 그리스도의 부르심을 이해할 수 없다.

❹ 의롭다 여김을 받은 것의 주관적 증거는 무엇인가? (3.13.3)

우리의 양심이 하나님 앞에서 평안을 얻는 것이다. 이것은 우리의 힘으로 의를 얻은 것이 아니라 하나님으로부터 의를 선물 받았기 때문이다. 자신의 양심이 죄의 책망을 받을 때 괴로워하며 정죄의 두려움 속에 있었지만, 죄 용서를 받음으로써 영혼이 하나님 앞에서 담대해지는 것이다. 믿음이 완전한 확신으로 마음을 강하게 만들기 때문이다(고전 2:5; 고후 13:4 참고). 물론 이것은 체험적인 것이다. 은혜의 감미로움을 맛보았기 때문이다.

5 칼빈은 칭의와 관련하여 인간을 어떻게 분류하는가? (3.14.1)

첫째, 하나님을 전혀 모르고 우상 숭배에 파묻혀 있는 자이다. 이들의 심령은 부패하였으며, 선한 것을 전혀 찾을 수 없다. 둘째, 성례에 참여하지만 불결한 생활을 계속하는 자이다. 이들은 하나님을 고백하면서도 행동으로는 하나님을 부정하는, 이름뿐인 그리스도인이다. 셋째, 사악한 마음을 종교적 외식으로 감추는 위선자이다. 넷째, 하나님의 영으로 중생하여 진정한 성화에 관심을 가지는 자이다. 이 네 부류의 사람들 중 구원받는 사람은 오직 네 번째 부류밖에 없다. 진정한 구원의 은혜 가운데 있는 사람은 그 영혼이 깨끗함을 입어 거룩을 추구하고 열망하게 되어 있으며, 덕행들이 따라오게 되어 있다.

6 그렇다면 불신자의 선행은 무엇인가? (3.14.2-4)

불신자에게서도 선행이 나올 수 있다. 그러나 그들의 선행은 부패한 동기에서 비롯된다. 단순한 야심이나 이기심이나 그 밖의 악한 동기로 인한 것이다. 따라서 그들의 선한 행위는 그 근원인 마음이 불결하고 부패하기 때문에 덕행이라고 할 수 없다. 믿음이 없는 선행은 선행이 아니다. 그리스도의 의에 참여하지 않은 자들은 무엇을 하든지 멸망과 영원한 죽음의 심판으로 나아가고 있는 것이다.

7 명목적 그리스도인과 위선자는 왜 구원받지 못하는가? (3.14.7-8)

명목적 그리스도인과 위선자는 모두 중생하지 못하였다. 그들은 여전히 불결한 양심을 가지고 있다. 중생하지 못했기 때문에 믿음도 없다. 그러나 문제는 자신들이 구원받은 백성이라고 생각하는 것이다. 그들은 그리스도의 이름을 부르기도 하고, 종교적 의무를 행하기도 한다. 물론 주님께서는 그들의 외적 종교적 행위를 미워하고 싫어하신다(사 1:13-16 참고). 그들은 자신의 신앙고백과 종교적 행위를 의지한다. 그것들을 자신의 구원의 근거로 주장한다. 그러나 그러한 고백과 행위로 하나님의 은혜를 받는 것이 아니다. 먼저 마음이 깨끗하게 되어야 한다. 그리고 사람의 마음은 믿음에 의해서만 깨끗하게 된다(행 15:9 참고).

진정한 믿음의 증거들
(3.14.9-21; 3.16-17)

︙

　오직 믿음으로 의롭게 된 사람은 이미 성령의 중생하게 하시는 역사가 그에게 있었던 것이다. 중생의 역사로 성령께서 그 영혼에 영적 성질을 심어 놓으셨기 때문에 그는 반드시 영적인 것을 추구하게 되어 있다. 그는 날마다 거룩한 삶을 살려고 애쓴다. 또 의로움을 추구하며, 선행에 힘쓴다. 물론 이러한 선행이 자신의 의를 구성하는 것은 아니다. 자신에게 있는 의로움이 자신의 행위로 된 것이 아니라, 믿음으로 얻은 것임을 항상 생각해야 한다. 신자에게 선행은 은혜의 효과이다. 신자일지라도 그 안에는 여전히 더러움이 가득하기 때문이다. 경건한 사람도 여전히 죄인이기 때문에, 신자의 선행은 그리스도 안에서 받아들여져야 한다. 한편 이신칭의 교리가 선행을 폐지한다는 주장은 잘못된 것이다. 선행은 자격 없는 사람을 받아 주신 데 대한 감사의 응답이다.

1 회심의 진정한 효과는 무엇인가? (3.14.9)

회심은 진정한 변화를 가져다준다. 하나님의 은혜는 우리의 죄를 용서하고, 의롭다고 인정하셨다. 이 은혜로 하나님께서 성령을 통하여 우리 안에 계시며, 그 힘으로 우리의 정욕을 날마다 더욱 죽이신다. 또한 우리는 거룩한 삶을 추구하고, 하나님의 법에 순종하며, 하나님을 잊고 교만해지는 일이 없도록 성령의 인도를 받는다. 이것이 회심의 진정한 효과이다.

2 신자들의 경건한 행위들이 의를 구성하는가? (3.14.11)

이 질문은 오늘날 '바울의 새 관점'을 주장하는 자들과 신자들의 행위가 의에 필요하다고 주장하는 자들에게 적합하다. 대답은 "아니다"이다. 그 이유는 다음과 같다. 첫째, 경건한 사람의 행위일지라도 하나님의 엄격한 판단에 따라 검토해 보면 결코 정죄를 면할 수 없다. 둘째, 경건한 행위가 있다 하더라도 여전히 부패성이 남아 있기 때문에 곧 악해지고 오염된다. 결국 신자들이 죽는 날까지 그리스도의 의 외에 다른 의는 없다.

3 순종하고 의무를 완수했을 때 우리는 어떠한 태도를 가져야 하는가? (3.14.14-17)

신자는 순종하고 의무를 다했다 하더라도 자신을 무익한 종이라고 여겨야 한다(눅 17:10 참고). 또한 우리의 행위의 의를 믿어서는 안 되며, 자랑해서도 안 된다. 우리의 행위의 의를 믿고 자랑하는 것은 다시 자기 신뢰로 돌아가는 것이며, 자기 신뢰는 다시 교만으로 돌아가게 만든다. 그러므로 신자의 행위는 결코 구원의 원인이 될 수 없다. 행위를 믿거나 자랑하는 것은 결국 하나님의 은혜를 부정하는 것이다. 행위가 믿음과 그리스도의 의에 병행하여 절반의 자리라도 차지할 듯이 주장하는 것은 성경적이지 않다. 성경은 이러한 주장에 크게 반대한다.

4 구원의 확신은 어디에 있는가? (3.14.18)

신자들의 구원의 확신은 그들 자신의 행위에 있는 것이 아니라, 오직 하나님의 선하심에 있다. 자신에게 선한 행위가 있다 하더라도, 그것마저도 자신의 능력에서 기인한 것이 아니다. 그것은 하나님께서 그 안에 계셔서 주관하신다는 증거이다. 선행이 성령에게서 비롯되는 산물인 것이다. 이러한 선행은 믿음을 강화한다.

5 신자들의 선행은 무엇의 결과인가? (3.14.20-21)

신자들의 선행은 구원의 확신에 대한 기초가 될 수 없다. 신자들의 행위는 오직 하나님의 선을 인식시키는 하나님의 선물이며, 자기들이 선택되었음을 알게 하는 부르심의 표징일 뿐이다. 따라서 하나님 앞에서는 자기의 행위를 자랑할 수 없다. 왜냐하면 선행 속에서 자기에게서 근거한 것을 조금도 볼 수 없기 때문이며, 신자들의 선행도 수없이 많은 죄에 압도되기 때문이다. 이것은 확신을 주는 것이 아니라 오히려 당황하게 만든다. 실제로 신자의 선행은 성령의 은혜의 결과이기 때문에, 제일 원인을 하나님의 은혜에 두어야 한다. 그러므로 신자는 하나님의 부르심의 은혜를 바라보며, 그 시작하신 일이 완성되기를 원하는 것이다.

6 칭의 교리가 선행을 잠식시킨다는 고소는 어떠한가? (3.16.1)

로마 가톨릭교회는 개혁자들의 이신칭의 교리를 '선행을 폐지하는 교리, 또는 선행을 하지 못하도록 사람들을 유혹하는 교리'라고 비난한다. 즉, 그들은 이신칭의 교리로 말미암아 선행이 폐기된다고 주장한다(오늘날 톰 라이트 [Tom Wright]가 루터에 대해 비난하는 것과 같은 내용이다). 그들은 의롭게 하는 믿음의 성질을 알지 못한다. 신자는 믿음으로 그리스도의 의를 붙잡으며, 그리스도의 의를 붙잡으면 동시에 거룩함을 붙잡게 된다(고전 1:30 참고). 그리고 그리스도를 소유하면서 그분의 거룩에 참여하게 된다. 따라서 의롭게 된 자는 마땅히 거룩한 삶을 추구하게 되어 있다.

7 의롭다함을 얻은 자가 거룩을 추구해야 하는 이유는 무엇인가? (3.16.2)

우리가 택하심과 구속과 부르심을 받은 데에는 목적이 있다. 그것은 거룩함이다(엡 1:4 참고). 더욱이 그리스도의 피는 우리의 양심을 깨끗하게 하고, 죽은 행실을 떠나 살아 계신 하나님을 섬기게 한다(히 9:14 참고). 하나님의 은혜는 경건하지 않은 것을 버리게 하고, 신중함(근신)과 의로움과 경건함으로 이 세상을 살게 한다(딛 2:11,12 참고). 따라서 우리가 부르심을 받은 목적은 불결한 생활이 아니라 거룩한 생활을 하기 위함이다(살전 4:7 참고).

8 칭의 교리는 죄를 마음껏 짓고 용서받는 교리인가? (3.16.4)

어떤 사람들은 "얼마든지 죄를 용서받을 수 있기 때문에 죄를 지어도 되는 것입니까?"라고 질문한다. 이것은 도덕률폐기론자들의 주장이다. 이러한 생각과 주장은 이신칭의 교리를 무가치하게 만든다. 죄의 용서가 너무도 귀한 것이기 때문에 죄 용서함을 받은 자들은 계속해서 죄를 지을 수가 없다. 오히려 죄와 싸우게 된다. 더욱이 그리스도께서는 죄를 없애기 위해서 오셨다. 따라서 죄 용서함의 가치를 떨어뜨리며, 의의 존귀함을 더럽히는 자들의 주장은 중상모략이다.

9 야고보와 바울의 교리는 서로 충돌되는가? (3.17.11-12)

야고보는 "행함으로 의롭다하심을 받은 것이 아니냐?"(약 2:21)라고 말한다. 이는 바울의 이신칭의 교리와 충돌되는 것처럼 보인다. 그러나 서로 모순되거나 충돌되는 것이 아니다. 야고보가 언급하고 있는 것은, 진정한 믿음으로 말미암아 의롭다함을 얻은 사람은 순종과 선행으로 그 의를 증명하므로, 공상적이고 열매가 없는 믿음은 진정한 믿음이 아니라는 것이다. 즉, 야고보가 말하고자 하는 것은 어떻게 의롭다함을 얻는가 하는 문제가 아니라, 선행의 열매가 있는 의이다.

㉝ 그리스도인의 자유(3.19)

그리스도인은 의롭다 여김을 받은 자로서 율법의 정죄로부터 자유를 얻는다. 물론 그리스도인에게 율법은 경건의 훈련을 위한 실제적 지침이 된다. 그리스도인은 양심의 자유를 얻는다. 양심의 자유란, 율법의 강제 없이 기꺼이 순종하는 것이요, 신자의 진정한 순종을 세우는 것이다. 율법은 우리에게 하나님을 전심으로 사랑하라고 요구한다. 억지로 순종하는 것이 아니라, 즐거운 마음으로 순종하는 것이다. 한편 그리스도인은 어떤 것을 사용하는 데 종교적으로 얽매이는 것이 아니라, 하나님의 선물들을 하나님의 목적에 따라 사용할 자유를 가지고 있다.

1 그리스도인의 자유에 대한 극단적인 태도는 어떤 것인가? (3.19.1)

그리스도인의 자유라는 이름 아래 방종한 삶을 사는 것이다. 자유를 핑계로 하나님께 대한 모든 복종을 버리고, 망설임 없이 방탕한 생활에 빠진다. 반면 이러한 방종한 삶을 반대하는 편에서는 율법주의적인 삶을 요구한다. 이것은 그리스도인의 자유를 포기하는 것이다. 그러므로 우리는 양극단을 모두 피해야 한다.

2 그리스도인의 자유의 첫 번째 부분은 무엇인가? (3.19.2-3)

신자들의 양심은 하나님 앞에서 칭의에 대한 확신을 얻는다. 그리고 율법에 대한 의를 모두 잊어버리고, 율법을 뛰어넘어 더욱 전진한다. 칭의에 관한 한 자신의 행위를 전적으로 배제하고 하나님의 은혜만을 의지하는 것이다. 즉, 우리는 율법을 떠나 확신을 가지고 하나님 앞에 나아간다. 그러나 율법이 그리스도인의 삶에서 하는 일이 없다는 것은 아니다. 단지 율법이 더 이상 우리를 정죄하지 못할 뿐이다. 율법은 신자들에게 선을 행하도록 끊임없이 가르치고 충고하며 권고한다. 또 신자들에게 의무를 알려 주고 거룩과 성결에 대한 열망을 일으킨다. 갈라디아서는 논증을 통해서, 신자가 율법의 행위로 하나님의 의를 얻을 수 없으며 그리스도의 십자가로 말미암아 율법의 정죄에서 풀려났음을 가르친다(갈 2:16, 3:11-13 참고). 즉, 신자들은 율법의 지배로부터 벗어나 양심의 자유를 얻은 것이다.

3 그리스도인의 자유의 두 번째 부분은 무엇인가? (3.19.4-6)

율법으로 의롭다 여김을 받으려는 시도는 하나님의 무서운 심판을 초래한다. 그러나 믿음으로 의롭게 되는 것은 심판으로부터 우리를 자유롭게 한다. 그러하기에 우리는 지금 하나님께 기꺼이 순종할 수 있다. 이제 하나님은 신자에게 무서운 분이 아니라, 부드러운 아버지이시다. 우리는 이제 율법 아래 있지 않고 은혜 아래 있기 때문에, 우리 자신을 죄에게 내주지 않고 하나님께 의의 무기로 드리게 되었다(롬 6:13 참고). 우리에게 자유를 주신 목적은 우리가 죄를 지어도 괜찮다는 것이 아니라, 우리가 선을 행하도록 격려하려는 것이다.

4 그리스도인의 자유의 세 번째 부분은 무엇인가? (3.19.7-9)

우리의 양심이 율법의 규정으로부터 자유를 얻는다. 자유는 화려함이나 탐심을 위해 주어지는 것이 아니다. 하나님께서는 우리에게 자신의 선물들을 합법적으로, 그리고 적당하게 사용하도록 명령하셨다. 하나님의 선물을 주신 목적에 따라 양심의 거리낌이나 마음에 불안을 전혀 느끼지 말고 사용해야 한다. 이러한 확신은 우리의 마음을 하나님 앞에서 평안하게 하며, 우리를 향한 하나님의 너그러우심을 깨닫게 할 것이다. 선택의 자유가 있는 모든 의식들에 대해서 우리의 양심은 그것을 반드시 지켜야 한다는 강압을 느낄 필요가 없다. 그러나 전적으로 영적인 것이기 때문에, 남용하거나 악용해서는 안 된다. 그리스도인의 자유를 자신의 욕망을 변호하는 구실로 삼아서는 안 되며, 약한 형제들을 고려하지 않고 자유를 행사해서도 안 된다. 이는 자유를 남용하거나 오용하는 것이다.

5 어떤 경우에 그리스도인의 자유가 남용되는가? (3.19.10-13)

그리스도인의 자유를 무분별하게 사용하는 경우이다. 즉, 신중하지 않고 경솔히 행동하여 약한 형제들을 넘어지게 하는 것이다. 우리의 경솔한 행동이 무지하고 단순한 사람들을 넘어뜨릴 수 있다. 그러므로 그리스도인이 자유를 행사하는 데는 원칙이 있다. 이웃의 덕을 세우는 결과를 낳도록 우리의 자유를 행사하고, 이웃에 도움이 되지 않을 때에는 자유를 억제하거나 포기해야 한다. 한편 이웃을 사랑한다는 구실로 하나님께 죄를 지어서도 안 된다. 사탄과 세상이 우리로 하여금 하나님의 명령을 저버리게 만들려고 계속 유혹한다는 것을 기억해야 한다.

6 그리스도인의 자유와 시민 정부의 법은 어떤 관계가 있는가? (3.19.14-16)

사람에게는 이중의 통치가 있다. 하나는 영적인 통치로서, 양심으로 경건과 하나님을 경외하는 일을 배운다. 또 다른 하나는 사회적인 통치인데, 시민으로서 사회를 유지하기 위해 여러 가지 의무를 배운다. 그리스도인들이 하나님 앞에서 양심의 자유를 얻었다고 해서 시민 정부의 외적인 통치에 복종할 필요가 없는 것은 아니다. 그리고 영적인 나라에 적용되는 제도(교회법) 가운데도, 하나님의 말씀에 부합하지 않는 것들이 있을 수 있다. 그런 것들을 용납해서는 안 된다.

34
기도(3.20)

⋮

기도는 믿음의 가장 중요한 실행이다. 기도는 우리에게 부족한 것을 모든 가능한 방법으로 하나님께 구하는 것이다. 이것은 우리의 삶의 모든 영역에서 단순히 하나님의 복을 구하는 것이 아니라, 하나님이 우리를 돌보고 우리 가까이 계시기를 요청하는 것이다. 따라서 기도는 선택된 자들의 믿음의 실체와 힘을 보여 준다. 기도는 주님의 자비에 전적으로 온전히 의존하는 것이다. 그래서 주님의 공급하심과 자비하심에 대해서 감사하고 즐거워하게 한다. 우리는 우리의 무가치함을 깨닫는 가운데 주님을 찾고 더욱 의지하게 된다. 더욱이 역동적인 기도에는 인내와 확신이 포함되어 있다. 믿음으로 인내하면서 드리는 기도는 결국 마음의 열매를 맺는다.

1 진정한 믿음은 무엇으로 나타나는가? (3.20.1)

믿음은 우리에게 필요한 모든 것이 하나님과 그리스도 안에 풍성하게 있다는 것을 알게 한다. 그래서 믿음은 그리스도 안에 있는 것을 얻기 위해 기도하도록 만든다(롬 8:15,16 참고). 따라서 우리는 그리스도 안에 있는 것을 기도함으로써 구해야 한다. 하나님께서는 모든 것의 주인이며, 그것을 우리에게 주시는 분이다. 그리고 그것을 소중히 여기면서 찾고 구하는 자에게 반드시 좋은 것을 주시는 분이다. 따라서 진정한 믿음은 하나님께 기도하는 것을 소홀히 여기거나 등한히 할 수 없다. 믿음은 복음에서 나며, 우리의 심령으로 하나님의 이름을 부르는 훈련을 받는 것이기 때문이다(롬 10:14-17 참고).

2 기도는 왜 필요한가? (3.20.2)

하나님께서는 우리에게 약속을 주셨다. 그리고 기도를 통해 그 약속이 헛되지 않음을 우리가 체험할 수 있다. 그래서 신자는 기도함으로써 우리를 돌보시는 하나님의 섭리를 체험하게 된다. 하나님께서는 신자의 기도를 들으시고, 자신을 나타내시며, 아버지의 사랑에 대한 확신을 신자들에게 심어 주신다.

3 기도해야 하는 여섯 가지 이유는 무엇인가?

하나님께서 우리의 모든 필요를 아시는데도 우리로 기도하게 하시는 이유가 있다. 첫째, 하나님을 항상 찾으며 사랑하며 섬기겠다는 소원과 열망이 우리 마음속에 불일 듯 일어나게 하시려는 것이다. 그리하여 어려운 일이 있을 때마다 하나님을 거룩한 구원의 닻으로 믿고 그분께로 달려가 피하는 습관을 형성하게 하려 하신다. 둘째, 하나님께 아뢰지 못할 부끄러운 욕망이나 소원이 우리의 마음에 들어오지 못하게 하시려는 것이다. 그러기 위해서는 우리의 소원을 솔직하게 하나님 앞에 내놓아야 한다. 셋째, 하나님께서 여러 가지 은혜를 주실 때에 진심으로 감사하면서 받을 수 있게 하시려는 것이다. 기도는 모든 은혜가 하나님으로부터 온다는 것을 기억하게 한다(시 145:15,16 참고). 넷째, 우리가 구한 것을 얻고 하나님이 기도에 응답해 주셨다는 것을 확신하고 하나님의 인자하심을 더욱 열심히 묵상하게 하시려는 것이다. 다섯째, 기도로 얻었다고 인정하는 것들을 더욱 큰 기쁨으로 받아들이게 하시려는 것이다. 마지막 여섯째, 우리의 연약한 정도에 따라서 습관과 경험으로 하나님의 섭리를 확인하게 하시려는 의도이다.

4 올바른 기도의 첫 번째 법칙은 무엇인가? (3.20.4-5)

하나님과 대화하고자 하는 사람은 합당한 정신과 마음을 가지고 있어야 한다. 기도 가운데 하나님을 올바르게 바라보지 못하게 만드는 육신적인 근심과 생각을 버려야 한다. 왜냐하면 이러한 것들이 우리의 생각을 방황하게 만들고, 하나님의 선하심과 능력을 바라보지 못하게 만들기 때문이다. 또한 경건하지 못한 생각들을 제거하고, 하나님의 뜻을 구해야 한다. 따라서 기도에는 준비가 필요하다. 그리고 이러한 것들은 우리의 능력을 넘어서는 것이므로 올바로 기도할 수 있도록 성령의 도움을 구해야 한다. 성령께서 기도의 교사가 되어 우리가 기도해야 할 바를 알게 해 달라고 기도해야 한다(롬 8:26 참고).

5 올바른 기도의 두 번째 법칙은 무엇인가? (3.20.6-7)

우리는 기도할 때 항상 자신의 무능함을 느끼면서 우리가 구하는 모든 것이 얼마나 필요한 것인지를 진심으로 생각해야 한다. 그리고 그것을 얻고자 하는 진실하고도 강력한 소망을 가지고 기도해야 한다. 단지 하나님께 의무를 이행하듯이 형식적으로 기도하는 것은 옳지 않다. 마음이 전혀 뜨겁지 않고 냉담한 상태로 기도하는 것은 올바른 기도가 아니다. 간절함을 가지고 정성껏 기도해야 한다. 하나님께서는 진실하게 간구하는 자를 만나 주리라고 약속하셨다(시 145:18; 렘 29:13 참고).

6 올바른 기도의 세 번째 법칙은 무엇인가? (3.20.8-10)

기도하기 위해 하나님 앞에 서는 사람은 겸손하게 전적으로 하나님께 영광을 돌려야 한다. 자신의 가치를 부정해야 한다. 그리고 자신을 신뢰해서는 안 된다. 따라서 올바로 기도하기 위해서는 반드시 준비가 필요하다. 겸손하고 성실하게 죄를 고백하며 용서를 구해야 한다. 날마다 최근의 죄를 고백하는 것은 물론, 오랫동안 잊고 있었던 죄까지도 고백해야 한다.

7 올바른 기도의 네 번째 법칙은 무엇인가? (3.20.11-14)

우리의 기도에 응답하시리라는 확신과 소망을 가지고 기도해야 한다. 하나님께서 도와주실 것을 의심하지 말아야 한다. 기도하면서도 의심하고 흔들린다면, 그것은 믿음이 부족한 기도이다. 하나님은 그런 기도를 싫어하신다. 성경은 믿음으로 구하고 의심하지 말라고 말한다(약 1:5,6 참고). 복음으로부터 이미 하나님의 자비를 알게 되고, 그 자비가 우리를 하나님께 기도하도록 만든다는 원리를 깨닫는 사람은 확신을 가지고 하나님께 기도할 수 있다. 더욱이 하나님의 약속은 기도의 원동력이 되고, 우리로 하여금 더욱 구하고자 하는 마음을 갖게 한다.

8 예수님의 이름으로 기도해야 하는 이유는 무엇인가? (3.20.17-20)

하나님 앞에 나아갈 수 있을 만큼 가치 있는 인생은 없다. 그래서 하나님 아버지께서 자신의 아들을 우리에게 주셔서 '대언자'(요일 2:1)와 '중보자'(딤전 2:5; 히 8:6, 9:15)로 삼으셨다. 우리는 그리스도의 인도로 말미암아 하나님 앞에 담대하게 나아갈 수 있게 되었다. 그리스도께서 우리의 중보자이시며, 아버지께서는 아들의 요청을 거절하시지 않는다. 그래서 우리가 아들의 이름으로 기도하는 것이다. 또한 그리스도께서 자신의 이름으로 구하라고 명령하셨기 때문이다(요 16:24,26 참고). 그리스도께서는 승천하여 중보자로서, 기도하는 사람들의 기도가 응답되게 하시고 있다.

9 기도를 두 가지로 구분하면 어떻게 되는가? (3.20.28-30)

개인이 끊임없이 감사하며 드리는 개인 기도와 교회의 예배 가운데 드리는 공적인 기도가 있다(딤전 2:1,8 참고). 개인이 은밀하게 드리는 기도도 중요하지만, 교회가 드리는 공적인 기도도 중요하다. 교회가 드리는 기도는 반드시 효과가 있다. 왜냐하면 하나님께서 그 백성에게 기쁜 노래를 부를 기회를 항상 주시기 때문이다(시 65:1,2 참고). 특히 교회가 기도하는 가운데 신자들의 믿음의 단결을 조성하시기 때문에 공적인 기도는 중요하다.

🔟 기도할 때 찬양은 어떤 의미를 가지는가? (3.20.31)

노래는 우리의 마음이 깨어 있도록 하며, 모두가 함께 하나의 공통된 목소리와 한 입으로 하나님께 영광을 돌리고 성도들이 서로 덕을 세우는 데 사용된다. 그 노래는 마음 깊은 곳에서 나와야 한다. 공적 예배 가운데 드려지는 노래는 말씀에 집중시키고 교회의 위엄에 가장 적합한 것을 선정해서 불러야 한다. 공적 예배에서 노래는 하나님을 찬양하는 데 자극제와 수단이 되어야 한다. 이로써 우리는 마음을 하나님께 드리고 하나님의 덕과 선하심과 지혜와 공의를 묵상한다.

1️⃣1️⃣ 기도할 때 자세도 중요한가? (3.20.33)

기도할 때 내적인 태도가 가장 중요하지만, 외적인 표지들도 무시해서는 안 된다. 무릎을 꿇는 것과 모자를 벗는 것, 손을 드는 것과 같은 행동들은 하나님께 더 큰 경외를 드리기 위해 몸을 사용하는 것이며, 한편으로 게으름에서 벗어나게 한다. 그리고 이렇게 함으로써 경건함을 고백하고 하나님을 경외하는 마음이 불 붙게 한다. 손을 드는 것은 확신과 간절함의 상징이다. 또한 우리의 무릎을 꿇는 것은 겸손을 보여 준다.

35
주기도문(3.20.34-49)

⋮

우리는 하나님께서 말씀 가운데 약속하신 것을 찾고 구해야 한다. 이것이 하나님을 영화롭게 하기 때문이며, 우리의 인생 자체에는 자원이 없기 때문이다. 그래서 그리스도께서는 우리가 날마다 기도해야 한다고 말씀하셨으며, 기도의 양식을 주셨다. 주기도문은 주님께서 가르쳐 주신 기도의 양식이다. 우리는 하나님께 우리의 필요를 날마다 의탁해야 한다. 이와 관련하여 주기도문은 어떻게, 그리고 어떠한 내용으로 기도해야 할지를 가르쳐 준다. 이것은 믿음의 규칙이기도 하다. 결국 하나님께서는 자신의 뜻에 따라, 자신의 시간에 우리에게 응답하실 것이다.

1 주기도문은 어떻게 나눌 수 있는가? (3.20.35)

주기도문은 우리가 마땅히 구할 바를 알려 주는 기도이다. 왜냐하면 우리가 구할 바를 잘 알지 못하며, 때로는 우리의 욕심대로 구하기 때문이다. 그래서 기도의 양식을 주님으로부터 배우는 것은 중요하다. 주기도문은 기도의 표준이다. 이 기도의 모범 양식은 여섯 개의 간구로 되어 있다. 처음 세 개의 간구는 하나님의 영광을 위한 것이며, 나중 세 개의 간구는 우리 자신을 돌보는 일과 관련되어 있다.

2 기도를 시작하면서 "하늘에 계신 우리 아버지여"(마 6:9)라고 부르는 목적은 무엇인가? (3.20.36-40)

하나님을 향하여 아버지라고 부르는 것은 그리스도의 은덕을 기억하게 하려는 것이다. 우리는 그리스도의 은덕으로 말미암아 양자가 되었다. 그리고 하나님을 아버지라고 부를 수 있게 되었다. 이것은 하나님 아버지의 큰 사랑을 기억하게 하고, 우리의 마음에서 모든 불신앙을 몰아낸다. 오직 하나님만이 우리를 도우며 우리가 의지할 분이라는 것을 생각하게 한다. 더욱이 우리 아버지라고 부름으로써 친밀하게 다가갈 뿐만 아니라, 하나님의 자녀의 공동체를 생각하게 하여 우리의 기도가 하나님의 나라와 백성을 위한 기도가 되게 한다. 또한 하나님이 하늘에 계시다고 고백하는 것은 하나님이 무한하며 무한한 능력을 가지고 계실 뿐만 아니라, 섭리와 권능으로 다스리고 계신다는 것을 확신하게 한다.

❸ 첫 번째 간구는 무엇인가? (3.20.41)

첫 번째 간구는 "이름이 거룩히 여김을 받으시오며"(마 6:9)이다. 우리는 하나님께서 당연히 받아야 할 영광을 받으시기를 원해야 한다. 여기서 거룩은 하나님의 순수한 영광을 나타낸다. 이 간구는 모든 사람이 하나님께 굴복되어 하나님의 이름을 경외하게 되기를 기도하라는 것이다. 하나님께서는 교훈과 행동으로 자신을 계시하셨다. 그래서 우리는 두 가지 면에서 하나님을 찬양해야 한다. 따라서 모든 사람들이 하나님을 찬양하도록 기도해야 한다.

❹ 두 번째 간구는 무엇인가? (3.20.42)

두 번째 간구는 "나라가 임하시오며"(마 6:10)이다. 두 번째 간구와 첫 번째 간구를 분리시킨 데에는 이유가 있다. 먼저, 하나님의 거룩한 이름을 더럽히는 것을 멸하고 나서 하나님의 통치에 대해서 기도하게 하려는 것이다. 하나님의 통치는 그분께 대항하는 모든 육신의 정욕을 영의 힘으로 바로잡고, 우리의 모든 생각을 하나님의 법에 맞게 인도하신다. 즉, 모든 사람의 생각과 마음이 하나님의 말씀과 통치에 굴복되기를 기도하는 것이다. 하나님께서는 말씀과 성령으로써, 자신의 다스림에 사람들의 마음이 순종하도록 이끄신다. 그래서 자발적으로 주님을 따르게 하시는데, 외적으로는 말씀의 설교를 통해서, 내적으로는 성령의 영향력에 의해서 그렇게 하신다. 또한 이 두 번째 간구는 선교를 위한 기도이다. 하나님께서 전 우주를 굴복시킴으로써 나라를 세우시기를 기도하는 것이다. 즉, 하나님께서 세계 각국에서 교회를 모으시며, 교회와 교인의 수효가 증가되게 하시고, 교회에 각종 은사를 주시며, 교회 사이에 바른 질서가 확립될 뿐만 아니라 순수한 교리가 보존되며, 원수들을 물리치고, 원수들의 계획과 노력들을 헛된 일로 만드시기를 기도하는 것이다. 이 기도는 그리스도께서 다시 오실 때까지 계속되어야 한다. 물론 이 기도는 하나님의 나라가 확장되는 데 우리가 마땅히 져야 할 십자가를 알게 한다.

5 세 번째 간구는 무엇인가? (3.20.43)

세 번째 간구는 "뜻이 하늘에서 이루어진 것같이 땅에서도 이루어지이다"(마 6:10)이다. 이 간구는 우리가 하나님의 뜻에 완전히 복종하기를 기도하는 것이다. 하나님께서는 자신의 뜻대로 우리를 주관하실 뿐만 아니라, 우리 안에 새로운 심령을 창조하여 하나님의 뜻에 따라 행하게 하신다. 하나님의 뜻에 순종하기 위해서는 우리 자신의 뜻을 부정해야 한다. 그러므로 세 번째 간구는 하나님의 영이 우리의 심령을 주관하시기를 구하는 기도이다. 이렇게 세 번째 간구까지 우리는 하나님의 영광만을 목표로 삼고, 자신이나 자신의 이익은 생각하지 말아야 한다.

6 네 번째 간구는 무엇인가? (3.20.44)

네 번째 간구는 "오늘 우리에게 일용할 양식을 주시옵고"(마 6:11)이다. 이 간구는 이 세상에서 우리의 육신에 필요한 모든 것을 아우른다. 이것은 우리가 평안한 마음으로 일상생활을 할 수 있도록 기도하는 것이다. 이렇게 기도함으로써 우리는 우리 자신을 하나님의 보호와 섭리에 맡기고, 그분이 먹이고 보호해 주시기를 바란다. 하나님은 우리 일상의 모든 것이 하나님의 은혜로 이루어지기를 원하신다. 또한 '일용할 양식'이라고 명시하신 것은 우리의 끝없는 욕망을 억제하기 위한 것이다. 우리의 탐욕을 억제하고, 일용할 양식이 하나님께서 거저 주시는 선물임을 확인하게 하려는 것이다.

7 다섯 번째 간구는 무엇인가? (3.20.45)

다섯 번째 간구는 "우리 죄를 사하여 주시옵고"(마 6:12)이다. 이 간구는 우리가 하나님 앞에서 순결한 삶을 살게 해 달라는 기도이다. 우리에게는 여전히 부패성이 남아 있어서 죄를 범한다. 따라서 우리가 더욱 거룩해지도록 간구해야 한다. 이 기도에는 우리가 용서받되, "우리가 우리에게 죄지은 자를 사하여 준 것같이"(마 6:12)라는 단서가 붙어 있다. 그러나 이것은 우리가 용서하는 것이 죄 사함을 받는 조건이라는 의미가 아니다. 만일 우리의 마음에 있는 모든 미움과 시기와 복수심이 제거되고 다른 사람의 죄를 용서하였다면, 그만큼 하나님께서 우리의 죄를 용서하시는 것도 확실하다는 것을 알게 하기 위한 것이다.

8 여섯 번째 간구는 무엇인가? (3.20.46)

여섯 번째 간구는 "우리를 시험에 들게 하지 마시옵고 다만 악에서 구하시옵소서"(마 6:13)이다. 우리가 하나님께 순종하려면 반드시 죄의 유혹과 세상과 싸워야 한다. 그래서 승리를 얻는 데 필요한 영적 무장을 위해 기도한다. 이러한 싸움에서 보호받고 승리하게 해 달라고 기도하는 것이다. 우리에게는 성령의 은혜뿐만 아니라, 성령의 도우심도 필요하다. 그래서 우리의 육신과 싸우기 위해 하나님 아버지께 기도해야 한다. 마귀의 간계에 넘어가지 않기 위해 하나님 아버지께 간구해야 한다. 오직 하나님의 은혜로 우리를 강하게 해 주셔서 원수들의 공격과 유혹들을 물리칠 수 있도록 기도해야 한다. 시험을 없애 달라고 기도하는 것이 아니라 시험을 극복할 수 있게 해 달라고 기도하는 것이다.

9 왜 기도 시간을 정하는 것이 좋은가? (3.20.50)

이스라엘 백성들이 제사를 드리기 위해 시간을 정해 놓았던 것처럼, 우리는 기도하기 위해서 특정한 시간을 정해 놓아야 한다. 우리에게는 본성적으로 기도하려는 마음이 없기 때문이다. 만일 우리가 정해 놓은 시간에 기도하지 않는다면, 우리는 기도하는 것을 쉽게 잊어버리고 말 것이다. 칼빈은 하루 중 아침에 일어났을 때, 일하기 전, 식사하기 전, 식사한 후, 그리고 밤에 잠자리에 들기 전을 기도 시간으로 추천한다.

10 기도 가운데 인내의 중요성은 무엇인가? (3.20.51-52)

주님께서는 우리가 기도할 때 우리에게 유익한 것을 주신다. 그래서 기도함으로써 그것을 얻었다는 것을 확신하게 하신다. 우리의 문제를 기도로 주님께 아뢸 때, 고통 중에 있는 우리를 돌보고 환난 가운데 있는 우리를 위로하신다. 특히 기도할 때 인내하는 법을 배워야 한다. 인내함으로 주님을 기다려야 한다. 우리 자신이 하나님의 섭리의 법칙에 기꺼이 다스림을 받는다면, 우리는 기도할 때 인내하고 쉽게 낙망하지 않으며 주님을 기다릴 수 있을 것이다. 주님께서 우리의 기도를 듣지 않는 분이 절대 아니라는 것을, 자신의 때에 응답함으로써 증명하실 것이다. 따라서 기도 가운데 절망하거나, 하나님께 불평과 원망을 돌려서는 안 된다.

36
예정 교리(3.21-23)

예정 교리라는 것은 단순히 미리 아는 지식이 아니다. 그것은 주님의 주권과 선하심을 나타낸다. 그리고 한편으로 하나님의 공의를 드러낸다. 호기심으로 예정 교리를 다루어서는 안 된다. 예정 교리는 구원의 은혜의 원인을 설명하는 교리이며, 신자로 하여금 감사하게 하고 확신에 도움을 주는 교리이다. 예정 교리는 성경에서 확증하는 가르침이다. 그리스도께서 이것을 가르치셨으며, 사도들도 가르쳤다. 예정 교리는 하나님의 완전한 의로우심을 설명한다. 하나님의 감춰진 뜻을 알지도 못하면서 그것을 비난하거나 불평하는 죄를 범해서는 안 된다.

1 칼빈이 예정론을 신론에서 다루지 않고 구원론에서 다루는 이유는 무엇인가? (3.21.1)

하나님의 예정이란 하나님의 놀라운 비밀이다. 그래서 그 예정이 실제적으로 실행되어 효과가 나타나지 않는 한 인간은 그것을 다 알 수 없다. 그렇다면 예정의 실행이란 무엇인가? 그것은 성령의 유효한 역사이다(살후 2:13; 벧전 1:2 참고). 성령의 거룩하게 하시는 역사로 말미암아 그 효과가 나타날 때 비로소 알 수 있다(행 13:48). 그래서 예정론을 구원론의 마지막에 둔 것이다. 결국 예정론은 구원의 은혜를 확인하고, 그 구원의 원인이 하나님의 선택임을 감사하게 하기 위한 교리이다.

2 예정 교리의 유익들은 무엇인가? (3.21.1)

예정 교리는 어떤 사람들에게는 값없이 구원이 제공되고 어떤 사람들에게는 구원의 길이 막히는 것으로 이해될 수 있다. 그러나 이렇게 이해하면 곤란한 문제가 발생된다. 왜냐하면 이처럼 불합리한 것이 없기 때문이다. 예정 교리는 경건한 마음을 가진 사람들이 이해할 수 있는 교리이다. 즉, 구원의 은혜를 깨달은 사람들이 이해할 수 있는 가르침이다. 그것은 하나님의 구원이 값없이 베푸시는 자비의 원천에서 나왔다는 것을 인정하고 감사하는 교리이다. 또한 신자들에게는 그리스도의 은혜로 말미암아 구원받은 자로 선택되었다는 데 대한 격려와 신앙의 확신을 준다. 따라서 예정 교리는 값없이 베푸시는 하나님의 은혜를 찬양하며 하나님의 영광을 위하고 진정으로 겸손하게 만든다.

3 예정 교리를 이해하는 데 피해야 할 두 가지 위험은 무엇인가? (3.21.1-4)

첫 번째는 호기심이다. 하나님께서 계시하신 것 이상으로 알려고 하는 것은 실로 위험하다. 두 번째는 하나님께서 계시하신 것을 무시하는 것이다. 예정 교리를 무시하는 것은 성령을 욕되게 하는 것이다. 성령께서 우리에게 필요한 것과 유용한 것을 성경에 두셨기 때문이다. 하나님께서 숨겨진 비밀로 두신 것을 판단해서도 안 되고, 드러내신 것을 무시해서도 안 된다. 예정은 하나님의 영원한 작정이며, 이것을 통하여 하나님의 의지를 주권적으로 나타내신다. 예정과 선택은 하나님께 속한 것으로서, 피조물이 왈가왈부할 수 있는 것이 아니다.

4 에서와 야곱은 모두 특별한 선택의 증거가 있었지만 오직 야곱만이 은혜의 수혜자가 된 것은 무엇을 나타내는가? (3.21.6)

에서와 야곱은 모두 특별한 선택에 대한 명백한 증거들을 가지고 있었다. 그들은 모두 아브라함의 자손이었으며, 할례를 통해서 언약 가운데 있었다. 더욱이 두 사람은 모두 경건한 부모 밑에서 자랐다. 그러나 에서는 구원의 은혜에서 제외되었다. 그는 하나님의 은혜를 받았지만, 그 은혜를 가볍게 여기고 남용하였다. 장자의 명분의 특권을 싸구려 취급하여 양도해 버리고 말았다. 하나님의 은혜의 수단 아래에 있었지만, 하나님의 은혜를 소중하고 귀하게 여기지 않고, 그것을 사모하지도 않았다. 이것은 유기 교리를 설명한다.

5 이스라엘의 선택은 이스라엘 사람 모두에게 적용되는가? (3.21.7)

하나님께서 다른 민족을 배제하고 아브라함의 후손을 선택하신 데는 하나님의 너그러운 은혜가 나타나 있다. 그러나 한 민족에 대한 전체적인 선택이 항상 확고하고 유효한 것은 아니었다. 그것은 무차별적인 은혜로 모든 사람을 효과적으로 택하신 것이 아니기 때문이다(롬 9:13 참고). 수많은 사람들 가운데 많은 사람이 탈락하여 사라지고, 지극히 적은 일부분인 남은 사람만이 구원을 얻었기 때문이다(롬 9:27, 11:5; 사 10:22,23 참고). 아브라함의 후손들 가운데 영적 후손들에게만 구원에 이르게 하는 효과가 나타났다. 그들에게만 그 은혜가 유효하여 구원에 이르게 하는 효과를 나타낸다. 즉, 외적으로 언약에 참여했다고 해서 모두 내적으로 유효한 은혜와 중생의 영을 받은 것이 아니다.

6 선택은 어떻게 선언되는가? (다니엘서 주석 2:372을 참고하라)

하나님께서는 성령으로 자신의 선택된 백성을 중생시킬 때 하나님의 선택을 선언하신다. 하나님께서는 그들에게 확실한 표시를 새겨 놓으시는데, 이것이 그들의 삶으로 증명된다. 즉, 그들의 삶 전체를 통해서 그들의 양자 됨이 확증된다. 따라서 자신이 하나님의 선택된 백성이라고 하면서도 심령이 갱신된 증거가 나타나지 않고, 특히 삶을 통해서 변화가 증거되지 않는다면, 그러한 확신은 헛된 자기 확신에 불과하다. 구원의 증거들과 성화된 삶도 없이 자기가 예정되었다고 주장하는 것은 예정 교리의 남용이다.

7 선택의 목적은 무엇인가? (3.22.3)

하나님께서는 우리가 거룩하기 때문에 선택하신 것이 결코 아니다. 우리의 행위를 근거로 선택하신 것이 아니다. 또한 우리가 거룩하게 될 것을 예견하고서 택하신 것은 더더욱 아니다. 오히려 하나님은 우리를 거룩하고 흠이 없게 하시려는 목적으로 선택하셨다(엡 1:4 참고). 즉, 선택으로 말미암아 거룩하게 된다는 것이다. 그래서 선택이 실행될 때는 반드시 성령의 거룩하게 하는 역사가 있다(고전 6:11 참고). 그리고 진정으로 선택되었다면, 그는 거룩함을 추구해야 한다. 만일 자신의 선택을 확인하고 싶다면, 이 부분을 확인하면 된다. 왜냐하면 선택의 목적이 거룩함이기 때문이다. 한편 거룩함을 추구하지도 않고 세상적으로 육적인 삶을 살면서도 마치 자신이 선택받은 자인 양 생각하는 것은, 하나님의 선택의 목적도 모르고, 선택을 유효하게 하는 역사도 모르는 것이다.

8 모든 사람이 회개하기를 원하신다는 말씀과 일부만이 선택되었다는 말씀이 서로 충돌되는가? (3.22.10)

누군가는 "하나님께서 모든 사람을 보편적으로 부르면서 몇 사람만 선택하여 받아들이신다면, 이것은 모순이다"라고 하면서 여기에 반대할 수 있다. 성경은 복음 전도를 통해 모든 사람이 회개와 믿음으로 나오도록 부르심을 받는다고 말하면서 동시에 모든 사람에게 회개와 믿음의 영을 주시는 것이 아니라고 말한다(사 53:1 참고). 복음의 말씀은 모든 사람에게 일반적으로 널리 전해지지만, 믿음의 선물은 몇몇 사람에게만 주어진다(마 13:11 참고). 물론 선택에서 제외되는 것도 행위 때문이 아니며, 선택된 것도 행위 때문이 아니다. 이것은 오직 하나님의 뜻에 따라 이루어진다(롬 9:18 참고). 여기에서 창조주와 피조물의 구별이 명확해진다. 따라서 하나님의 뜻에 대항하거나 이해되지 않는다고 불평해서는 안 된다.

9 유기 교리에 반대하는 이유는 무엇인가? (3.23.1)

사람들은 누군가가 정죄받는다는 것을 부정한다. 그러나 하나님께서는 선택하지 않은 사람들을 정죄하신다. 그렇게 하시는 데에는 하나님의 뜻 외에 다른 어떤 이유가 없다. 하나님은 비밀스러운 계획에 따라 선택하지 않은 사람들을 멸하기로 계획하셨다. 이에 반발하는 육적인 이성은 하나님의 비밀스러운 계획에 도전한다. 그러나 하나님의 뜻에 대항하고 도전하는 것은, 아직도 하나님의 크신 은혜를 모른다는 증거이다.

10 유기 교리에 반대하는 자들이 하나님께서 공정하지 못하다고 비난하는 것은 무엇을 이해하지 못했기 때문인가? (3.23.3-4)

주님께서 유기하시기로 예정한 사람들은 모두 그들 본성의 상태 때문에 심판받는 것이다. 인간은 자기의 본성이 자신을 사망으로 인도한다는 것을 알고 있다. 그러므로 자신의 영원한 심판에 대해 하나님께 불평할 수는 없다. 하나님의 뜻에 항의하는 것 자체가 그들의 패악함을 드러내고, 자신의 정죄의 원인을 은폐하는 행위이다.

37

선택과 유기(3.24)

⋮

하나님께 선택된 사람은 유효한 부르심을 받는다. 그 부르심은 선택된 사람의 심령에 은혜의 역사를 일으킨다. 이때 복음 전도(설교)는 선택된 사람이 내적으로 부르심을 받는 데 외적 수단으로 작용한다. 부르심은 은혜로 말미암아, 그리고 오직 성령의 능력으로 이루어진다. 하나님의 말씀이 설교될 때 성령께서 그들의 마음을 조명하심으로써 이루어지는 것이다. 이러한 유효한 부르심은 모든 사람에게 일어나는 것이 아니라 선택된 사람에게만 일어난다. 이것은 심령을 변화시킨다. 이러한 성령의 역사는 계속해서 우리를 성화로 이끈다. 따라서 진정으로 선택되었는지를 확인하려면 성화의 여부를 점검해야 한다.

1 선택은 무엇을 통해 실제화되는가? (3.24.1)

하나님께서는 선택을 자신 안에 감추시지만, 부르심을 통해서 선택을 나타내신다. 따라서 부르심으로 선택을 확인할 수 있다. 왜냐하면 부르심이 선택의 증거이기 때문이다. 그 목적은 아들의 형상을 본받게 하는 것이다(롬 8:29 참고). 그래서 유효한 부르심으로 믿음을 발생시키고 의롭다고 하시며, 후에 그들을 영화롭게 하신다(롬 8:30 참고). 복음의 선포는 선택의 원천에서 나오지만 악인들도 함께 들으므로, 그 자체로는 선택의 증거가 되지 못한다. 반드시 유효한 부르심이 있어야 한다. 유효한 부르심을 통해 하나님의 말씀을 듣는 사람의 마음을 부드럽게 하심으로써 말씀을 받게 하신다. 따라서 우리의 구원에서, 그 일부를 사람의 노력의 공로로 돌릴 수 없다. 구원 전체를 하나님의 긍휼하심에 돌려야 한다.

2 부르심이란 구체적으로 무엇인가? (3.24.2)

부르심은 말씀의 선포일 뿐만 아니라 성령에 의한 조명이다. 성령께서 하나님의 말씀에 효과적으로 역사하여 하나님의 무한한 은혜를 깨닫게 하고 전적으로 그 사랑에 의존하게 만드신다. 이것은 내적이며 영적이다. 따라서 같은 말씀을 듣는다고 해서 이러한 부르심이 모든 사람에게 동일하게 일어나지는 않으며, 듣는 귀와 보는 눈을 허락하신 사람에게만 일어난다. 이는 성령의 역사로 말미암는다(행 13:48 참고).

❸ 우리가 선택에 동의함으로써 하나님의 협력자가 된다는 주장은 어떠한가? (3.24.3)

이 주장은 잘못되었다. 이것은 사람의 의지를 하나님의 계획보다 우위에 두는 주장이다. 더욱이 이것은 우리가 '믿는 능력'을 받는다고 주장한다. 이것은 복음을 받아들인 후에 선택의 효과가 나타난다는 것으로, 잘못된 주장이다. 오늘날 현대 복음주의자들이 이러한 주장을 좋아한다. 그러나 이러한 주장은 성령의 유효한 역사를 부정하는 것이다. 성령의 유효한 역사가 있어야만 믿음이 발생되어 믿을 수 있다. 그리고 그 성령의 역사의 원인이 바로 선택이다.

❹ 우리는 누가 선택된 사람이며 유기된 사람인지를 알 수 있는가? (3.24.4-5)

하나님께서는 누가 선택된 백성인지를 알려 주신 적이 없다. 따라서 하나님 앞에서 "우리가 선택된 백성입니까?"라는 질문으로 시작할 수 없다. 바른 순서를 따라야 한다. 선택을 확실히 증명하는 표징들을 굳게 잡고 놓치지 말아야 한다. 즉, 어떤 사람에게 선택의 목적인 거룩함이나 아들의 형상을 본받고자 추구하는 것이 있는지를 살피고, 그가 그리스도 안에 있는지를 확인해야 한다(고후 13:5 참고).

❺ 선택된 백성임을 확신하기 위해서는 무엇을 점검해야 하는가? (3.24.6)

그리스도께서는 신자의 견인을 약속하셨다. 선택된 사람들은 이러한 은사를 누린다(빌 1:6 참고). 따라서 우리는 이러한 은사들로 인해 앞으로 영원히 안전하리라는 것을 확신하게 된다.

6 유기된 사람은 어떻게 나타나는가? (3.24.7)

그리스도의 백성같이 보이는 사람이 다시 떨어져 멸망으로 향하는 것은 이상한 일이 아니다. 여기서 선택된 사람과 유기된 사람의 차이가 나타난다. 진정한 믿음을 가지고 있는 사람은 주님의 보호하심으로 인하여 한 사람도 멸망에 이르지 않는다. 그리고 그들은 겸손하여 항상 하나님의 은혜를 의지한다. 반면 유기된 사람은 마지막까지 가지 못한다. 그들은 일시적인 믿음을 가지고 있으며, 교만하여 자신을 신뢰한다. 그들은 결국 넘어져 믿음의 길을 끝까지 가지 못하고 포기한다. 그리고 세상으로 돌아가고 만다. 또한 그들은 성령을 모독(훼방)하는 사람들이다(마 12:31; 막 3:29 참고). 은혜의 수단 아래에 있었으며 은혜를 맛보았는데도 구원의 유일하고도 진정한 인도자이신 성령을 업신여기고 경멸하는 사람들에게 하나님께서는 구원의 길을 닫으신다.

7 선택의 실행과 효과는 무엇인가? 그리고 선택된 사람은 위선자와 어떻게 구별되는가? (3.24.8)

선택은 하나님의 말씀이 설교될 때, 성령께서 내적으로 특별하게 역사하심으로써 실행된다. 하나님께서는 물론 일반적 소명으로 모든 사람을 똑같이 부르시지만, 선택된 사람에게는 성령으로 그 마음속을 비추고 선포하신 말씀이 그 심령에 남게 하신다. 이때 위선자들은 일시적으로 하나님의 말씀을 깨닫고 은혜에 참여하지만 결국 그리스도를 배신하고 버린다. 위선자는 자신이 유기된 사람임을 증언하는 것이다. 가룟 유다가 여기에 해당된다. 반면 진정한 선택에는 중생의 영이 동반되어 변화가 나타나고, 장차 영원한 기업을 보증하신다(엡 1:13,14 참고).

8 하나님께서는 유기된 사람들을 어떻게 다루시는가? (3.24.12-17)

하나님께서는 유기된 사람들을 심판하신다. 하나님께서는 그들의 눈을 어둡게 만드시고, 자신의 빛에 참여하지 못하게 하신다. 또한 하나님의 말씀을 이해하는 능력을 주시지 않는다. 이렇게 하시는 것은 그들의 악의와 사악한 마음 때문이다. 그들을 어둠 가운데 있도록 내버려 두시는 것이다. 이것은 하나님의 공의로부터 나온다.

9 결론적으로 선택과 유기 교리가 우리에게 교훈하는 것은 무엇인가? (로마서 9장을 참고하라)

하나님께서 특정한 사람을 구원받게끔 선택하시는 것은 자신의 자비와 사랑과 은혜를 나타내시기 위함이다. 이러한 선택은 절대 인간의 공로로 되는 것이 아니다. 따라서 선택 교리는 진정한 성도로 하여금 구원에 대해 감사하고 찬양하게 만들고, 확신과 위로를 준다. 한편 하나님께서 어떤 사람을 유기하시는 것은 자신의 공의를 나타내시기 위함이다.

38

영혼의 불멸과 마지막 부활(3.25)

⋮

　그리스도께서 십자가에서 죽으시고 부활하심으로 말미암아 우리의 마지막 부활이 보장되었다. 썩은 육체는 다시 일으킴을 받아 새로워지고, 완전한 영과 다시 결합될 것이다. 이러한 부활은 하나님의 속성의 실체를 신뢰함으로 믿을 수 있다. 특히 하나님의 전능하심이 그분의 백성을 기적적으로 일으킬 것이다. 이러한 마지막 부활은 심판이 있을 것을 의미한다. 진정한 신자들은 하나님과 함께하는 영원히 복되고도 즐거운 상태에 놓이게 될 것이며, 위선자와 불신자들은 하나님의 선하심과 복으로부터 제외되어 영원히 비참한 상태에 놓이게 될 것이다.

1 칼빈이 종말론을 구원론 다음에 둔 이유는 무엇인가? (3.25.1)

구원에 대한 설명은 결국 우리의 마음이 하늘을 향하게 만든다. 왜냐하면 우리는 그리스도를 바라보며 하늘의 소망을 바라보고(골 1:4,5 참고), 지상의 것에 이끌리지 않고 영원한 것을 바라보게 되기 때문이다. 그것은 더욱이 우리의 마음을 땅 위의 일들로부터 해방시켜 멀리 하늘의 생활에 매이도록 한다. 그것은 복된 부활에 대해 끊임없이 묵상하는 영적 습성을 갖게 한다. 칼빈이 몸의 부활과 영원한 생명을 칭의와 성화 다음에 서술하는 이유는, 그리스도와 연합되는 목적이 칭의와 성화를 거쳐 결국 영화에 있음을 말하기 위한 것이다.

2 이 땅에서 신자들의 신앙생활의 목표는 무엇인가? (3.25.2)

장차 부활하여 하나님과 완전하게 연합되는 것이다. 신자들의 시민권은 하늘에 있다. 거기로부터 구원하는 자, 곧 그리스도를 기다리는 것이다(빌 3:20 참고). 그리스도께서는 구원을 완성하기 위해 다시 오시는데, 우리는 이것을 기다린다. 따라서 어떤 고난이 있더라도, 이 구속을 생각하며 그것이 완성될 때까지 진력해야 한다. 따라서 신자들은 하늘까지 상승된 마음으로 행해야 한다.

3 몸의 부활에서 반드시 믿어야 하는 것은 무엇인가? (3.25.3)

그리스도께서 부활하심으로써 몸의 부활을 증거하셨다. 그리스도께서는 자신의 부활에 대해서 의심하지 않도록 자신의 부활을 여러 모양으로 여러 번 입증하셨다. 곧 제자들에게 여러 번 나타나 그들의 의심을 제거하고 그들의 믿음을 강화하셨다. 이렇게 그리스도의 부활은 장차 있을 우리의 부활을 보증한다. 그래서 우리는 그리스도와 함께 복된 부활에 참여할 것을 의심하지 않는다. 그리스도께서는 이 보증으로 만족하도록 하늘에 앉아 계시며(엡 1:20 참고), 세상 끝 날에 심판자로 오셔서 우리의 비천한 몸을 자신의 영광스런 몸의 형체와 같이 변화시키실 것이다(빌 3:20,21 참고). 그러므로 신자는 하나님의 나라가 완성될 것을 기다리게 된다.

4 몸의 부활이 우리에게 소망을 주는 이유는 무엇인가? (3.25.4)

몸이 부활하는 근거는 하나님의 전능하심에 있다. 따라서 그 전능하심 때문에 우리에게 내세를 약속하신 그분이 우리가 의탁한 것을 지키실 수 있다(딤후 1:12 참고). 의의 면류관이 예비되었으며, 의로우신 재판장이 그것을 우리에게 주실 것이다(딤후 4:8 참고). 그러므로 우리는 고통을 견뎌 내며 승리를 확신한다. 그리스도께서 자기의 능력의 천사들과 함께 하늘로부터 불꽃 가운데 나타나실 때, 우리를 핍박하는 자들에게 고통으로 갚으시며, 불의에 의해서 고통을 받은 우리에게는 안식으로 갚아 주실 것이다(살후 1:6-9 참고).

5 사람이 죽으면 영혼은 어떻게 되는가? (3.25.6)

사람이 죽으면 영혼이 몸을 떠난다. 몸을 떠난 영혼은 그 본질을 유지한다. 따라서 신자가 죽음을 맞을 때는 그리스도를 본받아 자신의 영혼을 하나님께 의탁하거나(눅 23:46 참고), 또는 스데반처럼 그리스도께 맡겨야 한다(행

7:59 참고). 몸의 부활 전까지 영혼의 상태에 대해 지나친 호기심을 갖는 것은 유익하지 못하다. 하나님께서 알려 주신 것 이상으로 알려고 하는 것은 미련하고 경솔한 짓이다. 성경에서는 다만 그리스도께서 그들과 함께 계시며, 그들이 위로를 얻도록 낙원으로 영접하신다고 기록한다(요 12:32 참고). 그리고 버림받은 사람의 영혼에 대해서는 마땅히 받아야 할 고통을 받는다고 한다. 그러므로 우리는 경건한 사람들의 영혼이 그 어려운 싸움을 마친 후에 약속된 영광을 즐길 때를 기다리는 복된 안식에 들어가며, 모든 일이 구속자이신 그리스도께서 다시 나타나실 때까지 보류된다는 한계에 머물러 만족해야 한다.

6 불신자도 부활하는가? (3.25.9)

불신자도 부활한다. 그러나 그들은 심판을 받기 위해 부활한다(요 5:29 참고). 즉, 악인은 그리스도의 심판대 앞에 서기 위해 부활한다. 그 후에는 재판장으로부터 무한한 벌을 받게 될 것이다.

7 하늘의 복은 어떠한 것인가? (3.25.10)

하늘에서는 최고의 선과 행복이 주어진다. 하나님께서는 모든 선한 것의 원천이시다. 따라서 신자들에게 가장 좋은 선물들을 주실 것이다. 바울은 자신을 위해서 의의 면류관이 예비되었음을 기뻐하였다(딤후 4:8 참고). 이와 같이 하늘에는 귀한 것들이 준비되어 있다. 그리고 하나님께서 우리에게 상을 주실 것이다(마 19:29 참고).

8 불신자의 최후는 어떠한가? (3.25.12)

하나님께서는 악인들에게 무거운 형벌을 내리신다. 그 형벌이 말로 표현하기 어려울 만큼 무겁기 때문에 성경은 그들이 받을 고통을 비유로 표현한다. 예를 들어, '어두운 데서 울며 이를 갊'(마 8:12, 22:13 참고), '꺼지지 않는 불'(마 3:12; 막 9:43; 사 66:24 참고), 심장을 갉아먹는 '죽지 않는 벌레'(사 66:24 참고) 등이 있다. '유황 개천이 불사르리라'라고 묘사하기도 한다(사 30:33 참고). 그러나 가장 비참한 것은 하나님과의 교통이 완전히 단절되는 것이다. 사도 바울은 "(불신자들이) 주의 얼굴과 그의 힘의 영광을 떠나 영원한 멸망의 형벌을 받으리로다"(살후 1:9)라고 하였다. 또한 성경은 해와 달과 천체의 무서운 현상을 통해 장차 올 심판을 서술하였다. 결론적으로 심판에 처한 악인들은 무서운 괴로움을 당하며, 때로는 날카로운 창에 찔리듯이, 때로는 하나님의 번개가 치듯이, 극심한 공포 가운데 처하게 될 것이다.

4부

외적 은혜의 수단으로서의 교회

39

교회의 성질(4.1)

⋮

그리스도께서는 내적으로 우리를 다스릴 뿐 아니라 외적인 도움도 우리에게 주셨다. 왜냐하면 우리가 약하고 힘없는 인간이기 때문이다. 그래서 교회가 필요하다. 하나님께서는 교회에 목사와 교사를 주심으로써 우리를 세우신다. 교회 안에서 성도의 교통은 다양한 은사로 증언되는데, 이로써 서로를 돕는다. 따라서 교회를 떠나서는 영적인 삶을 살 수 없으며, 죄의 용서와 구원의 소망이 있을 수 없다.

1 교회가 왜 필요한가? (4.1.1)

우리의 믿음을 일으키고 성장시키며 전진시키기 위해서는 외적인 도움이 필요하다. 외적인 도움은 곧 교회와 사역과 성례이다. 하나님께서는 교회의 품속으로 자녀들을 모으신다. 그리하여 교회의 도움과 봉사로 어린아이와 같은 사람들이 양육을 받고, 교회의 보호와 지도를 받아 성인이 되며, 마침내 믿음의 목적지에 도달하게 하신다. 이와 같이 하나님께서는 목사와 교사들로 하여금 자기 백성을 가르치게 하셨고, 신앙의 거룩한 일치와 질서를 위해 모든 것을 주셨으며, 성례를 통해 우리의 신앙이 자라게 하셨다.

2 보편적 교회란 무엇을 의미하는가? (4.1.2)

사도신경에서는 공회(교회)를 믿는다고 고백하는데, 이는 가견적 교회만이 아니라 하나님의 선택을 받은 모든 백성을 의미한다. '믿는다'는 말을 사용한 이유는 하나님의 자녀와 불신자들을 구별하기 어려운 경우가 많기 때문이다. 교회의 기초는 하나님의 은밀한 선택이다. 각 성도들은 교회의 머리이신 그리스도 아래서 다른 지체들과 연합되어 있다. 이렇게 모든 선택된 사람들이 그리스도 안에서 연합되어 한 몸을 이루기 때문에 교회를 보편적이라고 말한다. 다시 말하면, 그들은 한 믿음과 소망과 사랑으로 성령 안에서 함께 있다.

3 신자의 어머니로서 가견적 교회는 무엇을 의미하는가? (4.1.4)

어머니는 자녀를 잉태하고 생산하며, 젖을 먹여 양육하고 기른다. 이와 마찬가지로, 구원을 위해서도 낳으며 양육하는 어머니로서의 교회의 역할이 필요하다. 더구나 하나님 아버지께서는 우리를 교회에 맡기셨다. 그래서 교회는 우리의 어머니이다. 우리는 평생 교회에서 배우며, 교회를 떠날 수 없다. 교회의 품을 떠나면 죄 용서와 구원을 받을 수 없다. 또한 진정한 경건 생활을 촉진하기 위해서 교회 안에 있어야 한다.

4 교회 교육은 왜 중요한가? (4.1.5)

그리스도께서 사도와 선지자와 복음 전하는 자와 목사, 그리고 교사를 주셨다. 이로써 성도를 온전하게 하고 봉사의 일을 하게 하여 그리스도의 몸을 세우려 하시는 것이다(엡 4:11,12 참고). 하나님께서는 그분의 백성을 한순간에 완전하게 만드실 수 있지만, 그들이 교회에서 교육을 받고 장성한 사람이 되어 가기를 원하신다. 그래서 목자들에게 하늘의 교리를 전파하라고 명령하셨으며, 교사를 주셔서 모든 신자들이 온유한 심령으로 배우게 하셨다. 더욱이 하나님께서는 자신의 복음만을 우리에게 믿음을 불어넣는 도구로 사용하신다. 복음 전파를 통해서 하나님의 구원의 능력을 나타내시는 것이다. 이 일을 위해 교사를 세우셨다. 이처럼 목사의 설교가 하나님의 수단이므로 우리는 그것을 하나님의 말씀같이 들어야 한다. 한편으로 이것은 순종을 시험하기도 한다. 또한 하나님께서 우레와 같은 목소리로 우리에게 직접 말씀하시면 우리가 도망칠 것이기 때문에, 대신 해석자들을 통하여 말씀하심으로써 우리를 자신에게로 이끄신다. 따라서 우리는 하나님의 명령과 하나님의 입으로 전파되는 구원의 교리를 기꺼이, 그리고 공손히 받아들여야 한다. 교육과 집회와 설교를 무시하는 것은 매우 위험하며, 오류에 빠질 수도 있다.

5 목회자의 직무와 한도는 어떠한가? (4.1.6)

사람들은 논쟁을 벌이는 가운데, 목회자가 필요 없다고 주장하기도 하고, 정반대로 그 위엄을 대단히 과장하기도 한다. 이런 논쟁은 성경의 관점에서 보아야 한다. 그리스도께서는 사도들을 보낸다고 말씀하셨다(요 15:16 참고). 또한 성령의 역사를 힘입은 사도들의 가르침이 유익하다고 말씀한다(고후 3:6 참고). 바울은 자신이 전도할 때, 사람의 지혜로 하는 말이 아니라 성령의 능력으로 하는 말이라고 하였다(고전 2:4 참고). 더욱이 바울은 자신이 하나님의 동역자로서 구원을 나누어 주는 일을 한다고 하였다(고전 3:9 참고). 따라서 우리에게는 목회자가 필요하다. 하나님께서 임명하신 목회자에게 배우겠다는 정신을 가져야 한다. 하나님께서는 이렇게 교육하는 방법을 기쁘게 사용하신다. 한편 목회자들은 사역의 모든 공적을 자신에게로 돌려서는 안 된다. 바울은 이에 대해 "내 속에서 능력으로 역사하시는 이의 역사를 따라"(골 1:29)라고 말하며, "심는 이나 물 주는 이는 아무것도 아니로되 오직 자라게 하시는 이는 하나님뿐"(고전 3:7)이라고 말한다. 이와 같이 사역의 공적을 사람에게로 돌릴 수 없다. 하나님께서는 그것을 신성모독이라고 경고하신다.

6 가견적 교회와 비가견적 교회로 나누는 이유는 무엇인가? (4.1.7)

성경에서 교회라는 말은 때때로 하나님 앞에 있는 모든 사람을 의미한다. 양자로 삼아 주시는 은혜로 말미암아 하나님의 자녀가 된 사람들과 거룩하게 하는 성령의 사역으로 말미암아 진정으로 그리스도의 지체가 된 사람들만이 여기에 들어갈 수 있다. 이런 의미에서 교회는 현재 이 땅에 살아 있는 신자들뿐만 아니라, 세상이 창조된 이후 지금까지 선택받은 사람들을 모두 포함하는 의미이다. 이러한 교회를 눈에 보이지 않는 '비가견적 교회'라고 한다. 또 한편 교회라고 할 때, 한 하나님과 그리스도를 경배한다고 고백하는, 전 세계에 흩어져 있는 모든 사람을 가리킬 때도 많다. 그러한 교회에서는 말씀이 선포되고 성례가 시행된다. 그러나 그 안에는 이름과 외형만 있을 뿐 그리스도가 전혀 없는 위선자들이 많이 섞여 있다. 중상모략하는 사람들도 많고, 불결한 생활을 하는 사람도 있다. 이렇게 위선자가 섞여 있는 교회를 가견적 교회라고 부른다.

7 그렇다면 진정한 주의 백성과 거짓 백성을 어떻게 분별할 수 있는가? (4.1.8)

누가 하나님의 백성인지를 아는 것은 하나님만이 가진 특권이다(딤후 2:19 참고). 이것은 사람들의 경솔한 판단을 억제하기 위한 것이다. 소망이 전혀 없어 보이는 사람도 하나님의 부르심으로 돌아오며, 믿음을 가진 듯이 보였던 사람들도 넘어진다. 오직 주님만이 진정한 주의 백성을 완전히 알고 계신다. 그러나 주님은 우리에게 진정한 주의 백성과 그렇지 않은 자들을 분별할 수 있는 능력을 주셨다. 그리하여 그리스도를 고백하며 삶 속에서 믿음의 증거가 드러나는 사람들을 교회의 회원으로 인정하게 하셨다.

㊵ 교회의 표식들(4.1.9-22)

:

　교회의 표식으로는 하나님의 말씀을 순수하게 설교하는 것과, 그리스도께서 제정하신 대로 성례를 시행하는 것이 있다. 어떤 경우에는 이러한 표지가 있지만 완전하지 않다. 그러한 경우 교회를 떠나서는 안 된다. 또한 교회가 온전히 성결하지 못하더라도 교회를 분리해서는 안 된다. 교회는 아직 완성되지 않았으며, 여전히 성화되는 과정 가운데 있다. 하나님께서는 풍성한 은혜를 교회에 주고 계신다.

1 진정한 교회의 표식은 무엇인가? 그리고 그것은 왜 중요한가? (4.1.9-11)

하나님의 말씀을 순수하게 전파하고 들으며, 또한 그리스도께서 제정하신 대로 성례를 시행할 때 그 교회를 하나님의 교회라고 한다(엡 2:20 참고). 우리는 이 표지를 기준으로 하나님의 교회인지 아닌지를 구별한다. 교회를 "진리의 기둥과 터요 하나님의 집"이라고 부르는 것은 중요하다(딤전 3:15 참고). 교회는 진리의 충실한 파수꾼이어야 한다. 하나님께서는 교회의 봉사와 수고를 통해 말씀이 순수하게 선포되기를 원하셨고, 영적 양식과 구원에 유익한 모든 것을 우리에게 주셨다. 사탄은 이러한 교회의 표식을 말살하려고 한다. 사탄은 교회의 진정하고 참된 표식을 없애려고 간계를 꾸민다. 그래서 어떤 시대에는 순수한 말씀의 선포를 없애 버렸으며, 지금도 거룩한 직무를 무너뜨리려고 애쓰고 있다. 따라서 교회라는 이름이 있다 하더라도 진정한 교회의 표식에 비추어 분별해야 한다.

2 진정한 교회는 완벽한가? (4.1.12-13)

말씀을 순수하게 선포하고 성례를 순수하게 시행하는 교회가 진정한 교회이다. 그러나 교회에 이러한 표시가 있다고 해서 결점이 없는 것은 아니다. 그러므로 교회에 결점이 있더라도 표지가 있다면, 그 교회를 참된 교회로 인정해야 하며, 배척해서는 안 된다. 사소한 의견 충돌 때문에 교회를 버려서는 안 된다. 교회와의 교통을 버려서도 안 되고, 교회의 평화와 합법적인 권징을 깨뜨려서도 안 된다. 바울은 문제가 많은 고린도교회를 교회로 인정하였다. 고린도교회에는 질서가 없었으며 도덕적인 문제가 많았고 분쟁이 있었지만, 복음 선포와 성례가 반대 없이 시행되고 있었기 때문에, 성도들 사이에서 여전히 교회로 존속하였다. 바울은 갈라디아교회가 다른 복음을 받아들였다고 꾸짖었다(갈 3:1 이하 참고). 그러나 그들이 복음을 거의 버렸는데도 바울은 그들 사이에 교회가 있다고 인정하였다(갈 1:2 참고).

3 교회를 판단할 때는 왜 신중해야 하는가? (4.1.16)

교회를 판단할 때, 때로는 사람들의 잘못된 열성으로 인하여 교회를 분열시키기도 한다. 교회를 판단하는 사람은 교만하여 자신의 판단이 옳다고 생각한다. 성경은 교회의 문제를 시정하되, 더욱 온유하고 조심스럽게 하여 교회의 평화를 깨지 말라고 말씀한다(갈 6:1 참고). 설령 교회에 문제가 있더라도, 거기에 주를 깊이 두려워하는 마음으로 성결한 삶을 추구하는 사람이 많다는 것을 생각해야 한다. 또한 성결한 사람도 매우 유감스러운 과오를 범할 수 있기 때문에 한 가지 행동으로 판단해서는 안 된다. 따라서 진정으로 교회를 판단하는 것에서는 사람보다 하나님의 판단이 더욱 중요하다는 것을 알아야 한다.

4 교회의 거룩성이 완전하지 못하기 때문에 우리에게 주어진 의무는 무엇인가? (4.1.17-19)

성경은 "그리스도께서 교회를 사랑하시고……이는 곧 물로 씻어 말씀으로 깨끗하게 하사 거룩하게 하시고 자기 앞에 영광스러운 교회로 세우사 티나 주름 잡힌 것이나 이런 것들이 없이 거룩하고 흠이 없게 하려 하심이라"(엡 5:25-27)라고 말씀한다. 주님께서 티를 씻기 위해 매일 수고하고 계신다. 곧 교회는 아직 완전히 거룩하지 않다. 선지자들과 그리스도와 사도들은, 교회 안에 죄인들이 있었지만 교회를 떠나지 않았다. 이 땅에는 완전한 교회가 있을 수 없다. 따라서 우리는 알곡이 되도록 노력해야 하며(마 13:24-30, 37-42 참고), 금그릇과 은그릇이 되기 위해 온 힘을 다해야 한다. 그리고 교회를 탈퇴하거나 분열시켜서는 안 된다.

5 신자이지만 죄를 짓기 때문에 우리에게 주어진 의무는 무엇인가? (4.1.23)

신자가 거듭나고 세례를 받았다고 해서 아무런 죄도 짓지 않고 천사처럼 살지는 않는다. 거듭난 신자도 죄를 짓는다. 따라서 신자들은 날마다 자신의 죄에 대해 용서를 구해야 한다(마 6:12 참고). 또한 자신이 죄인임을 고백해야 한다. 주님께서는 회개하는 자를 용서하겠다고 약속하셨다. 주님께서는 한두 번만 용서하시는 것이 아니라 사람들이 자기의 죄를 깨닫고 회개할 때마다 용서하신다.

6 신자가 알면서 지은 죄는 용서받지 못하는가? (4.1.28)

신자는 알고 지은 죄일지라도 회개함으로써 용서받을 수 있다. 다윗은 분명히 율법을 잘 알고 있었다. 그러나 그는 동시에 여러 가지 죄를 지었다(삼하 11장 참고). 주님으로부터 분명히 경고를 받은 베드로도 죄를 지었다(마 26:34, 69-75 참고). 이것들은 틀림없이 알고 지은 죄들이다. 그러나 회개함으로써 용서받았다. 하나님의 자비가 이렇게 관대하므로, 우리가 용서받는 것을 어렵게 만들어서는 안 된다. 칼빈은 교회론의 관점에서 죄의 용서를 다루고 있다. 그가 3부에서 이미 진정으로 죄를 용서받은 자가 죄와 싸우게 되어 있음을 설명하였으므로, 여기서는 교회의 태도에 관해 말한다고 할 수 있다.

㊶
참된 교회와 거짓 교회의 특징들
(4.2)

⋮

진정한 교리와 예배에서 떠난 교회를 하나님의 교회라고 부를 수는 없다. 거짓 교회는 진정한 교리와 예배를 거부하며 하나님의 말씀을 듣지 않는다. 교회는 단지 사람들이 모인다고 되는 것이 아니라, 진정한 교리의 지지를 받아야 한다. 진정한 교회는 하나님의 말씀 위에 세워진다. 로마 가톨릭교회는 개혁자들을 이단이라고 하였다. 이는 로마 가톨릭교회의 무지를 나타낸다. 이단은 잘못된 교리로 믿음의 신실한 교리를 부패시키며 연합의 줄을 끊는다. 그런데 로마 가톨릭교회 역시 진정한 복음의 교리를 모르는 상태에서 개혁자들의 가르침을 이단이라고 고소하였다. 로마 가톨릭교회는 오히려 구약의 의식 아래 있는 것과 같다. 그들을 결코 바른 교회로 볼 수 없다.

1 교회에서 용인될 수 있는 것과 용인될 수 없는 것은 무엇인가? (4.2.1)

말씀의 바른 선포와 성례의 바른 시행이 참된 교회의 표지이다. 이러한 표지가 있다면, 설령 도덕적 과실이나 병폐가 있더라도 교회로 인정된다. 그러나 용인될 수 없는 과오들이 있다. 중요한 교리를 손상시키는 일, 신조를 무시하거나 말살하는 것, 성례를 말살하거나 폐지하는 것들이다. 왜냐하면 필수적인 교리가 무너지면 교회가 확실히 죽어 버리기 때문이다. 이는 마치 사람이 치명상을 입고 죽는 것과 같다. 이런 의미에서 교회의 기초는 사도와 선지자들의 교훈이다(엡 2:20 참고). 사도들의 가르침은 어떤 것과도 타협할 수 없으며, 이것을 무너뜨리면 교회가 설 수 없다.

2 칼빈은 로마 가톨릭교회의 문제점을 어떻게 보았는가? (4.2.2)

로마 가톨릭교회에서는 말씀 대신 거짓말을 섞은 패악한 조직이 교회를 지배하였는데, 이 조직이 순수한 빛을 꺼버리기도 하고 희미하게 만들기도 했다. 주님의 성찬은 가장 추악한 모독 행위로 대체되었다. 하나님께 대한 예배는 참을 수 없는 각종 미신으로 더러워졌다. 기독교의 중요한 교리를 완전히 매장하고 제거해 버렸다. 공중집회는 우상 숭배와 불경건을 가르치는 곳이 되었다. 따라서 경건을 유지하려면 이러한 교회를 떠나야 한다. 그들에게는 진정한 교회 됨을 증명할 수 있는 근거가 하나도 없다.

3 칼빈은 로마 가톨릭교회를 무엇에 비유하는가? (4.2.3)

칼빈은 로마 가톨릭교회를 배교한 유대주의자들로 비유했다. 로마 가톨릭교회는 과거 무지와 불경건과 우상 숭배 등으로 책망받았던 유대인들과 같다. 그들은 성전과 의식과 제사장들의 활동을 굉장히 자랑하며, 그것들을 기준으로 교회를 확정적으로 평가할 수 있다고 생각하였다. 오늘날 외적 성장 중심의 교회들이 교인 수, 사업 규모, 재정 등을 근거로 하나님께서 자신들에게 복을 주셨다고 주장하는 것과 같다. 그러나 교회는 그런 것 없이도 훌륭하게 존립할 수 있다. 구약의 선지자 예레미야는 이러한 주장에 대해서 "너희는 이것이 여호와의 성전이라, 여호와의 성전이라, 여호와의 성전이라 하는 거짓말을 믿지 말라"(렘 7:4)라고 하였다. 외형적인 것으로 하나님의 교회라고 주장하는 이들은, 하나님께서 사람과 장소에 매여 있고, 형식적인 행사에 끌려 다니며, 교회라는 이름과 외형만 있는 곳에 항상 계셔야 한다는 듯이 선전하지만, 이것은 아무런 근거 없는 주장이다(롬 9:6 참고). 더욱이 로마 가톨릭교회는 유대인과 같이 외형적으로는 하나님의 백성인 듯 보이지만, 복음의 교훈을 거부하고 복음을 핍박하기 때문에 교회가 아니다. 그래서 칼빈은 로마 가톨릭교회를 가리켜 여호와의 율법을 버리고 우상 숭배와 미신에 빠진 여로보암 시대의 이스라엘 같다고 하였다(4.2.9).

4 로마 가톨릭교회가 교회가 아닌 결정적인 근거는 무엇인가? (4.2.4)

로마 가톨릭교회는 교회의 이름으로 진리를 핍박하고 무지한 사람들을 맹목적 믿음 안에 가두며 위협한다. 그리고 외형적 화려함으로 사람들의 마음을 미혹하고 단순한 사람들의 마음을 빼앗는다. 그러나 로마 가톨릭교회가 교회가 아닌 결정적인 근거는 하나님의 말씀이 없는 것이다. 주님의 말씀은 주님께서 그분의 백성에게 인 치시는 영원한 표지이다(요 18:37 참고). 주의 백성은 자기 목자의 음성을 분별하여 그 음성을 듣고 따라간다(요 10:4 참고). 이것이 틀림없는 표지이다. 그런데 로마 가톨릭교회에는 바로 이 표지가 없기 때문에 교회가 아니다.

5 로마 가톨릭교회의 부패는 어느 정도인가? 그러면 어떻게 해야 하는가? (4.2.9–10)

그들의 예배는 우상 숭배와 같이 부패하였고, 그들의 교리에는 순수한 것이 하나도 없으며 오히려 불순한 것으로 가득 차 있다. 그 부패는 신성모독에 해당될 정도이다. 이처럼 교회가 부패하고 모독적인 의식으로 타락했을 경우, 그런 교회를 경솔하게 따라가서는 안 된다. 우상 숭배와 미신과 불경건한 교리에 오염된 교회를 교회로 여기는 것은 큰 오류이다. 말씀을 파괴한 교회를 교회라고 할 수 없다. 불경건을 가르치며 그 안에 오류가 가득한 교회는 교회가 아니다. 따라서 이러한 교회를 떠나는 것은 분리가 아니다. 이런 교회에는 그리스도의 말씀이 결여되어 있기 때문이다.

6 로마 가톨릭교회에는 구원받는 사람이 없는가? (4.2.12)

로마 가톨릭교회는 부패된 교회로서 참된 교회가 아니다. 그렇다면 그들 가운데에는 하나님의 백성이 없는가? 아니다. 하나님의 백성이 있을 수 있다. 그렇다면 하나님의 백성이 있을 수 있고, 또한 건전한 요소들이 조금이라도 있는데 교회가 될 수 있지 않을까? 그들 속에 하나님의 백성이 있을 수도 있고 건전한 요소가 있을 수도 있는데, 그것은 하나님께서 그것들을 기적적으로 보존하셨기 때문이다. 그래서 교회의 표지가 조금이라도 남아 있는 것이다. 그러나 부패한 교회는 참된 교회가 될 수 없다.

7 칼빈은 교황을 뭐라고 일컫는가? (4.2.12)

칼빈은 교황을 적그리스도라고 부른다. 칼빈은 다니엘과 바울이 하나님의 성전에 적그리스도가 앉아 있으리라고 한 예언을 교황에게 적용하였다(단 9:27; 살후 2:4 참고). 그러고는 사악하고 가증스러운 왕국의 수령인 로마 교황을 적그리스도라고 하였다. 따라서 칼빈은 로마 가톨릭교회로부터의 분리가 교회를 분리시키는 죄가 아님을 분명히 밝힌다.

42
교회의 사역(4.3.1-5)

교회에서의 사역은 사람들을 하나의 몸으로 묶는다. 사역들 중에서 가장 중요한 것은 말씀 사역이다. 설교와 가르치는 직무는 그리스도의 대사로서 교회가 하나님으로부터 위임받은 것이다. 에베소서 4장 11절 이하에 언급된 직무에서 사도와 선지자와 복음 전하는 자의 직분은 임시직이다. 그러나 목사와 교사의 직분은 항존직이다.

1 하나님께서는 왜 사람의 입을 통하여 우리에게 말씀하시는가? (4.3.1)

하나님께서는 자신의 뜻을 사람의 봉사를 사용하여 말로써 우리에게 명백하게 선포하신다. 물론 이것은 하나님께서 자신의 권리와 영광을 이양하시는 것이 아니다. 단지 그들의 입을 통해서 자신의 사업을 성취하시려는 것일 뿐이다. 하나님께서는 사람을 택하여 하나님의 사역자로 삼으시고(고후 5:20 참고), 자신의 비밀한 뜻을 해석하게 하시며, 그분을 대변하게 하신다. 그러나 인간의 입은 단지 도구일 뿐이다. 하나님께서 사람을 수단으로 삼아 일하시는 이유는 신자들을 겸손하게 하시려는 것이다. 때때로 우리보다 못한 사람들을 통해 말씀이 선포될 때에도 우리는 그 말씀에 복종해야 한다. 사역자가 보잘것없어 보여도 그를 하나님의 일꾼으로 여기고 배우고자 함으로써 우리의 경건과 순종을 증명해야 한다. 이것으로 우리가 하나님의 말씀을 얼마나 귀중하게 여기는지를 시험할 수 있다. 한편 하나님께서는 교회가 공통된 가르침을 받게 하심으로 교회의 연합을 유지하신다. 이렇게 하나님께서는 구원과 영생의 가르침을 사람들에게 맡기사 그들의 손을 거쳐 다른 사람들에게로 전달되게 하신다.

2 사역이 왜 필요한가? (4.3.2)

주님께서는 목회자들에게 사역을 위탁하고, 그들이 그 직무를 수행할 수 있도록 은혜를 베푸시며, 그들을 통해서 교회에 선물을 나눠 주신다. 그리고 이들의 사역 위에 성령의 능력을 나타내심으로써, 갱신하게 하시고 그리스도의 몸을 세우신다(엡 4:12 참고). 이를 통해 범사에 그에게까지 자란다(엡 4:15 참고). 이렇게 함으로써 그리스도와 연합하게 된다. 따라서 교회를 유지하기 위해서는 사도적이고 목회적인 직분이 더욱 필요하다.

3 성경에서는 사역의 위엄성에 대해서 어떻게 말하는가? (4.3.3)

하나님께서는 성직 제도를 옳게 보시고, 온갖 방법으로 그 위엄을 칭찬하신다. 즉, 하나님께서는 성직이 우리 사이에서 가장 존경을 받으며, 심지어 가장 훌륭한 일로 인정받기를 원하신다. 하나님께서는 사람들을 위해 교사들을 세운 것이 그들에게 주신 특별한 은혜라고 증언하신다(사 52:7 참고). 왜냐하면 복음을 전파하는 일이 성령과 의와 영생을 제공하며, 교회 안에서 가장 두드러지고도 영광스러운 일이기 때문이다(고후 4:6, 3:9 참고). 성직자들을 통해서 교회를 다스리고 유지하는 방식은 주님께서 정하신 것이므로 무시되어서는 안 된다.

4 에베소서 4장에 기록된 교회에서의 다섯 가지 직분들은 무엇인가? (4.3.4)

바울은 그리스도께서 교회 정치를 주관하도록 정하신 사람들을, 첫째로 사도, 둘째로 선지자, 셋째로 복음 전하는 자, 넷째로 목사, 다섯째로 교사라고 부른다(엡 4:11 참고). 첫 번째부터 세 번째까지는 주님께서 그의 나라 초창기에 세우시고는 필요에 따라 가끔 부활시키시며, 네 번째와 다섯 번째는 교회의 평상직이다. 사도들이 맡은 일은 온 세상에 다니며 복음을 전하고 어디서든지 복음을 전파함으로써 그리스도의 나라를 세우는 것이다. 그들은 교회의 창설자들로서 온 세계에 그 터를 닦아 두는 사람들이라고 할 수 있다 (고전 3:10 참고). 한편 선지자는 어떤 특별한 계시에서 탁월한 사람들이었다. 그리고 복음 전하는 자는 사도들보다는 지위가 낮지만 사도들을 대신해서 활동하였다. 누가, 디모데, 디도를 비롯하여 그와 비슷한 사람들이 이러한 복음 전도자들이었다. 따라서 이 세 가지 직책은 교회에 항존직으로 정해진 것이 아니며, 교회가 세워지는 동안만 허용된 직분이다. 칼빈은 하나님께서 종교개혁 시대에도 교회를 개혁하시기 위해 사도들이나 그들을 대신할 복음 전도자들을 세우셨다고 보았다. 그다음으로 목사와 교사는 교회에 없어서는 안 되는 직책이다. 목사는 신자를 훈련하고 성례를 집행하며, 경고와 권면하는 일과 성경을 해석하고 교리를 바로 세우는 일을 모두 맡았지만, 교사는 단지 성경을 해석하고 가르치는 일만 맡았다. 이러한 교사의 직무는 신자들 사이에서 교리를 바르고 순수하게 유지하기 위해 주어졌다.

43
교회의 직무들(4.3.6-16)

목사는 성경을 해석하고, 치리와 성례를 시행하며, 신자들을 경고하고 권면한다. 교사는 단지 성경을 해석하고 가르친다. 하나님께서는 목회자를 은밀하게 부르시지만, 교회는 그를 공개적으로 청빙한다. 목회자는 바른 교리를 가지고 있어야 하며, 거룩한 삶을 살아야 한다. 목회자는 잘못을 피하고, 사역을 치욕스럽게 만들거나 권위를 손상시키는 일이 없어야 한다.

1 목사의 직무와 그 범위는 어떻게 되는가? (4.3.6-7)

목사의 직무에는 복음을 전하며 성례를 시행하는 두 가지 기능이 있다. 가르치는 방법으로는 공개적으로 강론할 뿐만 아니라 각 가정에서 사적으로 가르칠 수도 있다(행 20:20,21 참고). 그들이 교회에 임명된 목적은 그리스도의 교훈으로 사람들에게 진정한 경건을 가르치고, 거룩한 성례를 시행하며, 올바른 치리를 유지하고 실시하게 하려는 것이다. 그런데 목사는 한 교회에 매여 있으므로 교회가 혼란에 빠지지 않도록 자신의 의무를 다해야 한다. 일정한 임지 없이, 또는 아무 목적 없이 돌아다녀서는 안 된다. 자기에게 주어진 범위로 만족해야 하며, 다른 사람의 영역을 침범해서는 안 된다. 한곳에 부르심을 받은 사람은 자기에게 유리하다고 그곳을 떠나거나 그곳에서 놓이기를 원해서는 안 된다. 만일 다른 곳으로 옮기는 것이 유익하다면, 자기가 개인적으로 결정하지 말고 공적인 인정을 기다려야 한다.

2 장로의 직무는 무엇인가? (4.3.8)

성경에서는 감독, 장로, 목사, 또는 사역자라는 용어를 구별 없이 사용한다(딛 1:5,7; 딤전 3:1; 빌 1:1; 행 20:17 참고). 앞에서 목사는 말씀을 선포하는 직분이라고 설명하였다. 한편 장로는 감독들과 함께 도덕적인 견책과 권징을 시행한다. 따라서 처음부터 각 교회에는 경건하고 근엄하고 거룩한 사람들 가운데서 선택된 장로회가 있었으며, 과오를 시정하는 권한을 가지고 있었다. 즉, 장로의 직무는 다스리는 것이다.

3 집사의 직무는 무엇인가? (4.3.9)

집사의 직무는 구제하는 일이다. 집사들은 구제 물자를 나누어 주고, 빈민과 병자들을 돌보았다. 또한 교회를 위해서 구제 사업을 관리하였다. 사도들은 정직한 사람 일곱 명을 택하여 이 일을 맡겼다(행 6:1-6 참고).

4 사역자들은 어떻게 소명을 확인할 수 있는가? (4.3.10-11)

진정한 사역자로 인정되려면 먼저 합당한 방법으로 소명을 받아야 한다(히 5:4 참고). 내적인 소명은 개인적인 것이고, 외적인 소명은 객관적인 것으로 교회 앞에서 합당하게 부름을 받는 것이다. 목사는 경건을 겸한 학식과 그 밖의 은사들을 분명히 나타내야 한다. 그것이 직분을 감당하기 위한 일종의 준비이기 때문이다. 사역자들의 외적 소명은 은사를 통해 나타나야 한다. 고린도전서 12장 7-11절에서는 여러 가지 직책에 대해 말하면서, 이 직책을 수행하기 위해 가져야 할 은사들을 열거하고 있다.

5 사역자를 세울 때 필요한 조건은 무엇인가? (4.3.12)

먼저 감독은 건전한 교리를 믿으며, 생활이 거룩하고, 자신의 권위를 빼앗기거나 사역에 수치가 될 만한 허물이 없어야 한다(딤전 3:2-4; 딛 1:7-9 참고). 집사와 장로들에 대해서도 같은 점을 요구한다(딤전 3:8-13 참고). 사역자들은 그 직무를 수행하는 데 중요한 기능이 무엇인지를 알고 있어야 하며, 그 직무에 필요한 무기와 도구를 갖추고 있어야 한다. 그리스도께서 그것들을 주시는데, 그것을 통해서 소명받았음이 증명된다(눅 21:15, 24:49; 막 16:15-

18; 행 1:8 참고). 그리고 이렇게 사역자들을 세울 때, 신자들은 최고의 경의를 가지고 매우 주의를 기울여야 한다(행 14:23).

6 누가 사역자들을 택하고 세우는가? (4.3.13-16)

사도직은 분명히 그리스도께서 세우신 것이지, 사람에 의해서 선택된 것이 아니다. 사도 바울은 자신이 주님으로부터 사도로 부름받았다고 분명히 증언한다. 그러면서 그는 동시에 안디옥교회를 통해서 사역자로 임명받았다. 이는 성령께서 안디옥교회의 지도자들에게 자신의 뜻을 나타내심으로 이루어졌다. 이것은 교회의 규율을 보전하고 질서를 지키기 위함이었다. 즉, 주님께서 이미 그를 선택하셨지만 교회의 질서를 무시하지 않고 교회가 그를 지명하게 하신 것이다. 더욱이 신자들의 투표로 감독을 택하고 공중의 결정과 증언으로 감독이 적임자임을 증명하는 것은 하나님의 권위로부터 온다. 따라서 사역자를 임명할 때는 일반 신자의 합의와 승인을 얻어야 한다. 그래야만 그 임명이 모든 사람의 증언을 통해 공정하고 합법적이라고 검증될 수 있다.

7 안수식은 어떻게 행해지는가? (4.3.16)

사도들은 사역자들을 임명할 때 안수하였다. 안수는 사도들이 사역자로서 임직을 받는 사람을 하나님께 드린다는 표현이다. 교회는 사역자들을 임명할 때마다 이 엄숙한 의식을 행함으로써 목사와 교사와 집사들을 성별하였다. 또한 이 의식은 직분의 위엄을 교회에 알리는 표징으로서 유용하다. 또한 한편으로는 임명을 받는 사람에게 그가 앞으로 자기 마음대로 살아서는 안 되며 하나님과 교회를 섬기기 위해 매인 몸이라는 것을 경고한다. 안수식에서는 회중 전체가 아니라 목사들만 임직 받은 사람들에게 안수하였다. 이는 안수식이 엄중한 의식임을 보여 준다.

잘못된 사역과 오류에 빠진 교회
(4.5-7)

⋮

자격이 없거나 자질을 갖추지 못한 목회자들은 사역을 남용한다. 이러한 자들은 하나님의 말씀에 무지하며 부도덕하다. 그들은 성직 매매와 같은 일들을 행하기도 하였다. 그들은 베드로를 교황의 시초라고 하며 그 연속성을 주장하지만, 실제로 성경은 베드로의 교황권에 대해 말하지 않는다. 더욱이 로마 가톨릭교회에서 말하는 '권세의 열쇠'는 성경의 지지를 받지 못한다. '열쇠'(마 16:19)는 성경이 복음을 은유적인 표현으로 가르치는 것으로서, 믿음으로 말미암아 하나님 나라가 열리고 믿음이 없어 그 나라가 닫히는 것을 의미한다. 이 열쇠는 교회만이 아니라 모든 복음 사역자에게 주어진다. 교황의 우월권은 바울이 논증한 적그리스도와 매우 유사하다. 적그리스도는 그리스도의 영광을 찬탈하여 자기 것으로 삼는다.

1 목회직의 부패는 어디에서부터 오는가? (4.5.11-12)

목회직은 거룩하고도 훌륭한 것이다. 그러나 그 일을 성실히 감당하지 않으면 부패하고 만다. 목회직의 부패란 목자가 일하지 않고 신자들을 영적으로 돌보지 않는 것을 말한다. 특별히 가르치는 일을 등한시하는 것, 즉 설교에 모든 노력을 기울이지 않는 것이 부패의 시작이다. 이러한 상황에 이르게 되는 가장 주된 원인은 목회자 자신이 복음의 교리에 무지하기 때문이다.

2 목회자들의 부패는 결국 어떤 모습으로 나타나는가? (4.5.14,17)

부패한 목회자들의 도덕 수준은 형편없다. 그들에게서는 빛과 소금의 역할을 기대할 수 없으며, 거룩함도 찾을 수 없다. 그들은 자신들의 위치(계급)를 자랑하고, 거만과 자만과 탐욕에 빠져 있다. 또한 그들은 외적인 규모와 화려함을 자랑한다. 외적인 화려함과 규모가 교회의 진정한 표식이 아닌데도, 그들은 그것을 하나님께서 함께하신 증거인 양 주장한다. 이러한 태도를 가지고 있는 목회자들은 아무리 하나님의 영광을 위한다고 말하고 하나님 나라에 대해 말한다 하더라도 세상적일 뿐이며, 단지 교회를 통해서 세상적인 야망과 목표를 이루려는 것에 지나지 않는다.

3 맹목적 순종을 요구하는 것은 왜 잘못되었는가? (4.6.1-2)

교회가 부패되어 갈 때는 교회가 영적으로 유지되지 않는다. 따라서 목회자들은 인간적인 방법이나 조직을 통해서 교회를 유지하려고 하게 된다. 그래서 그들은 목회자의 권위를 남용하여 신자들에게 무조건적인 복종을 요구한다. 성경이 아니라 자신의 법에 복종할 것을 요구한다. 그들은 자신의 권력이 그리스도에게서 왔다고 주장한다. 그러나 이러한 주장은 그리스도의 말씀과 일치하지 않는다. 이들의 목적은 자신의 조직을 유지하려는 것일 뿐, 그리스도의 몸과는 전혀 관계가 없다.

4 로마 가톨릭교회는 왜 종교개혁에 반대했는가? (4.7.24)

로마 가톨릭교회는 미신적이고 오류를 지니고 있다. 그들은 오류로 인하여 눈이 어두워졌고, 우상 숭배에 빠져 있다. 그래서 그들은 복음의 교리가 부흥하려는 것(종교개혁)을 온 힘을 다해 억압한다. 그리스도의 복음이 더욱 널리 퍼지게 되면 그들의 나라가 붕괴되리라는 것을 알기 때문이다. 더욱이 복음에 반대하지 않고서는 그들의 권력을 유지할 수 없기 때문이다. 이것은 오늘날도 마찬가지이다. 교회들이 거짓된 복음과 인간적인 방법으로 외적 성장을 이루었다면, 그들도 바른 복음의 교리에 반대할 것이다. 결국 자신의 방법이 잘못되었다는 것이 드러날 것을 누구보다 더 잘 알기 때문이다.

5 칼빈이 로마 교황을 적그리스도라고 부르고 로마 가톨릭교회를 적그리스도의 왕국이라고 부르는 이유는 무엇인가? (4.7.25)

성경에서 적그리스도는 하나님의 성전에 앉아 있으며(살후 2:4 참고), 자만심으로 하나님을 대적하여 훼방한다(단 7:25; 계 3:10, 13:5 참고). 더욱이 성경은 적그리스도가 그리스도나 교회의 이름을 말살하지 않고, 오히려 그리스도와 비슷한 것을 만들어 악용하며, 교회의 이름으로 가장한다고 말씀한다. 따라서 교회사에서 처음부터 존재해 온 이단과 분파들은 모두 적그리스도의 왕국에 속한 것들이다. 이러한 적그리스도는 이미 바울의 시대에도 활동하였고(살후 2:7 참고), 사도 요한도 적그리스도가 많이 일어났다고 말한다(요일 2:18, 4:1 참고). 그런데 바로 교황이 이러한 모습을 하고 있으며, 로마 가톨릭교회가 이러한 특징을 가지고 있다. 그래서 그들을 각각 적그리스도와 적그리스도의 왕국이라고 부르는 것이다.

6 로마 가톨릭교회는 그들의 역사가 오래되었으므로 자신들이 참된 교회라고 주장한다. 이것이 옳은 주장인가? (4.7.26)

로마 가톨릭교회는 역사가 길다는 것을 근거로 자신들이 바른 교회라고 주장한다. 그러나 그것은 어리석은 주장이다. 오류와 이단의 역사도 오래되었다. 과거에 존재했던 오류가 지금도 다시 나타난다. 현재 로마 가톨릭교회는 그리스도를 가장 미워하는 원수이며, 복음을 가장 대적하고 교회를 황폐하게 만든다. 그런데도 그들은 자신들이 그리스도의 대리자이자 베드로의 후계자요 교회의 제일 되는 주교라고 생각하면서 어리석고도 미련한 주장을 펼친다.

7 칼빈이 계속해서 교황을 강력하게 비판하는 이유는 무엇인가? (4.7.29)

로마 가톨릭교회는 교황이 베드로의 감독직을 계승했다고 한다. 그리고 바로 이 교황을 통해 그리스도와 성령과 교회를 한 장소에 묶어 두며, 그것을 다스린다. 그들은 교황이 그리스도의 대리자라고 하지만, 실상 교황은 그리스도를 대적하며 그리스도의 나라를 허무는 자이다. 교황은 가장 종교적인 모습을 하고 있지만, 가장 신앙적인 것을 허무는 자이기 때문에 칼빈은 이를 비판한다.

45

교회의 권위(4.8)

교회는 하나님 말씀으로부터 믿음의 조항을 말하고 그것을 설명하는 권위를 가진다. 이 권위는 하나님의 말씀에 제한을 받는다. 이 권위는 개인이 아니라 교회에 주어진 것이므로 교회는 성경만을 가르쳐야 한다. 더욱이 새로운 교리를 만들어서는 안 된다. 교회사 가운데는 새로운 가르침이라고 주장하기 위해 '새 관점'이라는 용어를 붙여 새로운 교리를 만들어 낸 경우들이 있었다(예를 들면, 찰스 피니의 '새로운 측정법' 등). 그러나 그것은 결국 스스로 잘못된 것임을 드러내고 말았다. 그러므로 교회는 주님께서 단번에 주신 믿음의 도에만 충성해야 한다.

1 교리에 대해서 교회는 어떤 권위를 가지고 있는가? (4.8.1)

교회는 교리를 제정하고 신조를 설명하는 권한을 가지고 있다. 또한 교회는 신조를 정의하고 믿음의 조항들을 설명할 수 있는 교리적 권위를 가지고 있다. 그러나 그 권위는 오직 성경의 가르침 안에 있어야 하며, 오직 그리스도만이 교회라는 학교의 학장이 되신다. 교회의 권위는 인색하거나 앙심을 품은 듯이 나타나서는 안 된다. 교회의 권한은 하나님 말씀에 의해 제한되며, 반드시 그 범위 안에서 지켜져야 한다.

2 교리에 관한 권위의 범위는 어디까지인가? (4.8.2)

교회의 권위는 개인에게 주어진 것이 아니라, 그들의 사역 위에 주어진 것이다. 성경에 기록된 바 성령께서 제사장이나 선지자나 사도들이나 그 후계자들에게 권위와 위엄을 주실 때는 개인이 아니라 그들이 임명받는 그 직분에 주셨기 때문이다. 그러므로 사역자들이 받은 권위는 주의 이름과 말씀에 따라서만 가르치고 대답하는 권위이다. 직분으로 부르심을 받은 자들은 자기의 것을 모두 버리고 오직 주님의 입에서 나오는 말씀만을 말하라는 명령을 받으며, 주님께서 그들이 말하기 전에 그들이 할 말을 가르치신다. 그러므로 그들은 주님의 말씀 외에 다른 것은 절대 말해서는 안 된다.

3 선지자와 사도들의 권위는 어디에서부터 오는가? (4.8.3-4)

구약의 선지자들은 오직 하나님께서 그들에게 주신 말씀만을 말하였다. 그래서 예언서에는 '여호와의 말씀, 여호와의 경고, 여호와의 말씀에, 여호와의 입이 말씀하셨느니라'와 같은 표현이 많다. 이사야는 자기 입술이 부정하다고 한탄하였고(사 6:5 참고), 예레미야는 자기는 아이라 말할 줄을 모른다고 고백하였다(렘 1:6 참고). 그들이 성령의 도구가 될 때 비로소 그들의 입술이 거룩해지는 것이다. 사도들도 마찬가지이다. 사도들이라고 해서 자기 마음대로 말할 수 있는 것이 아니었다. 그들도 보내신 이의 명령만을 충실하게 전해야 했다. 이와 같이 교회의 권한은 무한한 것이 아니며, 주님의 말씀에 복종해야 한다.

4 "이 모든 날 마지막에는 아들을 통하여 말씀하셨다"(히 1:2 참고)라는 말씀은 무슨 의미인가? (4.8.7)

앞으로는 하나님께서 이전과는 다른 방법으로 말씀하시리라는 의미이다. 이 사람 저 사람을 통해서, 또는 예언에 예언을, 계시에 계시를 더하면서 말씀하지 않고, 이 모든 가르치는 활동을 그 아들 안에서 성취하셨다는 말이다. 뿐만 아니라 하나님께서는 아들의 말을 들으라고 말씀하신다(마 17:5 참고). 그러므로 우리는 구원에 대한 모든 교훈을 오직 아들에게서만 구하고 그분을 의지하며, 그분에게 붙어 있어야 한다. 한편 그리스도께서 복음의 선포와 더불어 우리에게 나타나신 때에서부터 심판의 날에 이르기까지 신약 시대를 통틀어 '마지막 때'(요일 2:18), 또는 '말세'(행 2:17; 딤후 3:1; 벧후 3:3)라고 부른다. 이것은 그리스도의 교훈이 완전하며 충족하다는 의미이다. 그리스도께서 자기 뒤에 다른 사람들이 할 말을 전혀 남겨 두시지 않았다는 것이다. 따라서 그 이상의 것을 만들어 내서도 안 되고, 그리스도의 가르침을 조작해서도 안 된다.

5 그러면 교회는 무엇만을 가르쳐야 하는가? (4.8.8-9)

교회는 오직 성경만을 가르쳐야 한다. 사도들은 성경을 해설하며 성경에서 가르친 것이 그리스도 안에서 성취되었음을 보여 주는 사명을 받았다. 또한 그리스도의 영은 그들의 인도자가 되어 그들에게 할 말을 가르치시고, 그리스도께서 가르치신 것을 제자들에게 생각나게 하신다(요 14:26 참고). 사도들은 사람이 생각해 낸 것을 완전히 배척하고, 하나님의 순수한 말씀만을 신자들의 교회에서 가르쳤다. 한편 사도들과 후계자들 사이에는 차이점이 있다. 사도들은 분명히 성령의 말씀을 받아썼으므로 그들의 글은 하나님의 말씀으로 인정된다. 그러나 사도의 후계자들은 성경에 있는 것만을 가르쳐야 할 뿐, 새로운 교리를 만들어서는 안 된다. 하나님께서는 누구에게도 새로운 교리를 제창할 권위를 주시지 않았다. 결국 모든 사람으로 예외 없이 복종하도록 하신 그 교리를 단단히 붙잡아야 한다.

6 목사의 권세는 왜 필요한가? (4.8.9)

목사가 하나님의 말씀을 담대히 외치고 하나님의 말씀에서 명하는 모든 것을 행하기 위해서 권세가 필요하다. 목사는 하나님의 말씀 안에서 모든 세상 권력과 영광과 지혜와 교만을 굴복시켜 하나님의 권위에 복종하게 할 수 있으며, 하나님의 힘을 받아 가장 높은 자로부터 가장 낮은 자에 이르기까지 모든 사람에게 명령할 수 있다. 또한 그리스도의 가족을 세우고 사탄의 가족을 넘어뜨릴 수 있으며, 양들을 먹이고 이리들을 몰아낼 수 있다. 그리고 교훈하고 권면하며, 반항하는 자들을 책망하고 굴복시킬 수 있으며, 매기도 하고 풀기도 한다.

7 로마 가톨릭교회는 자신들이 성령께서 인도하시는 교회라고 주장한다. 이것을 어떻게 판단해야 하는가? (4.8.11,13)

그들은 자기들의 기분에 따라 교리를 만들어 내고는 그것을 믿으라고 요구할 뿐 아니라, 자신들의 교리에 확고하게 찬성하지 않는 자들을 그리스도인으로 인정하지 않는다. 그들은 교회가 새로운 신조를 만들어 낼 권한을 가지고 있다고 주장한다. 그러나 그들이 주장하는 교리들을 하나님의 말씀에 비추어 판단해야 한다. 더욱이 로마 가톨릭교회는 하나님의 말씀 없이도 성령의 인도함을 받을 수 있다고 암시한다. 그러나 하나님의 말씀과 성령은 결코 분리될 수 없다. 그러므로 그들의 교리는 인간적인 것이다. 그리스도의 신부이며 제자인 교회는 그리스도의 말씀 아래 있어야 한다. 무엇이든지 인간의 이성으로 고안해 낸 것을 믿어서는 안 된다. 이 원리는 오늘날에도 동일하게 적용된다. 오늘날 교회들은 사도들의 가르침에서 벗어난 것을 받아들이고 따른다. 왜냐하면 이러한 가르침들이 인간적이므로 사람들에게 반대를 받지 않으며, 받아들이기에 달콤하고, 따라서 외적인 효과를 손쉽게 얻을 수 있기 때문이다.

8 새로운 교리를 만들어서는 안 되는 이유는 무엇인가? (4.8.15)

교회는 새로운 교리를 만들어 내서는 안 된다. 즉, 주님의 말씀에 계시되지 않은 것을 하나님의 말씀인 것처럼 가르치며 주장하는 것은 허락되지 않았다. 새로운 교리를 만들어 내자는 주장은 성령께서 오늘날에도 새롭게 말씀하신다고 주장하는 것과 같다. 그렇게 주장하는 사람들은 사도들이 그 후계자들에게 모든 일을 말하지 않았기 때문에 하나님께서 이 시대에 새로운 사도들을 다시 세워 말씀하신다고 주장하기도 한다. 이러한 주장들은 자신들이 새롭게 주장하는 교리가 잘못되었음을 스스로 증명한다.

㊻
공의회의 권위와 바른 예배(4.9-10)

교리에 관하여 교회들 가운데 불일치가 있을 때, 공의회로 모여서 의논하는 것은 잘못이 아니다. 그러나 어떤 공의회의 결정이든 하나님의 말씀의 지배를 받아야 한다. 그렇지 않은 결정은 불법이다. 교회는 법으로 사람들의 양심을 속박할 수 없다. 오직 하나님만이 그 말씀으로 인간의 양심을 속박할 수 있는 입법자이시다. 교회는 하나님의 말씀을 더럽혀서는 안 된다. 인간적인 연유로 교회에 들어온 의식들과 법들은 양심을 속박할 수 없다. 이러한 것들은 그리스도를 욕되게 하는 것으로서 반드시 폐지되어야 한다.

1 공의회는 어떻게 권위를 가지는가? (4.9.1-2)

공의회는 그리스도의 권위를 높여야 한다. 따라서 공의회는 그리스도의 말씀과 영의 지배를 받아야 한다. 이렇게 그리스도께서 주관하시는 공의회만이 합법적이다. 그리스도께서는 모든 회의에 계시겠다고 약속하시지 않고, 진정한 합법적인 회의와 그렇지 않는 회의들을 구별하는 특별한 표지를 지정하셨다. 하나님의 말씀을 무시하고 사람들의 의견을 주장하는 회의는 불법적인 회의이다.

2 참된 목자와 거짓 목자를 어떻게 분별하는가? (4.9.5)

목자라는 이름을 가졌다고 해서 곧 목자로 인정해서는 안 된다. 교황과 주교들은 자신들이 목자라는 이름을 가졌다는 이유로 하나님의 말씀에 순종하지 않고 모든 일을 자기 마음대로 뒤섞어 버린다. 그러면서도 자신들과 교회에 하나님의 영이 항상 함께하신다고 말한다. 이것은 마치 구약의 거짓 선지자들이 배역한 이스라엘 백성들을 향하여 평안하다고 외친 것과 같다. 거짓 선지자들은 자기 마음대로 예언했다(겔 13:1-3 참고). 그러자 하나님께서 거짓 목자들의 눈을 멀게 하시고 정신을 둔하게 만드셨다(슥 11:17 참고). 오늘날 바른 교리를 무시하고, 인간적인 사상으로 교인들을 영적으로 어둡게 만드는 것 역시 여기에 해당된다.

3 칼빈이 인정한 공의회는 무엇인가? (4.9.8)

공의회가 합법적인지 판단하려면 그 공의회가 언제, 무슨 문제로, 무슨 목적으로 열렸으며, 거기에 어떤 사람들이 참석하였는지를 살펴보아야 한다. 그러고 나서 회의에서 취급된 문제를 성경에 비추어 검토해야 한다. 칼빈은 이를 전제로 니케아(Nicaea), 콘스탄티노플(Constantinople), 제1차 에베소 (Ephesus) 회의, 칼케돈(Chalcedon) 회의 등을 거룩한 회의로 인정했다. 이 회의들은 신앙과 관련된 여러 가지 오류에 반박하였다. 이 회의들에서는 성경을 순수하고 진지하게 해석했으며, 당시 교부들은 그때의 신앙의 원수들을 쳐부수기 위해 영적인 지혜로 대처하였다.

4 공의회의 실제적 의의는 무엇인가? (4.9.13)

교회에는 새로운 교리를 만들어 낼 권한이 없다. 그러나 오류와 문제되는 교리를 검토할 수는 있다. 공의회를 통해서 그 일을 하는 것이 바람직하다. 교회의 목자들이 각자 생각한 후에 가르치는 것보다는 회의를 거쳐 교리를 세워서 가르치는 것이 더욱 무게가 있다. 또한 공동으로 심사함으로써 다양성 때문에 발생하는 불만을 방지할 수 있다. 더욱이 바울은 공의회를 통해 교리를 분별하라고 권한다. 교회들이 함께 심리하고 인정하는 절차를 거치라는 것이다. 잘못된 교리가 교회를 어지럽히고 큰 분열을 일으킬 수 있는 경우, 교회들이 모여서 문제를 검토하고 정당하게 토의한 후에 성경에 입각하여 결정한다면, 일반 성도들의 의혹을 일소하고 욕심 많은 사람들의 입을 막아 감히 더 문제를 만들지 못하게 될 것이다.

5 의식(儀式)적인 것을 경건의 표준으로 삼는 것은 왜 위험한가? (4.10.12)

로마 가톨릭교회의 화려한 의식들은 인간적인 사람들에게 그것이 마치 성스러운 듯한 매력을 느끼게 한다. 위선자들은 그러한 종교적 의식을 통해 자신의 믿음을 드러낼 수 있어서 더욱 좋아한다. 그러나 이러한 의식들은 경건의 표준이 될 수 없다. 그 의식들은 무익하며, 화려한 허식으로 사람들을 속이는 기만에 불과하기 때문이다. 로마 가톨릭교회의 이러한 의식은 부분적으로는 이교도들로부터 왔으며, 다른 한편으로는 모세의 율법에 기록된 의식들을 모방한 것이다. 그러나 모세의 의식들은 사람들을 가르치기 위한 것이지만, 로마 가톨릭교회의 의식은 사람들을 미신적으로 만들고 정신을 마비시킨다. 이러한 의식을 통해서는 위선자들만 생산될 뿐이다.

6 속죄의 제사를 의식으로 계속 드려야 하는가? (4.10.15)

로마 가톨릭교회는 의식을 제사로 간주한다. 그래서 그 제사를 통하여 하나님의 노여움을 충분히 풀고 죄를 깨끗이 씻으며 의와 구원을 얻는다고 말한다. 이것은 구원을 행위의 보상으로 생각한 데서 비롯된 주장이다. 그런데 더욱 큰 문제는 이러한 의식을 무대 위에서 펼쳐지는 연극 장면과 같이, 또는 마술의 주문과 같이 행하는 것이 우상적이라는 사실이다. 이러한 의식 때문에 사람들이 더욱 무지해진다. 여기에는 그리스도를 아는 지식이 있을 수 없다. 따라서 이러한 의식은 사람들을 영적으로 부패하게 만든다.

7 인간이 만들어 낸 의식으로 예배하는 것은 어떠한가? (4.10.24)

성경은 사람이 만든 계명으로 주님을 경배하는 자들에 대해서 엄중히 경고한다(사 29:13,14 참고). 사람이 정한 법에 따라 하나님을 경배하는 자들도 마치 법에 복종하며 겸손한 듯이 보이지만, 그들은 결코 하나님 앞에 복종하는 것이 아니다. 이렇게 인간이 정한 법에 따라 예배하는 것은, 자의적인 숭배로서, 하나님의 말씀을 떠나 사람이 고안한 종교 행위이다(골 2:22,23 참고). 따라서 우리는 일시적인 호화스러움으로 장식된 예배를 피해야 한다. 그것들은 위선적이며 미신적이고 우상적이기 때문이다. 오늘날에도 교회에서 인간이 고안한 예배가 계속되고 있다. 다만 차이점이 있다면 화려한 의식을 인간적인 즐거움으로 대체했을 뿐이다.

8 진정으로 드리는 예배에 필요한 것들은 무엇인가? (4.10.24)

우리가 진정으로 하나님께 예배할 때 적당한 예절이 전혀 필요 없는 것은 아니다. 다만 일시적이며 호화스러운 허식을 피하고, 혼란과 야만성과 불순종과 소란과 분쟁을 일으키는 요소들을 제거해야 한다. 기도할 때 무릎을 꿇거나 남자들의 경우 모자를 벗거나, 성례를 집행할 때 경솔하지 않고 정중하게 행하는 것 등은 합당한 행동들이다. 그러므로 공중기도와 설교와 성례를 위해서 시간을 정하고, 설교 시간에 정숙해야 하며, 일정한 자리에 앉아 찬송을 함께 부르고, 일정한 날을 정하여 성례를 시행하고, 여자가 교회에서 가르치기를 금하는 것(고전 14:34 참고) 등은 교회의 질서를 위해 필요한 일이다.

47
교회의 재판권(4.11)

⋮

교회는 권징과 관련하여 재판권을 가진다. 이것은 복음의 설교를 지지하기 위한 것이다. 초대 교회에서부터 교회의 재판권은 개인에게 주어지지 않고 여러 명의 장로들에게 주어졌다. 교회와 시민 정부가 가진 권세는 각각 다른 것으로서, 교회는 시민법에 대해서 권한이 없다. 교회가 출교 및 재판권을 시행할 때는 오직 하나님의 말씀만을 의지해야 하며, 이로써 그리스도의 교훈이 경멸받지 않도록 해야 한다.

1 교회가 가진 재판권은 무엇인가? (4.11.1)

교회에는 영적인 제도가 필요하다. 교회의 재판권은 이러한 영적인 제도를 유지하기 위한 것이다. 교회의 재판권은 전적으로 도덕적 권징에 관한 것으로, 교회는 이 도덕적인 문제에 대하여 견책하고 죄악을 조사하며 열쇠의 직책을 다해야 한다. 디모데전서에서는 말씀을 가르치는 일에 수고하는 장로들과 말씀을 선포하지 않고 다스리기만 하는 장로들을 구별한다(딤전 5:17 참고). 여기서 다스리는 장로들은 분명히 도덕적인 문제를 감독하며 열쇠의 권한을 사용하는 일을 위하여 임명된 사람들이다. 이 권한은 마태복음 18장에 기록된 바 그리스도께서 교회에 주신 열쇠에 전적으로 의존한다. 그리스도께서는 사사로운 경고를 무시하는 사람들을 신자들의 이름으로 엄격하게 다스리고, 그래도 고집을 부리며 듣지 않을 경우에는 신자의 공동체에서 끊어 버리라고 명령하셨다(마 18:15-18 참고).

2 마태복음 18장 17,18절에 기록된 '매고 푸는 권세'는 무엇을 의미하는가? (4.11.2)

마태복음 18장 17,18절은 '매고 푸는 권세'에 대해 말한다. "무엇이든지 너희가 땅에서 매면 하늘에서도 매일 것이요 무엇이든지 땅에서 풀면 하늘에서도 풀리리라." 이것은 교회에 맡겨진 출교 규정에 대한 말씀이다. 교회는 출교시킨 사람에 대해서 구속력이 있다. 그를 영원한 멸망과 절망에 집어넣기 때문이 아니라, 그의 생활과 품행을 책망하며 그에게 회개하지 않으면 정죄를 받으리라고 항상 경고하기 때문이다. 그리고 한편으로 하나님의 말씀으로 회개하는 사람들을 은혜 안으로 받아들인다.

3 교회의 권세와 시민 정부의 권세는 어떻게 다른가? (4.11.3)

교회는 벌을 주며 강요하는 칼의 권한(강제력)을 가지고 있지 않다. 교회는 국가가 해야 할 일을 떠맡지 않으며, 국가는 교회가 행하는 일을 할 수 없다. 교회는 도덕적으로 범죄한 사람들을 치리하여 회개를 촉구하고 교회의 성결을 유지하지만, 시민 정부는 형벌을 가한다. 그렇다면 이러한 차이점 때문에 교회와 시민 정부가 서로 무관심해도 되는가? 아니다. 목사는 시민 정부의 관리를 도와 죄를 짓는 사람들이 줄어들도록 힘써야 한다. 그들의 기능은 서로를 방해하지 않고 서로 연결되어 돕는 것이다.

4 교회는 왜 재판권을 가지는가? (4.11.5)

교회는 죄악을 미리 막고 이미 발생한 불상사를 제거하기 위해 재판권을 가진다. 교회가 재판권을 행사할 때는 두 가지를 고려해야 한다. 첫째, 영적 권한은 칼의 권한과 완전히 분리되어야 한다. 둘째, 한 사람의 결정이 아니라 합법적인 회의를 통한 결정에 따라 시행되어야 한다. 교회가 시행할 수 있는 가장 무거운 벌은 출교이다. 그러나 불가피한 경우에만 이것을 사용해야 한다. 이렇게 처벌할 때는 오직 하나님의 말씀의 힘만을 의지해야 하다. 그리스도의 교훈이 우습게 여겨져서는 안 되기 때문이다.

5 권징이 남용되는 예로는 어떤 것들이 있는가? (4.11.6-7)

재판을 할 때 한 사람이 주관하여 마음대로 권한을 행사해서는 안 된다. 반드시 '장로회'에서 권한이 행사되어야 한다. 장로회와 교회의 관계는 시의회와 시의 관계와 같다. 공동체의 권한을 한 사람이 주관하는 것은 교회에 속한 것을 강탈하는 것과 같다. 또 다른 권징의 남용으로는 판사(감독 대리인)에게 권징을 위임하는 것이다. 그들은 세속 재판관과 다름이 없다. 그들의 주된 임무가 세상에 관한 것인데도 그들이 영적인 것을 판단하기 위해 나서는 것이다. 이렇게 권한을 남용하는 것은 그리스도께서 제정하신 절차와는 완전히 반대된다.

6 경건에 관하여 국가와 교회의 관계는 어떠한가? (4.11.16)

경건한 사람들은 신앙이 없거나 악한 군주들이 전제적인 폭력과 임의로 교회의 내부 행정을 방해하지 못하도록 예방책을 강구하였다. 그러나 군주들이 자신들의 권위로 교회 문제에 간섭하는 것이 교회를 어지럽게 하려는 것이 아니라 교회의 질서를 유지하고, 교회의 권징을 무너뜨리는 것이 아니라 확립할 경우에는 그런 개입을 비난하지 않았다. 교회는 국가와 같은 강제력을 가지고 있지 않기 때문에, 법률과 칙령과 재판으로 종교를 유지하는 것이 경건한 군주들의 의무이다.

48

교회의 권징(4.12)

⋮

　권징을 시행하기 위해서 교회에 권세가 필요하다. 교회가 권징하는 목적은 스스로 그리스도인이라고 하면서도 죄악된 삶을 사는 사람들을 꾸짖고, 그리스도인의 선한 이름이 모욕당하지 않게 하려는 것이다. 또한 선한 그리스도인들을 악한 사람들로부터 보호하며, 그들로 인해 부패하지 않게 하려는 것이다. 또한 권징받은 자들을 회개의 장소로 돌아오게 해서 그들로 죄를 극복하게 하려는 것이다.

1 권징이 왜 필요한가? (4.12.1)

교회도 사회이기 때문에 질서가 유지되려면 반드시 규율이 있어야 한다. 더욱이 교회는 질서가 가장 많이 요구되는 곳이므로 더더욱 규율이 필요하다. 그리스도의 구원의 교훈이 교회의 생명이라면, 권징은 교회의 근육이다. 이 근육에 의해서 몸의 지체들이 서로 결합되고 각각 그 자리에 있을 수 있다. 교회는 교리를 전할 뿐만 아니라 개인적인 충고와 시정과 그 밖의 보조 수단을 더해서 교리를 지탱하고, 성도들이 교리를 실천하도록 이끌어야 한다. 따라서 권징은 그리스도의 교훈을 반대하는 사람들을 억제하며, 영적으로 나태한 사람들을 도전하고, 타락에 빠진 사람들을 징벌한다.

2 권징의 네 단계는 무엇인가? (4.12.2)

권징은 개인적인 충고에서부터 시작된다. 교인이 의무를 기꺼이 다하지 않거나 덕스럽지 못한 행동이나 비난받을 만한 행동을 했을 때 그에게 충고해야 한다. 한편 대상자에게는 충고를 받아들일 용기가 필요하다. 이때 충고하는 일은 목사와 장로들이 시행해야 한다. 왜냐하면 설교와 일반적인 교훈이 효과가 없을 때 각 가정에 다니면서 경고하고 충고하는 것이 그들의 의무이기 때문이다. 그다음 단계는, 대상자가 이런 충고를 고집스럽게 거부하거나 죄악을 계속 행함으로써 그 충고를 멸시하는 태도를 보일 때에는 증인들 앞에서 두 번째로 충고하는 것이다. 그래도 듣지 않으면 교회 재판소(장로회)에 불러서 공적 권위로 더욱 엄중히 충고한다. 이것은 그로 하여금 교회를 존중하여 굴복하고 순종하게 하려는 것으로서, 그리스도의 명령이다. 그런데도 계속해서 악한 행동들을 한다면, 그때는 교회를 경멸하는 자로 인정하여 그를 신자의 공동체에서 제외시킨다. 이것 역시 그리스도의 명령이다(마 18:15,17 참고).

3 공개적인 죄는 어떻게 권징하는가? (4.12.3)

먼저 우리는 공적인 죄와 사적인 죄를 구별해야 한다. 주님께서는 사적인 죄에 대해서는 그 사람과만 상대하여 권고하라고 말씀하셨다(마 18:15 참고). 그러나 공적으로 드러난 죄에 대해서는 사도 바울은 "모든 사람 앞에서 꾸짖어 나머지 사람들로 두려워하게 하라"(딤전 5:20)라고 가르친다. 그 예로 사도 베드로가 범죄하여 공중에 영향을 미쳤을 때, 바울은 베드로에게 사적으로 충고하지 않고 교회 앞에서 책망하였다(갈 2:14 참고). 따라서 사적인 죄를 시정할 때는 그리스도께서 정하신 절차를 밟아야 하며, 공개적인 죄로서 공중이 알게 된 죄에 대해서는 즉시 교회가 엄숙하게 책망해야 한다.

4 심각한 죄는 어떻게 권징하는가? (4.12.4)

경우에 따라 가벼운 죄와 무거운 죄가 구분된다. 성경에 기록된 예를 본다면, 고린도교회에서 일어난 근친상간은 무거운 죄이다. 바울은 그러한 죄에 대한 소식을 들은 즉시 출교의 벌을 내렸다(고전 5:2,3 참고). 이렇게 무거운 죄에 대해서는 충고나 견책을 할 뿐만 아니라 더 엄격한 권징을 시행한다. 또한 가벼운 죄에 대해서는 교회가 충고하였으나 듣지 않고 교회의 판단을 멸시하는 사람들에게만 그다음 절차를 취해야 한다. 이와 같이 무거운 죄에 대해서 엄격하게 권징을 시행함으로써 교회의 거룩성이 확보되고 질서가 세워지도록 해야 한다.

5 권징의 세 가지 목적은 무엇인가? (4.12.5)

권징에는 세 가지 목적이 있다. 첫째, 추악하고 부끄러운 생활을 하는 사람들에게서 그리스도인이라는 이름을 빼앗으려는 것이다. 그들 때문에 하나님의 교회가 마치 악하고 타락한 사람들의 단체로 보여질 수 있다. 이것은 하나님을 욕되게 한다. 이처럼 추하고 썩은 지체들 때문에 교회의 머리이신 그리스도께 치욕이 돌아가서는 안 된다. 그러므로 그리스도인이라는 이름을 가지고서 악행을 하는 사람들을 교회에서 추방해야 한다. 둘째, 선한 사람들이 악한 사람들과 교제함으로써 타락하는 일을 막으려는 것이다. 인간은 부패성으로 인하여 바른 길을 버리고 나쁜 행실을 따라하기 쉽다. 바울은 고린도 교회의 근친상간 문제에 대해서 "적은 누룩이 온 덩어리에 퍼지는 것을 알지 못하느냐?"(고전 5:6)라고 말했다. 즉, 악한 일은 쉽게 전염되어 공동체를 문란하게 만들 수 있다는 것이다. 셋째, 권징을 받음으로 죄인이 죄와 자신에 대해 부끄러워하고 회개하도록 만들려는 것이다.

6 권징을 시행할 때 반드시 필요한 영적 자질은 무엇인가? (4.12.8-9)

권징을 시행할 때는 반드시 온유한 심령으로 행해야 한다(갈 6:1 참고). 또한 벌을 받는 사람이 너무 심한 슬픔에 빠지지 않도록 주의해야 한다(고후 2:7 참고). 이는 권징의 목적이 고치게 하는 것이기 때문이다. 교회는 권징받은 사람을 위해서 하나님께 기도해야 하며, 우리 자신의 판단을 내세우지 말고 하나님의 판단만을 의지해야 한다. 죄인이 교회 앞에서 회개한 증거를 보이고 그 증거로 교회에 끼친 누를 씻어 버린다면, 그를 용서하고 회복시켜 주어야 한다.

7 회개하지 않은 경우에 출교는 어떤 의미를 가지는가? (4.12.10)

교회는 회개를 거부하는 사람을 출교한다. 이것은 출교당하는 사람들을 영원한 파멸과 멸망에 빠뜨리려는 것이 아니다. 이는 그들의 생활이 비난받는데도 회개하지 않으면 영원한 정죄를 받으리라는 것을 확신하게 만들려는 것이다. 따라서 출교와 저주는 다르다. 저주는 모든 용서를 차단하고 사람을 영원한 멸망으로 정죄하는 것이다. 반면 출교는 그의 도덕적 행위에 대해 처벌하며 징계하는 것이다. 출교도 벌을 주는 것이지만, 장차 정죄받으리라는 것을 미리 경고하고, 죄인으로 하여금 돌이켜 회개하고 구원을 얻게 하려는 것이다. 그러므로 죄인이 회개하면 언제든지 화해가 이루어지며 교제가 회복된다.

49
성례(4.14)

⋮

　성례는 하나님의 언약의 표시이다. 성례는 외적 표시로서 하나님의 선하신 약속을 우리에게 확신시켜 주며, 연약한 믿음을 붙잡아 주기 위한 것이다. 이와 같이 성례는 우리를 향한 하나님의 은혜의 증거이며, 외적인 표시로서 우리에게 주어진 약속을 확증하는 것이다. 구약의 의식적인 성례들은 그리스도 안에서 성취되었다. 그리고 그리스도께서는 교회를 위하여 두 가지 성례, 즉 세례와 주의 성찬을 제정하셨다.

1 성례의 정의는 무엇인가? (4.14.1)

성례는 우리의 약한 믿음을 강화하기 위해 하나님께서 그분의 선하신 약속을 우리의 양심에 인 쳐 주시는 외형적인 표이다. 우리는 이 표로써 주님과 주님의 천사들과 사람들 앞에서 주님을 향한 우리의 충성을 확인한다. 즉, 성례는 하나님의 은혜를 외형적인 표로 확인하는 것이며, 하나님을 향한 우리의 충성을 확인하는 것이다.

2 성례와 하나님의 약속은 무슨 관계가 있는가? (4.14.3)

성례는 하나님의 약속에 대한 부록과 같아서, 우리로 하여금 그 약속을 확인하고 더욱 분명하게 깨닫게 한다. 사실 하나님의 진리는 그 자체만으로도 분명하다. 다만 우리의 믿음이 연약하기 때문에 그것을 강화하는 수단들이 필요할 뿐이다. 그래서 성례를 통하여 우리의 믿음을 확고하게 세우는 것이다.

3 성례에 대한 비유에는 어떤 것들이 있는가? (4.14.6)

성례는 언약의 표이다. 우선 성례를 '보이는 말씀'이라고 부르는 것은, 하나님의 약속들을 분명하게 그려서 우리의 눈으로 볼 수 있도록 하기 때문이다. 성례를 '믿음의 기둥'이라고 부르는 것은, 기둥이 건물을 받치고 있듯이 성례가 믿음을 확고하게 떠받치기 때문이다. 성례를 '거울'에 비유하기도 한다. 성례를 통해서 하나님께서 우리에게 베푸시는 풍성한 은혜를 볼 수 있기 때문이다.

4 성령과 말씀과 성례는 어떤 관계에 있는가? (4.14.8)

우리의 믿음은 항상 성장하여 성숙해져야 한다. 믿음을 증진시키는 것은 성령의 역사로만 가능하다. 성령께서는 우리를 말씀으로 가르치고 지시하며 그 말씀을 성례로 확증하신다. 이때 성령께서는 말씀과 성례를 이해시키고 우리의 마음에 영향을 미치심으로써 우리의 믿음을 강화하신다.

5 성례는 결국 무엇에 의해 유효하게 되는가? (4.14.9-11)

성례가 믿음을 강화시키는 것은 성례에 내재적인 힘이 있어서가 아니다. 성례 위에 성령께서 역사하실 때 믿음이 확립되고 증진된다. 성령의 힘이 아니고서는 우리의 마음속에 침투하고 감정을 움직일 수 없으며, 우리의 영혼을 열어 성례가 들어오게 할 수 없다. 성령께서 성례 위에 역사하여 효력을 발생시키셔야 한다. 성령께서는 우리에게 말씀이 하나님께서 하신 것임을 알려 주며, 완고한 우리의 마음을 부드럽게 하고, 순종하도록 준비시키신다. 성령께서는 이렇게 말씀 위에 역사하듯이 성례에도 역사하여 하나님의 뜻을 영혼에 전달하신다. 이렇게 우리가 하나님 아버지의 선한 뜻을 깨달을 때, 우리의 믿음이 강화된다. 따라서 말씀과 성례가 동등하게 우리의 믿음을 강화하며 영적으로 자라게 만든다.

6 로마 가톨릭이 성례의 자동적 효과에 대해 주장하는 것은 어떤 점에서 잘못되었는가? (4.14.14)

성례에 일종의 신비한 힘이 있어서 효과를 발휘한다는 주장은 성경 어디에도 없다. 이것은 위험한 오류이다. 성례가 자동적으로 은혜를 준다는 것은 마귀적인 생각이다. 이것은 사람들로 하여금 성례를 미신적으로 대하게 만든다. 즉, 하나님보다 물질적이며 외형적인 것을 믿게 하고, 그것을 통해 자기 스스로 위로를 얻게 하는 것이다. 이것은 스스로를 속이는 것이다. 그들은 성례에 참가하기만 하면 구원이 보장된다고 생각한다. 그러나 이런 것은 믿음과 관계없는 성례이다. 믿음을 가지고서 성례를 이해하고, 성례를 통해서 그리스도를 나누어 가질 때에 성례의 유익을 얻을 수 있다.

7 성례를 통해서 제공되는 것은 무엇인가? (4.14.16)

성례를 통하여 그리스도가 우리에게 주어진다(제공된다). 우리는 성례의 도움을 받아 그리스도에 대한 진정한 지식을 배양하고 강화하고 증진시키며, 그리스도를 더욱 완전히 소유하고 그분의 풍부한 은혜를 즐긴다. 외적인 표가 우리를 그리스도께로 더욱 나아가게 하고, 그 도움으로 유익을 얻는 것이다. 따라서 믿음이 없다면 성례는 아무런 유익을 주지 못한다.

8 구약의 성례들은 무엇을 가리키는가? (4.14.20-21)

구약과 신약에서 성례는 모두 똑같은 목적을 가지고 있다. 바로 사람들을 그리스도에게로 향하게 하고, 그분에게로 인도하는 것이다. 즉, 그 형상으로 그리스도를 나타내고 사람들에게 그리스도를 알려 주는 것이 그 목적이다. 성례는 그리스도를 나타내는 것이다. 구약의 성례는 아직 그리스도를 기다리고 있는 상태에서 그리스도를 예시하였고, 신약의 성례는 그리스도를 확증한다.

9 구약과 신약에서 성례의 차이점은 무엇인가? (4.14.22-26)

신약의 성례는 그리스도를 더욱 분명하게 제시한다. 성례는 구약에서보다 신약에서 완전하게 나타난다. 그러나 스콜라주의자들은 구약에서의 성례는 하나님의 은혜를 예시할 뿐이며, 신약에서의 성례가 현재의 실재로서 하나님의 은총을 제공한다는 듯이 그 둘을 구별하였다. 이것은 잘못된 주장이다. 사도 바울은 고린도전서 10장에서 구약에서의 성례를 신약에서의 성례와 똑같은 것으로 다루고 있다. 표징은 달랐으나 그것들이 가리키는 뜻은 같았으며, 보이는 외형은 달랐으나 영적인 능력은 같았다. 서로 다른 표징에 동일한 믿음이 있었다.

50
세례(4.15-16)

⋮

　세례는 하나님께서 우리를 용서하시고 우리가 그리스도의 죽음에 참여했다는 표시이며, 우리가 교회로 받아들여졌다는 표시이다. 즉, 우리가 그리스도에게 접붙임을 받고 하나님의 자녀로 간주되는 것이다. 한편으로 세례는 하나님 앞에서 믿음을 보이는 것이며, 사람들 앞에서 신앙을 고백하는 것이다. 이것은 그리스도의 능력으로 죄 씻음을 받았다는 표시이다. 세례는 그리스도 안에서 우리가 죄에 대하여 죽고 갱신되었으며, 그리스도에게 연합되었음을 증거한다. 유아세례는 하나님께서 아브라함과 맺은 언약의 할례에 해당한다. 유아세례와 할례는 여러 면에서 서로 비슷하다. 다만 외적인 형태가 서로 다를 뿐이다. 그 약속의 실체는 동일하게 중생이다.

1 세례는 무엇인가? (4.15.1)

그리스도에게 접붙임을 받아 하나님의 한 자녀로 인정되기 위하여 교회에 가입하는 표징을 세례라고 한다. 세례는 하나님께서 주신 것으로서, 하나님 앞에서 우리의 믿음을 돕고 사람들 앞에서 우리의 고백을 돕는다. 세례는 우리가 깨끗하게 되었다는 표와 증명이 되며, 우리의 모든 죄가 용서되어 그것이 하나님 앞에 나타나거나 그것 때문에 고발당하는 일이 없으리라는 것을 확인하는 인 친 문서와 같다.

2 세례의 효력은 어디에 있는가? (4.15.2)

세례에서 물이 우리를 깨끗하게 씻으며 구원하는 것이 아니며, 그것에 중생시키고 새롭게 하는 힘이 있는 것이 아니다. 세례에 구원의 원인이 있는 것이 아니다. 세례를 통해서는 다만 구원의 은혜에 대한 지식과 확신을 받을 뿐이다. 그리스도의 피만이 우리를 씻는 진정한 물두멍이다. 그리스도의 피로만 죄 씻음을 받을 수 있다. 단지 깨끗하게 씻는다는 점에서 유사하기 때문에 피 대신 물로 세례를 주는 것이며, 이 씻음을 나타내는 표징과 증거가 바로 세례이다.

3 세례의 영적 의미는 무엇인가? (4.15.4-6)

첫째, 세례는 그리스도의 보혈 안에서 우리의 죄가 깨끗하게 씻겼음을 의미한다. 그리스도의 보혈이 양심에 뿌려졌다. 옛사람이 억눌리고 중생의 영이 부여되었다. 여기에 성령의 불까지 더해져, 마치 금을 정제하듯이 우리의 오염을 거두어 가신다. 그래서 경건한 사람들은 일생 동안 자기의 죄과로 인해 괴로울 때마다 단호하게 세례받은 것을 회고하며 그리스도의 피로 우리가 유일하고 영원한 씻음을 받았다는 확신을 새롭게 해야 한다. 둘째, 세례는 우리가 그리스도 안에서 죽고 그 안에서 새 생명을 얻은 것을 의미한다. 즉, 세례를 통해서 우리는 그리스도의 죽으심을 본받아 우리의 육신적 욕망에 대해서 죽고, 그리스도의 부활을 본받아 의로운 생활에 대한 도전을 받는다. 그래서 세례를 '중생의 씻음'과 '새롭게 하심'이라고 부른다(딛 3:5 참고). 셋째, 세례는 그리스도와 밀접하게 연합되어 그분의 모든 은덕들을 나누게 된다는 확실한 증거이다. 그래서 우리는 세례를 받음으로써 그리스도로 옷 입게 되었다고 말한다(갈 3:26,27 참고). 한마디로, 세례는 그리스도의 은덕들을 누리는 증표이다.

4 세례를 받으면 미래의 죄까지 용서받게 되는가? (4.15.11)

세례를 죄를 용서받은 표식으로 받아들이면, 세례가 우리의 모든 죄를 용서받은 증거라는 비뚤어진 생각을 가질 수 있다. 즉, 미래의 죄가 용서받았으므로 얼마든지 죄를 범해도 문제될 것이 없다고 생각하는 것이다. 그러나 세례는 이러한 의미로 남용될 수 없다. 세례를 받는다는 것은 우리의 정욕을 제거하고 육신을 죽인다는 것이다. 우리는 세례를 받는 동시에 육신과 죄성을 죽이는 일을 시작하여 날마다 추구해야 한다. 그러므로 우리는 세례를 받고, 또한 평생 동안 육신의 정욕을 죽이는 일을 지속해야 한다.

5 고백으로서 세례는 어떤 특징을 가지는가? (4.15.13)

세례는 사람들 앞에서 고백하는 것이다. 그것은 하나님의 백성으로 인정되는 것일 뿐만 아니라, 하나님의 백성 가운데 거하고자 하는 열망을 공포하는 것이다. 우리는 세례를 통해 모든 그리스도인과 함께 같은 하나님을 예배하고 같은 신앙을 지니고 있음을 증명한다. 그래서 세례를 통해서 우리의 신앙을 공개적으로 선언한다. 이것은 하나님을 찬양하고 높이는 것이다. 더욱이 우리는 그리스도의 이름으로 세례를 받음으로써, 그리스도께 몸을 드리며, 그분의 이름에 충성을 맹세하고, 사람들 앞에서 그리스도께 충실하겠다고 약속한다.

6 세례가 우리에게 가져다주는 유익은 무엇인가? (4.15.15)

논리적으로 세례를 받는 이는 이미 죄 사함과 성령의 은혜를 받은 사람이다(믿음 없이 세례를 받았다가 나중에 회개하는 경우에도 세례를 다시 받을 필요는 없다). 다만 고백과 더불어 세례를 받을 뿐이다. 세례를 통해서는 사죄를 더 많이 받는 것이 아니라, 믿음이 더욱 확실하게 강화된다. 보증을 얻어 확신이 더욱 강해지는 것이다. 또한 세례는 우리 고백의 상징이기 때문에 그것을 통해 하나님의 자비와 죄 용서함을 증거하고, 하나님의 교회에서 모든 신자들과 함께 믿음과 사랑의 일치를 증거해야 한다.

7 할례와 유아세례는 관련이 있는가? (4.16.3-6)

하나님께서는 아브라함에게 할례를 명령하면서 그에게 약속들을 주셨다.

할례의 언약에는 우리가 깨끗하게 씻음을 받는 것과 육을 죽이는 것과 같이 세례가 의미하는 것들이 담겨 있었다. 따라서 조상들은 우리가 세례를 통해 받는 영적 약속을 할례를 통해 받았다. 또한 할례는 그들이 모태로부터 양자 되었다는 표시이다. 유아들은 아직 스스로는 하나님을 모르지만 하나님의 은혜 가운데 있다. 하나님께서 그들을 자신의 자녀로 표시하셨기 때문이다. 두 성례는 내적 신비라는 면에서 조금도 차이가 없다. 물론 외적인 의식에서는 차이가 있지만, 이것은 아주 경미한 구성 요소에 불과하다. 그런데 할례는 분명히 유아에게 베풀어졌다. 그러므로 유아들에게 세례 주기를 거부할 까닭이 없다. 더욱이 아브라함에게 명령된 할례는 칭의를 위한 것이 아니었다. 그것은 아브라함이 이미 믿음의 언약으로 의롭다고 인정된 후에 그 언약에 도장을 찍은 것이었다.

8 유아세례는 어떤 유익이 있는가? (4.16.9)

유아세례는 우리의 믿음에 특별한 위로를 준다. 날인과 같이 어린아이에게 전달된 하나님의 표징은 경건한 부모에게 주어진 약속을 확증하며, 주님께서 부모들뿐만 아니라 그 후손들에게도 하나님이 되실 것이고 그분의 인애와 은총을 부모들에게뿐만 아니라 그 후손들에게도 천 대에 이르기까지 베푸시리라는 것을 드러낸다(출 20:6 참고). 하나님의 자비가 자녀들에게 미치리라는 약속을 믿는 사람들은, 자녀를 교회에 바쳐 자비의 상징으로 인침을 받게 한다. 그렇게 함으로써 더욱 큰 확신을 얻는다. 한편 어린아이들도 세례를 통해 유익을 얻는다. 그들은 교회에 접붙임받음으로 교회의 다른 지체들에게 어느 정도 더 인정을 받게 된다. 그리고 성장하면서 자신들이 받은 세례를 존중하게 되고, 하나님을 경배하려는 열의가 더욱 고무된다.

9 어린아이들도 중생할 수 있는가? (4.16.17)

어떤 사람들은 유아들은 말씀을 들을 수도 없고, 회개하거나 믿음을 가질 수도 없다고 주장하면서 유아세례에 반대한다. 이러한 유아세례 반대론자들은 어린아이들이 거듭나기에 적합한 연령이 될 때까지는 단순히 아담의 후손으로 여겨야 한다고 주장한다. 그러나 하나님께서 그들 가운데 일하시는 것을 막을 수는 없다. 예를 들어, 세례 요한의 경우에 하나님께서는 그를 모태에서 거룩하게 하셨다(눅 1:15 참고). 하나님께서는 그분의 권능으로 유아들을 중생시키실 수 있다. 설교와는 별도로 성령으로 마음속을 비추심으로써, 그들에게 하나님에 대한 진정한 지식을 주실 수 있다.

51
주의 성찬(4.17)

⋮

　세례가 중생의 표시라면, 주의 성찬은 우리의 영적 성장의 표시이다. 떡과 포도주는 믿음이 있는 사람에게 진정한 영적 양식을 나타내 주는 표시가 된다. 성찬에서 우리는 하나님과 연합하며, 하나님으로부터 영양분을 공급받는다. 주의 성찬은 단지 기억하게 하는 것이 아니라, 우리에게 확증하는 보증의 역할을 한다. 성령께서는 주의 성찬을 통해서 그리스도의 생명을 우리에게 전달해 주신다.

1 주의 성찬은 무엇인가? (4.17.1)

하나님께서는 우리를 자신의 가족으로 받아들이고 자녀로 여기신다. 그리고 우리를 양육하신다. 하나님께서는 우리가 이러한 하나님의 호의를 확신할 수 있도록 우리에게 담보물을 주셨다. 그 표징이 떡과 포도주이다. 이것은 그리스도의 살과 피로부터 받는 보이지 않는 양식을 상징한다. 즉, 하나님께서는 주의 성찬을 통해 우리를 기르신다. 마치 떡과 포도주가 우리의 몸을 자라게 하듯이, 그리스도께서 우리의 영혼을 먹이고 기르신다. 우리는 떡을 먹음으로써 주의 몸이 우리를 위한 희생제물이 되었음을 느끼고, 포도주를 마심으로써 주님의 피가 우리를 위해 흘려졌음을 확인하게 된다. 그리고 그리스도의 몸을 먹음으로써 그리스도의 죽음의 능력이 우리 안에서 효력을 발휘하리라는 것을 확증하게 된다. 이렇게 주의 성찬은 새 언약을 갱신하며 지속시킨다.

2 주의 성찬이 주는 유익은 무엇인가? (4.17.2)

우리는 주의 성찬을 통해서 큰 기쁨과 확신을 얻을 수 있다. 그리스도와 한 몸이 되어, 그리스도의 것을 우리의 것으로 부르며 사용할 수 있다. 따라서 우리는 영생을 확신할 수 있으며, 우리가 하늘로 올라갈 것을 의심하지 않는다. 그리고 우리는 그리스도의 능력으로 우리를 강하게 해 주시는 것을 맛보며, 그분의 풍부하심을 체험하게 된다.

3 떡과 포도주는 무엇을 나타내는가? (4.17.3)

떡과 포도주는 주님의 몸과 피를 상징한다. 그리하여 그것이 우리를 구원하기 위해 주어진 것임을 보여 주고, 우리 영혼을 위한 양식임을 알게 한다(요 6:55,56 참고). 그것은 우리의 영적인 삶에 영양분과 힘을 공급하며, 우리의 영적인 삶을 유쾌하고 기쁘게 만든다. 따라서 우리는 주의 성찬을 대할 때 우리가 얼마나 소중한 것을 받는지를 기억해야 한다. 물론 주의 성찬은 그것을 통해 그리스도의 죽으심의 효력을 산 체험으로 이해하지 않으면 안 된다는 것을 전제로 한다.

4 복음과 주의 성찬은 어떤 관계를 가지는가? (4.17.5)

주의 성찬은 복음이 우리에게 제공하는 은혜를 동일하게 제공한다. 즉, 복음으로 그리스도를 알고 체험한 후에 주의 성찬을 통해 그리스도가 생명의 떡이 되셨음을 생각하고, 그 떡을 끊임없이 먹음으로써, 그리스도께서 우리에게 계속 힘을 주고 우리를 살리신다는 사실을 확신하게 된다. 우리가 그의 몸을 먹는다는 것은 믿음으로 그리스도에게 참여하여 그의 은덕들을 누린다는 것이다.

5 주의 성찬에 대한 두 가지 오류는 무엇인가? (4.17.5)

첫째, 주의 성찬의 표징을 무시하는 것이다. 그렇게 함으로써 표징이 나타내는 신비를 그 표징과 서로 분리해서는 안 된다. 둘째, 표징을 과도하게 찬양하는 것이다. 그렇게 함으로써 표징에 담긴 신비 자체를 모호하게 만드는 인상을 주어서도 안 된다.

6 칼빈은 로마 가톨릭교회의 화체설(化體說)에 어떻게 반박하는가? (4.17.12-15)

로마 가톨릭교회는 성찬 때 그리스도의 몸이 공간에 임재하고 있어서, 그것을 손으로 만지고 이로 씹고 삼킬 수 있다고 말한다. 성별을 통해 떡이 그리스도의 몸으로 변한다는 것이다. 그래서 그리스도의 몸이 떡 속에 싸여 사람의 입으로부터 위로 옮겨진다고 한다. 그러나 그리스도께서는 승천하여 하늘에 머물러 계신다. 그런데도 그리스도의 몸을 썩을 요소들 밑에 두거나 그 몸이 어디든지 있다고 생각하는 것은 잘못이다. 그들의 주장은 분명한 오류이다. 주의 성찬은 그의 영으로 우리에게 은혜를 주신다. 성령께서 주의 성찬을 통해 그리스도의 은덕들을 우리에게 전달하시는 것이다.

7 칼빈은 루터의 공재설(共在說)에 어떻게 반박하는가? (4.17.16-19)

또 다른 주장으로서, 성찬의 떡이 참으로 지상적인 썩을 요소의 본질로 되어 있으며 그 자체가 변화하지는 않지만, 그 밑에 그리스도의 몸이 감추어져 있다는 주장이 있다. 그리스도의 몸이 떡 밑에 숨어 있다는 뜻이다. 이것은 그리스도의 몸이 떡 속으로 내려와야만 우리가 그 몸과 연결된다는 생각에서 비롯된 것이다. 또한 이것은 공간적인 임재를 주장하는 것이다. 그러나 이것은 그리스도를 국한시키는 것이다. 더구나 그리스도의 몸은 부피로 설명되거나 이해되어서는 안 된다. 그리스도께서는 하늘에서나 땅에서나 어디서든지 그 뜻대로 권능을 행사하며 아무런 방해도 받으시지 않는다. 그분은 권능과 힘으로 자신의 임재를 알리신다. 그런 방식으로 성찬을 통하여 그리스도의 몸과 피가 우리에게 제시되는 것이다.

8 불신자는 주의 성찬에 참여할 수 없는가? (4.17.33)

주의 성찬은 그리스도의 죽으심의 희생으로 말미암아 우리의 죄가 씻어지고 그의 피로 말미암아 우리가 깨끗해지며 그의 부활로 말미암아 우리가 하늘의 생명을 바라보게 되었다는 표시이다. 따라서 그리스도의 영이 없는 사람은 그리스도의 살을 먹을 수 없다. 오직 믿음의 미각이 있는 자만이 그리스도의 몸과 피를 먹을 수 있다. 영적인 것을 전혀 이해하지 못하는 사람은 신령한 음료를 알 수 없기 때문이다.

9 주님께서는 주의 성찬을 명령하면서 무엇을 기대하시는가? (4.17.37-38)

주의 성찬은 하나님 앞에서 우리의 믿음을 돕는다. 주님께서는 성찬을 통해 그분의 풍성한 은혜를 생각나게 하실 뿐만 아니라 그분의 은혜를 우리 손에 쥐어 주시며 그것을 깨닫게 하신다. 그러므로 우리는 이러한 은혜를 잊지 말고 거기에 합당한 찬양을 드려야 한다. 그리고 그리스도의 죽으심에 전적으로 의존한다는 것을 사람들 앞에서 고백해야 하며, 그렇게 함으로써 주님께 영광을 돌려야 한다. 한편 주님께서 주님의 몸을 우리에게 주심으로써 우리와 함께하시며, 우리는 그 몸에 참여함으로써 함께 참여하는 모든 신자와 하나가 되는 것을 기대할 수 있다. 그러므로 우리는 한마음으로 하나가 되어야 하며, 불화와 분열이 없어야 한다.

10 주의 성찬을 시행하기 전에 설교가 필요한 이유는 무엇인가? (4.17.39)

우리가 성찬을 통해 받는 은혜에는 말씀이 필요하다. 우리의 믿음을 강화하고 고백을 연습하고 의무에 대한 열의를 일으키는 모든 일에는 설교가 필요하다. 설교를 통해 그 약속을 설명하고 신비에 담긴 뜻을 해설하여 성찬에 참여하는 사람을 유익하게 해야 한다.

52

시민 정부(4.20)

⋮

영적 정부와 시민 정부는 서로 다르다. 그리스도인의 자유에 대해 오해하여 시민법의 규정으로부터 자유롭다고 생각해서는 안 된다. 시민 정부는 하나님께서 자신의 영광을 위해서 정하신 것이다. 시민 정부는 외적인 예배를 보호하고 교회의 지위와 바르고도 경건한 교리를 변호하며 일반적 평화를 증진시키는 역할을 한다. 시민 정부에는 위정자와 법과 백성이 있다. 위정자는 하나님께서 정하신다. 시민 정부는 불법에 대해 전쟁할 권리가 있다. 그리고 백성은 시민 정부에 대한 의무들을 수행해야 한다.

1 이 땅에 있는 두 가지 정부는 무엇인가? (4.20.1)

이 땅에는 시민 정부의 통치와 영적인 통치가 있다(여기에 대해서는 3부 19장의 '그리스도인의 자유' 부분에서 다루었다). 이것과 관련된 오류가 두 가지 있다. 첫째, 복음은 자유를 약속하는데, 이 자유는 사람들 사이에 어떤 왕이나 집권자를 인정하지 않고 그리스도만을 바라보는 것이라는 주장이다. 둘째, 군주들에게 아첨하는 자들이다. 이런 오류를 피하기 위해서는 이 땅에 있는 두 개의 정부의 기능을 서로 혼동하지 않고 잘 알아야 한다. 시민 정부와 그리스도의 영적인 나라의 통치는 서로 완전히 구별된다. 유대인들의 과오는 이 세상의 요소들 속에서 그리스도의 왕국을 찾은 것이다. 하나님의 나라는 유대인이나 이방인이나 종이나 자유인이나 구별이 없다(갈 3:28 참고). 이것은 우리가 지금 살고 있는 국가의 상황과 조건이 어떠하든지 하나님 나라에서는 구별이 없다는 뜻이다.

2 이 두 가지 정부는 어떻게 구별되는가? (4.20.2-3)

그리스도의 영적인 통치는 이 땅에 있는 우리 안에서 이미 하나님 나라가 시작되게 하며, 죽을 생명 속에서 영원한 복락을 어느 정도 예상하게 한다. 한편 시민 정부에게 정해진 목적은 우리가 사람들과 함께 사는 동안 하나님께 드리는 외적인 예배를 존중하며 보호하고, 건전한 교리와 교회의 지위를 수호하며, 우리를 사회생활에 적응시키고, 우리의 행위가 사회 정의와 일치하도록 이끌며, 우리가 서로 화해하며 전반적인 평화와 평온을 증진하는 것이다. 특별히 시민 정부의 중요한 임무는 우상 숭배와 하나님의 이름에 대한 모독과 하나님의 진리에 대한 훼방과 신앙에 대한 공공연한 방해가 사회에서 발생하거나 만연하지 않도록 하며, 치안을 유지하고 시민의 재산을 보호하며, 사람들 사이에 선한 교제를 할 수 있게 하는 것이다. 그러므로 영적 정부와 시민 정부는 서로 대립되지 않는다.

3 통치자는 누가 정하는가? (4.20.4)

주님께서는 자신이 통치자의 지위를 시인하며 기뻐한다고 확언하셨다. 즉, 하나님께서 그들에게 권위를 위임하였으며, 그로 인해 그들이 하나님의 대리자로 행동한다. 그러므로 그들은 주어진 지위를 사용하여 하나님을 섬겨야 한다(잠 8:15,16 참고). 이렇게 통치자의 권위는 하나님의 섭리와 거룩한 명령으로부터 나온다(롬 13:2 참고). 따라서 통치자는 하나님의 일꾼으로서 선을 행하는 사람들을 칭찬하며, 악을 행하는 사람에게 하나님의 진노를 집행한다(롬 13:3,4 참고). 이것이 그들의 소명이며, 하나님 앞에서 거룩하고 합당한 행동이다.

4 통치자는 자기 자신을 어떻게 이해해야 하는가? (4.20.6)

통치자들은 하나님의 대리자로서 그 직무에 충실해야 한다 그들은 자신이 하나님의 공의를 실현하는 일꾼으로 임명되었다는 '자기 이해'를 반드시 가지고 있어야 한다. 그래서 고결함과 순결함과 온유함으로 자기의 일을 감당해야 한다. 악한 법령을 만들거나 그런 것에 서명해서는 안 된다. 하나님의 섭리와 보호와 선과 의와 공의를 나타내도록 열심을 다하여 노력해야 한다. 자신의 사리사욕을 위하여 일해서는 안 되며, 공익을 위하여 통치해야 한다. 그의 권력은 백성들의 복지에 제한된다. 하나님께서 통치자에게 맡긴 직무는 백성들을 존중하는 것이다. 하나님께서는 통치자들을 자신의 대리자로 삼아 하나님의 일을 하시고자 한다. 따라서 통치자들은 자신이 한 일에 대해서 하나님 앞에 책임을 져야 한다는 것을 항상 기억해야 한다.

5 하나님 앞에서 통치자의 의무는 무엇인가? (4.20.9)

통치자에게는 입법과 공공복지 등에 관한 직무가 있다. 그 직무 가운데 경건을 제일의 관심사로 두는 것이 가장 중요하다. 이러한 일에 태만한 것은 하나님 앞에서 태만한 것이다. 통치자는 자기가 대표하는 하나님의 영광을 보호하고 고무시키기 위해 힘써야 한다. 하나님을 경배하는 일이 부패되거나 사라질 때 그것을 재건하고, 신앙을 보호하여 순수하고도 흠 없는 신앙이 번성하도록 힘써야 한다. 하나님을 무시하고서 사람들 사이에 정의를 확립하는 것은 무의미하다. 진정한 공평과 정의는 하나님의 속성으로부터 나오기 때문이다.

6 통치자에 대한 시민들의 의무는 무엇인가? (4.20.22-26)

통치자에 대해 시민들은 통치자의 지위를 존귀하게 생각할 의무를 진다. 통치자들의 지위를 하나님께서 주신 권한으로 인정하고, 그들을 하나님의 사자와 대리자로서 존경해야 한다. 성경은 심지어 악한 왕에게도 복종하라고 요구한다. 물론 불의한 법을 제정하여 빈민들을 불공평하게 재판하며 미천한 사람들의 권리를 박탈하고 과부에게 토색하며 고아의 것을 약탈하는 통치자들은 모두 여호와 앞에서 멸망할 것이다(사 10:1-4 참고).

7 통치자가 하나님의 법과 반대되는 명령을 내릴 경우 어떻게 해야 하는가? (4.20.32)

우리는 마땅히 통치자들의 권위에 복종해야 한다. 그러나 항상 한 가지 예외가 있다. 우리는 통치자의 불경건한 명령에 복종해서는 안 된다(고전 7:23 참고). 이것은 중요하다. 주님의 명령에서 벗어난 것에는 순종하지 않아도 된다. 즉, 수동적 불순종(passive disobedience)이 허락된다.

한권으로 읽는
52주 문답 기독교 강요

지은이 | 김홍만

펴낸곳 | 지평서원
펴낸이 | 박명규

편 집 | 정 은, 이윤경, 김정은
마케팅 | 송하일

펴낸날 | 2012년 8월 7일 초판
　　　　　2023년 1월 30일 초판5쇄

서울 강남구 선릉로107길 15 (역삼동) 지평빌딩 06144
☎ 538-9640,1　Fax. 538-9642
등 록 | 1978. 3. 22. 제 1-129

값 13,000원
ISBN 978-89-6497-025-6-93230

메일주소　jipyung@jpbook.kr
홈페이지　www.jpbook.kr
페이스북　www.facebook.com/jipyung
트 위 터　@_jipyung